保育内容 環境

あなたならどうしますか？

編　著 酒井幸子・守 巧
著　者 岡澤陽子・杉本裕子・平野麻衣子・松山洋平・山下文一
事例執筆／編集協力
　　　相沢和恵・森田朱美・山崎摂史

萌文書林
Houbunshorin

はじめに

　幼児期の子どもへの保育・教育の基本は、「環境を通して行う教育」とされている。幼稚園教育要領解説には、「家庭や地域とは異なり、幼稚園においては、教育的な配慮の下に幼児が友達と関わって活動を展開するのに必要な遊具や用具、素材、十分に活動するための時間や空間はもとより、幼児が生活の中で触れ合うことができる自然や動植物などの様々な環境が用意されている」と幼稚園の在るべき姿が示されている。なぜ、このような園の姿が示されているのであろうか。

　これは、近年の急速な社会の変化にともなって、子どもを取り巻く環境の変化が大きく影響を与えていると考えられるからである。地域、とりわけ子どもが長い時間にわたり生活する園の教育・保育の環境が重要になっている。

　では、近年の環境の変化が子どもたちに与えた影響とはどのようなものであろうか。子どもたちの姿の変化を筆者が見た実例から捉えたい。

- せっかく公園にお散歩に来たのに、バギーカーに乗せられたまま、スマートフォンを見ている2歳児の女の子
- ごっこ遊びでの夕食の場面。"調理場面がなく、おかずをダンボールで作った電子レンジで温めて、食卓に出す"を繰り返す4歳児の女の子。
- 集団で遊ぼうとせず、おもちゃの携帯電話を片手に一人でずっと"誰か"と話をしている5歳児の男の子。
- 自由活動で時間を気にしながら、"暇つぶし"のようにして遊んでいる4歳児の男の子。
- 保育室で飼育していたウサギが死んだ際、「ボタンを押せばいいんじゃない?」「生き返るためのアイテムを探さないと」と真剣な表情で口々に言う4歳児の男の子たち。
- まっすぐ走るのは得意だが、直線やジグザグに走ると途端にぶつかったり、転んだりする5歳児の男の子。

　みなさんはこのような子どもの姿を見て、どのように感じるだろうか?
　もちろん、筆者が実際に見たこれらの子どもがすべての子どもを説明できるわけではない。しかし、このような子どもたちは、最近では決して珍しくないだろう。
　現代社会を見てみると、子どもの家庭や地域における様々な体験が減少している。少子化や家の周辺での遊び場の環境の変化から、家庭の中でのきょうだいや自然発生的な仲間ではなく、園でのクラスが主なコミュニティーとなっていて、以前と異なり同じ年齢による子ども集団が中心になっている。そのため、異年齢による遊び仲間は、合同保育や異年齢保育という大人が意図的に編成した状況が主となることが多い。また、遊び方も、都市部など園の状況によっては偏ってしまい、全身を動かす遊びが減少し、使っている身体部位が毎日変わらないこともある。そのような園生活では、身体発達の成長に偏りが生じる場合もある。子どもの人との関わりや様々な経験の場が減る一方で、家庭では、昔に比べれば様々な知育玩具や多様な情報機器があふれているが、子どもの発達段階を踏まえていない与えられ方がな

されていることもあるだろう。そのような環境では、適切に子どもが経験を積んでいるとはいえない。

このように、社会的な環境から人間関係、身体発達の成長まで、従来とは変わり続けている現状がある。しかし、このような現状だからこそ、子どもを取り巻く環境の在り方や保育者の役割を真剣に考えていくことが必要となる。

まずは、いかに子どもたちが園内外の"自然・文化・人・もの・事象・文字・記号"などに自ら触れ、生きる力を育む直接的な体験を積み重ねられる環境を保育者が準備できるかがポイントとなる。そのような環境を準備するためには、保育者自身が様々な環境に対し興味や関心をもち、理解する必要がある。また、子どもの生活は連続するものであり、一つの環境を用意できたとして子どもがその場限りで楽しみ経験したとしても、それだけでは不十分である。その経験をさらに先の子どもの生活、経験につなげていく環境について考えていく力も求められる。そのために保育者は、子どもの主体性を引き出すために保育者自身も常に主体性をもって自ら学び続けなければならない。

そこで本書においては、環境の変化に対応していく保育者の専門性を考慮し、知識・理論と実践的場面の双方を往還しながら、自ら考え演習を通して体験し学べる構成になっている。

まずは、幼稚園教育要領や保育所保育指針等で示されている領域「環境」の基本的な考え方を押さえていく。その上で、子どもと環境との関わりの中で示す具体的な場面を事例に示しながら解説をしていく。

本書の大きな特徴は、子どもにとっての環境の意味、環境を通して成長・発達していく子どもの姿や環境との関わりから得られた内面の育ちなど、みずみずしい子どもたちの姿を可能な限り活字化していることである。そして事例の末尾にはあなたへの問いかけがある。是非、この問いかけについて能動的に考えてもらいたい。

これからの保育者に求められることの一つには、目の前の子どもたちが繰り広げる光景に対し、子どもたちの内面を理解して、それに対する援助を具体的に行えることがある。その状況を適切に「考えて、判断し、動く」ためにも本書を活用してもらいたい。また、問いかけに対して取り組みながら、様々な視点から環境を捉えていってもらいたい。本書を学び進めていくことで、自分の保育観から環境を捉える視点まで養うことが可能となるだろう。

さらに、本書には章末に「演習ワーク」を入れている。ここでは、「ロールプレイ」「ワークショップ」「ディベート」を取り上げる。これらは、一方向的な講義形式にみられるような受動的学習ではなく、学習者に主体性をもたせて思考を促すことを意図とする「アクティブ・ラーニング」を取り入れたものである。アクティブ・ラーニングにより、実践から生成されてくる知を獲得していきつつ、さらなる理論知やスキルを高めていくという能動的な学習へのアプローチを期待している。

最後に本書の執筆にあたった諸先生方は、保育実践に精通している方ばかりである。保育の現場をイメージしやすいよう構成されており、その臨場感を味わいながら理解を深めてもらいたい。本書を通して、保育者を目指す学生及び現在、保育実践現場にいる保育者にとって環境を捉える一助になれば、と願っている。

2016年3月　守　巧

もくじ

はじめに ……………………………………………………………………………………… 3
もくじ ………………………………………………………………………………………… 5
演習ワークの取り組み方 …………………………………………………………………… 10

第1章　保育と「環境」

1節　教育・保育における「環境」……………………………………………………… 16
1．「環境」とは何か／2．日本の保育現場における「環境」

2節　子どもの育ちと「環境」との関わり …………………………………………… 20
1．子どもの発達／2．育ちや発達を支える「環境」

第2章　領域「環境」とは

1節　生きる力の基礎と領域「環境」…………………………………………………… 26
1．生きる力の基礎／2．生きる力の基礎を育むための学び／3．領域「環境」の意義
4．好奇心や探究心をもって関わるとは／5．生活の中に取り入れるとは

2節　領域「環境」のねらいと内容 …………………………………………………… 29
1．子どもにとっての身近な環境、身近な事象／2．物の性質や数量、文字などに対する指導

第3章　子どもの育ちと領域「環境」

1節　環境を構成する …………………………………………………………………… 34
1．人的環境としての"保育者・友達"／2．物的環境としての"物"
3．自然環境との出合い／4．社会環境と生活

2節　子どもの発達と環境 ……………………………………………………………… 46
1．0〜1歳児の保育環境／2．2〜3歳児の保育環境／3．4〜5歳児の保育環境

第4章　子どもを取り巻く人的環境

1節　子どもと園で働く人々 …………………………………………………………… 54
事例①「ガラガラっておもしろい」……………………………………………………… 54
事例②「給食、イヤイヤ？」……………………………………………………………… 55
事例③「忍者の修業！」…………………………………………………………………… 56
事例④「給食は誰が用意してくれるの？」……………………………………………… 57
事例⑤「どうしたの？　泣かなくっても大丈夫」……………………………………… 57
事例⑥「パンクも直せちゃうの？」……………………………………………………… 58
事例⑦「看護師さん呼んで良かったね」………………………………………………… 59
1節のまとめ ………………………………………………………………………………… 60

2節　子ども同士の関わり ……………………………………………………………… 62
事例①「いつものお友達、いない」……………………………………………………… 62
事例②「ダンボールの電車」……………………………………………………………… 63
事例③「秘密基地！　誰にもナイショ」………………………………………………… 63
事例④「広すぎて捕まえられない！」…………………………………………………… 64
事例⑤「あっちでやって！」……………………………………………………………… 65
事例⑥「積み木グループとコマグループ」……………………………………………… 66
2節のまとめ ………………………………………………………………………………… 67

3節　子どもと家庭 ... 69
　事例① 「トイレットトレーニングは家庭と園が同時進行で」 ... 69
　事例② 「おうちにもあるよ！」 ... 70
　事例③ 「赤ちゃんができるんだよ」 ... 71
　事例④ 「家庭での経験が園内で広がる」 ... 73
　3節のまとめ ... 74

4節　子どもと地域の人々 ... 76
　事例① 「逃げたヤモリ」 ... 76
　事例② 「小学校ってどんなところ？」 ... 77
　事例③ 「太鼓のお兄さん」 ... 78
　4節のまとめ ... 79
◆演習ワーク①　ロールプレイ1「探究心を意欲につなげる」 ... 82

第5章　子どもを取り巻く物的環境

1節　遊びにおける物 ... 84
　事例① 「何度も繰り返して落とすとおもしろいなぁ」 ... 84
　事例② 「布（フェルト）絵本で遊ぼう」 ... 85
　事例③ 「粘土遊びがわかった」 ... 86
　事例④ 「のぼって、すべって、ころがって」 ... 87
　1節のまとめ ... 88

2節　生活における道具 ... 90
　事例① 「給食に使う食器は、瀬戸物だから大切に」 ... 90
　事例② 「洗濯バサミで遊ぶ」 ... 91
　事例③ 「お風呂屋さん」 ... 92
　事例④ 「みんなで落ち葉掃き」 ... 93
　2節のまとめ ... 94

3節　物の性質と仕組み ... 96
　事例① 「夏だ！　水遊び」 ... 96
　事例② 「くるくる凧」 ... 97
　事例③ 「船作りの過程」 ... 98
　3節のまとめ ... 99

4節　数量や図形 ... 100
　事例① 「長い、短い、大きい、小さい、『でかい』」 ... 100
　事例② 「お芋のチーム分け」 ... 101
　事例③ 「針が6になったら」 ... 102
　事例④ 「お店屋さんチケットへの工夫」 ... 103
　4節のまとめ ... 104

5節　文字・標識に対する感覚 ... 106
　事例① 「"一緒"でつながっていく」 ... 106
　事例② 「目で、耳で言葉が広がる園生活」 ... 107
　事例③ 「てがみをください」 ... 108
　5節のまとめ ... 109

6節　大切な物 ……………………………………………………………………… 111
　　事例①「だめ！　だめ！　カンちゃんの！」………………………………… 111
　　事例②「年長さんからもらった宝物入れ」…………………………………… 112
　　事例③「朝顔の芽が出てる！」………………………………………………… 113
　　事例④「棚に飾られたスポーツカー」………………………………………… 113
　　6節のまとめ ……………………………………………………………………… 114
◆演習ワーク②　ワークショップ1「設計図を描いてみよう」……………………… 116

第6章　子どもを取り巻く社会的環境

1節　園の働き ……………………………………………………………………… 118
　　事例①「お悩み、相談承ります（離乳食編）」………………………………… 118
　　事例②「お悩み、相談承ります（授乳編）」…………………………………… 119
　　事例③「親子で友達できた」…………………………………………………… 120
　　事例④「毎日が参観日！」……………………………………………………… 121
　　事例⑤「タツヤくんのパパ、つよい」………………………………………… 121
　　事例⑥「チョコ会」（任意参加の保護者情報交換会）………………………… 122
　　1節のまとめ ……………………………………………………………………… 123

2節　地域社会の働き ……………………………………………………………… 124
　　事例①「団地自治会の盆踊り参加」…………………………………………… 124
　　事例②「まちぐるみの園児の受け入れ活動」………………………………… 125
　　事例③「お仕事探検」…………………………………………………………… 126
　　2節のまとめ ……………………………………………………………………… 127

3節　関係機関の働き ……………………………………………………………… 128
　　事例①「交通安全教室」………………………………………………………… 128
　　事例②「起震車体験」…………………………………………………………… 129
　　事例③「小学校との連携」……………………………………………………… 130
　　事例④「フワフワだったおばあちゃんの手」………………………………… 131
　　事例⑤「バンカーが砂場に変身」……………………………………………… 132
　　3節のまとめ ……………………………………………………………………… 133
◆演習ワーク③　ロールプレイ2「社会的環境の理解へ導く」……………………… 134

第7章　子どもを取り巻く自然環境

1節　子どもと季節 ………………………………………………………………… 136
　　事例①「真夏ならではの体験、水遊び！」…………………………………… 136
　　事例②「ドジョウの水槽の中に」……………………………………………… 137
　　事例③「鳥もあたたかい」……………………………………………………… 138
　　事例④「わー、雪山ができた！」……………………………………………… 138
　　事例⑤「公園の桜」……………………………………………………………… 139
　　1節のまとめ ……………………………………………………………………… 140

2節　子どもと植物 ………………………………………………………………… 141
　　事例①「初めての園庭、桜の木の陰で…」…………………………………… 141
　　事例②「たんぽぽに囲まれて」………………………………………………… 142
　　事例③「ピザぐすりつくる！」………………………………………………… 143
　　2節のまとめ ……………………………………………………………………… 144

- 3節 子どもと動物 — 145
  - 事例① 「散歩の途中でいつも会う猫ちゃん」 — 145
  - 事例② 「ドジョウが死んじゃった」 — 146
  - 事例③ 「ぼくがお世話するよ」 — 147
  - 3節のまとめ — 148

- 4節 子どもと身近な自然 — 149
  - 事例① "sense of wonder" — 149
  - 事例② 「これモグラのおうちだったんだ」 — 150
  - 事例③ 「秋の土手で見つけたよ」 — 151
  - 4節のまとめ — 152
- ◆演習ワーク④ ディベート1 「遠足の行き先は？」 — 154

第8章 子どもの生きる力を育む環境

- 1節 自立する心を育む環境 — 156
  - 事例① 「お兄ちゃんハンガー」 — 156
  - 事例② 「動線をつくる」 — 157
  - 事例③ 「見えるようにすることで」 — 158
  - 事例④ 「年少さんのお世話は任せて！」 — 159
  - 1節のまとめ — 161

- 2節 好奇心・探究心を育む環境 — 163
  - 事例① 「氷を溶かす方法を発見〜冬の不思議」 — 163
  - 事例② 「水で絵が描けるよ」 — 164
  - 事例③ 「おいしいケーキが作りたい！」 — 165
  - 事例④ 「あんな川を作りたい！」 — 166
  - 2節のまとめ — 167

- 3節 思考する心・判断する心を育む環境 — 169
  - 事例① 「片づけする場所はここだね」 — 169
  - 事例② 「リレーの順番を決める」 — 170
  - 事例③ 「勤労感謝」 — 171
  - 3節のまとめ — 172

- 4節 表現する心を育む環境 — 174
  - 事例① 「もう一回読んで」 — 174
  - 事例② 「マントひとつで大変身！」 — 175
  - 事例③ 「OHPでお話」 — 176
  - 4節のまとめ — 177

- 5節 道徳心を育む環境 — 179
  - 事例① 「順番は大事」 — 179
  - 事例② 「地域の図書館へ本を借りに」 — 180
  - 事例③ 「みんなでお話しましょう」 — 181
  - 5節のまとめ — 182
- ◆演習ワーク⑤ ワークショップ2 「子どもの気持ちになって遊ぼう」 — 183
- ◆演習ワーク⑥ ディベート2 「子どもに与えたい絵本は？」 — 184

第9章　子どもを守り育てる環境

1節　生命の保持 ... 186
- 事例① 「ぼくの給食はトレイにのっているもの」 ... 186
- 事例② 「楽しい食卓を用意する」 ... 187
- 事例③ 「大切な命を守る避難訓練」 ... 188
- 1節のまとめ ... 189

2節　情緒の安定 ... 191
- 事例① 「お昼寝の時には静かな音楽」 ... 191
- 事例② 「自分の場所」 ... 192
- 2節のまとめ ... 193
- ◆演習ワーク⑦　ロールプレイ3「自発的な予防活動を促す」 ... 195

第10章　気になる子どもと環境

1節　気になる子ども ... 198
- 事例① 「発達の遅れは、個別の対応を十分に」 ... 198
- 事例② 「足が痛いから入れない」 ... 199
- 1節のまとめ ... 201

2節　障害のある子ども ... 203
- 事例① 「友達との会話が増えた」 ... 203
- 事例② 「ヨウコちゃんの"お〜！"」 ... 204
- 事例③ 「紙相撲で大活躍」 ... 205
- 2節のまとめ ... 206

3節　子どもと多文化 ... 209
- 事例① 「豚肉は食べられない」 ... 209
- 事例② 「ジャマイカ!!!」 ... 210
- 事例③ 「英語講師との関わりから」 ... 211
- 事例④ 「シュンカちゃんの『おはよう』」 ... 212
- 事例⑤ 「多文化共生のための環境づくり」 ... 212
- 3節のまとめ ... 214
- ◆演習ワーク⑧　ワークショップ3「ユニバーサルデザイン」 ... 216

第11章　環境を通した教育・保育の現在の課題

1節　子どもを取り巻く社会環境による課題 ... 218
1．少子化に伴う課題／2．情報化・グローバル化・技術革新の促進等に伴う課題
3．ライフスタイル・価値観等の多様化に伴う課題

2節　子どもを取り巻く保育環境による課題 ... 222
1．体を動かす楽しさを味わう「環境」／2．安心・安全を確保する「環境」
3．インクルーシブな保育を実現する「環境」
- ◆演習ワーク⑨　ディベート3「子どもに積ませたい経験は？」 ... 226

参考文献・おわりに・著者紹介 ... 227
記録表 ... 233

演習ワークの取り組み方

　この保育内容「環境」において、4章〜11章の章末には、みなさんが能動的に学習に取り組み、学びを深めることのできるように、様々な形式でのアクティブ・ラーニング型の演習ワークを掲載しています。以下に、演習ワークの内容を❶〜❸に分類し、それぞれ〈学びの内容〉〈事前準備〉〈進め方〉〈留意点〉を例示しています。それぞれの演習ワークの特徴を理解してワークに取り組みましょう。

　※巻末の記入用紙をコピーして使いましょう。（拡大目安：A4→125％／B4→150％／A3→175％）

◯演習ワークの種類

❶【ロールプレイ】　　❷【ワークショップ】　　❸【ディベート】

❶ロールプレイ（役割演技）

〈学びの内容〉

　保育においては、保育者は一方的に自分の考えを相手に伝えるのではなく、まずは相手の立場に立って共感することが大切です。また、様々な物事に対処するためには多様な視点をもつことも大切であり、保育者をめざすみなさんは、それらを実感とともに理解することが必要です。ロールプレイはそれらを身につけるために有効な演習です。

　ロールプレイとは、ある場面を設定し、その役柄になりきって疑似体験を行うことで、その人物（その他の生き物やもの）の考え方や行動等を理解し、自分の視点を広げ、物事の本質的な理解や問題を解決する力を身につけることができる活動です。

〈事前準備〉

- 場面設定…場所、時間、周辺環境の様子をクラスで決める。それに応じた人数にグループ分けを行う。できるだけ配役を持ち回りし、多様な視点を体験できるように、あまり大人数を要する場面設定にしないほうがよい。
- 人物（生き物、もの）設定…性別、年齢、必要であれば性格（性質）、身体的状況〈たとえば元気、空腹、病気〉や家庭背景等を決める。
- 演じるストーリーのおおまかな設定…途中は自由でかまわないが、めざす到達点は決める。実際に演じる際には、その結末にたどり着かなくてもよい。
- 担当を決める…配役や演じる順、観察・記録する係をグループで決める。できるだけ全担当を交代で行い、全員が疑似体験できることが望ましい。
- 決めた内容について、各自で下調べを行う。

〈進め方〉

1、事前確認する…〈事前準備〉の内容をあらかじめ全員で確認しておく。そのほか、各自で行った下調べを参考に演習に臨むこと。

2、演じる…決められた担当に応じ、ストーリーに沿って演じる。観察・記録する係の人はしっかりと記録（書面・映像等）をとる。書面に記録をとる際には、どのようなことに留意して観察を行うとよいのか、事前にグループで確認して行うこと。演じる人は、〈事前準備〉で話し合った事柄を踏まえて、それぞれの役になりきって臨機応変に演じること。また、実際に相手の演じている気持ちやその背景を理解し、事前のストーリーと異なってもよいのでそれに対応した演技を行うこと。

3、事後評価を行う…実際に演じたストーリーの帰結や、演じた役の感想やその際の心情等を話し合い、観察記録とのズレなどを確認し合う。また観察・記録側から演じている側に対し、〈事前準備〉の際にはなかった新たな発見や展開、感想を伝える。全員での事後評価をある程度終えたら、自分でレポートにまとめる。

〈留意点〉

〈事前準備〉の設定をそのままに演じると、全員おおむね同じ演技になってしまうので、「役柄になりきって演じる⇔相手の動きを見て状況に合わせて演じる」ことを確認して始める。基本知識がなければ演じることもできないため、必ず各自で事前に下調べをし、必要な基本的知識を得た上で演技に臨むこと。

〈該当演習ワーク〉

演習ワーク①「探究心を意欲につなげる」、p82（4章対応）

【ねらい】子どもがものの特性に気づき、理解を深めていく中で活動に対して意欲をもつことができるように環境を構成する力を養う。

演習ワーク③「社会的環境の理解へ導く」、p134（6章対応）

【ねらい】生活の中で生じる子どもの疑問を、社会的環境への理解や探究へと導く力を養う。

演習ワーク⑦「自発的な予防活動を促す」、p195（9章対応）

【ねらい】子どもの活動の取り組み方や目的をわかりやすくするとともに、さらに経験を広げることができる環境を構成する力を身につける。

2 ワークショップ（参加型グループ学習）

〈学びの内容〉

保育者は、具体的な製作物の作り方や、様々な遊び方、活動の取り組み方などを知り、それらを子どもにわかりやすく伝えるため、相手の立場に立った説明の仕方が求められる。また、活動における子どもの考え方、取り組み方を尊重しながら関わることが大切である。実際の保育において必要であるこのようなスキルを学び合いの中で身につけるために有効な学びがワークショップ演習である。

ワークショップには様々な活動があるが、ここでは価値観等の異なる人でグループを作り、実際に体験、活動することで、新たな価値観の創出や、グループで活動し協力し合うことや互いの考えを尊重する大切さを学ぶ活動を示す。また、この活動においては、グループで活動することで双方向での学びが生まれ、教え合いの中で主体性を身につけることができ、加えて、グループ同士の発表において、自分と異なる新しい考え方を取り入れることができるようになる。

〈事前準備〉
- 状況設定…たとえば「誕生日会のために保育室の飾りつけを製作する」「地域の清掃活動に取り組む」など、クラスで具体的な活動とその目標、活動時間を決める。授業環境に応じた人数となるよう適宜グループ分けを行う。いつもの友達同士ではなく、多様な組み合わせになるように配慮すること。
- グループを決めたら、必要な道具等の準備をする。
- 活動や製作に必要な資料等の下調べを行う。

〈進め方〉
1、事前確認…グループで決められた時間に応じた活動・製作する内容を相談する。その際には、決められた時間の中で活動を終えられるよう、作業の時間配分を考えておくこと。決まったらグループごとに発表し合う。発表の内容が同じような場合には、ほかのグループと違う内容、また、さらに手を入れた内容に変更するように工夫する。
2、実際に活動・製作する…実際にその時間内で活動・製作が終えられるように工夫して臨む。活動・製作に没頭しすぎず、まわりのグループの活動の様子も観察する。
3、事後評価（グループ）を行う…終了後、活動の感想や成果、製作物の出来、工夫したことなど、グループ同士で活動の内容（出来）を発表し、評価し合う。この時、結果だけではなく、実際の活動の様子、事前プレゼンテーションからの改善点、発表方法などもしっかりと評価する。
4、事後評価（個人）…主体性をもって取り組めたかなど、自己評価を行う。

〈留意点〉
グループごとにリーダーを決めて、何に取り組むか、何を目的とするかを全員で話し合う。リーダーは、自分が決めていくのではなく、いろいろな意見が出るように話題を提供するようにする。また、実際の活動においては、決めたことに沿ってグループで進められるように活動全体を見通してアドバイスを行う。ほかの人は、リーダーに任せきりにするのではなく、自主性をもって積極的に話し合いに参加し、また活動に臨むようにすること。

〈該当演習ワーク〉
演習ワーク②「設計図を描いてみよう」、p116（5章対応）
【ねらい】子どもの意欲を引き出す表現環境を準備する力を養う。
演習ワーク⑤「子どもの気持ちになって遊ぼう」、p183（8章対応）
【ねらい】子ども理解を深め、子どもの心を育むための環境（遊び）づくりを考える力を養う。
演習ワーク⑧「ユニバーサルデザイン」、p216（10章対応）
【ねらい】すべての子どもが過ごしやすい保育環境について考える力を養う。

3 ディベート（討論）

〈学びの内容〉

　保育においては常に評価を行い、改善点を洗い出し、次の保育に生かすPDCAサイクル[1]が大切であり、そのためには、他人の考えをよく聞き、その内容を正しく理解し自分で判断する力が必要である。ディベート活動によってその力を養うことができる。
　ディベートとは、特定のテーマに沿ってグループに分かれて討論することで、物事をまわりの人にわかりやすく説明し伝えるための表現力や、多角的に捉える能力、客観的に是非を判断する能力などを身につけられる活動のことである。

〈事前準備〉

- 討論議題を設定する…「AとBでは○のほうがよい」のような討論テーマを準備する。議題は、最初のうちは、結論が2つで「どちらが○か」として始めるとよい。
- 活動前に司会進行役を1名決め、そのほか適宜人数を振り分けてグループ分けする。いつもの友達同士ではなく、多様な組み合わせになるように配慮すること。
- 司会進行役を中心に、準備時間、討論時間、また討論内での発言の内容や順番、発言内容に応じた発言時間などの取り決めを行う。以下は討論の進め方のモデルである。

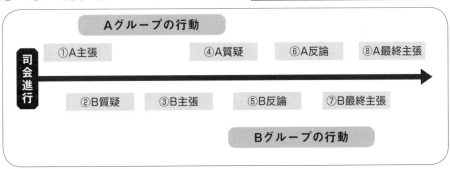

①Aグループ主張（4分）…自らの主張をわかりやすく説明する。
②Bグループ質疑（2分）…Bは疑問点等を質問する。Aはそれに回答する。時間制限のため手短になるよう双方留意すること。①と②の間にグループでの相談時間を2分ほどとってもよい（④と合わせること）。
③Bグループ主張（4分）…自らの主張をわかりやすく説明する。
④Aグループ質疑（2分）…②の手順と同様。ここでも相談時間をとってもよい（②と合わせること）。
⑤Bグループ反論（3分）…④の質疑を受けて反論したり、相手側より優れているところをさらに主張したりする。
⑥Aグループ反論（3分）…②や⑤を受けて自らの主張を補強したりさらに主張したり、相手側に反論したりする。
※⑦⑧の最終主張の前に双方グループの相談時間を3分ほどとってもよい。
⑦Bグループ最終主張（3分）｜両グループともここまでの議論を踏まえ、自らが主張
⑧Aグループ最終主張（3分）｜してきたことのよさなどを要約して発表する。

---

[1] PDCAサイクル：Plan（計画）→ Do（実行）→ Check（評価）→ Act（改善）のサイクルを繰り返すことで、物事への取り組み方を改善する方法のこと。

・テーマの主張に沿って必要な資料等をグループ（各自）で調べて準備する。司会進行役も進行の参考のため同様に行い、司会進行に必要な手順、話題提供をよく確認しておく。

〈進め方〉
1、準備時間…グループでテーマに沿った主張について相談し、どのような資料を準備し、どのような手順で説明するのか相談する。その際に、相手側がどのような主張をするのか、それに反論するためには何が必要かなどを予想しながら話し合うとよい。司会は規定時間がきたら討論を始めるように促す。
2、実際に討論を行う…ディベートにおいては、相反する主張で討論を行うが各側とも必要以上に責めるような口調にはならないようにする。また、主張に対して理由、事実、根拠を例示してより伝わるように意識して発言するとよい。司会は対立する論点を明確にして各側に発言を求め、時間を適切に区切って進行させる。双方の最終主張の後、全員でどちらの主張に賛同するか多数決をとる（方法は任意）。
3、事後評価（グループ）…ディベートの結果を踏まえて、グループ同士で討論の内容を評価し合う。この時、ディベートの結果だけに目を向けて善しあしを判断しないこと。討論の過程における発言内容をしっかり記録し、読み返すことで、その発言内容が完全に主張に沿うものか、条件付きでその主張に沿うものか分かれていることがある。たとえば、一方の側がその条件を押さえた提示の発言を行うことで結果は全く変わりうる。そのような改善点、発表方法などについてもしっかりと話し合うとよい。

〈留意点〉
　勝敗が目的ではなく、多様な観点、相手に伝わる表現力を身につけるために、事前準備の下調べにおいては、自分の側の論点のみについて調べるのではなく、相手側の立場に立った観点からも下調べを行うこと。その際、よいところを比較検討するようにし、短所ばかりを論じることのないようにする。

　テーマによっては相手側からの発言が個人の見解と異なる場合も出てくるが、その中でもその立場に立って物事を考えること。また、自分のグループの発言もしっかり聞いて、誤りはないか、より改善するために補足できることはないかなど考えること。自分の発言においては主義主張を並べるだけでなく、限られた時間の中で、どのように話し、何を準備すれば他人に自分たちの考えをより伝えられるかということに主眼を置き討論すること。

〈該当演習ワーク〉
演習ワーク④「遠足の行き先は？」、p154（7章対応）
　【ねらい】子どもの最善の利益に関わる事柄について判断する力を養う。
　　　　　保育を改善するために求められる思考・判断・表現力を養う。
演習ワーク⑥「子どもに与えたい絵本は？」、p184（8・11章対応）
　【ねらい】子どもの感性、表現力を豊かに育むための環境を構成する力を養う。
演習ワーク⑨「子どもに積ませたい経験は？」、p226（6、11章対応）
　【ねらい】子どもの最善の利益に関わる事柄について判断する力を養う。
　　　　　保育を改善するために求められる思考・判断・表現力を養う。

第 1 章

保育と「環境」

　「環境」という言葉は、実に様々な場面で使われる。同じ「環境」という言葉であっても、一般社会との関連でいう場合と、教育や保育との関連でいう場合とでは、その意味や捉え方が異なるであろう。

　第1章では、そもそも環境とは何であろうかという、広い意味での捉え方を理解することから始める。昨今よく話題にのぼる温暖化による地球規模での環境の変化と、そのことが身近な私たちの生活や子どもたちにもたらす影響などを考えてみる。

　教育基本法の教育の目標には「生命を尊び、自然を大切にし、環境の保全に寄与する態度を養うこと」と明記されている。一般社会でいわれる環境を踏まえた上で、環境に関わる教育法規についても知っておきたい。

　幼児期の教育・保育は、環境を通して行うことを基本とする。それは、具体的にはどのようなことを意味するのか、また、子どもの育ちや発達と子どもを取り巻く環境との関わりなどについて学んでいく。

1 教育・保育における「環境」

1．「環境」とは何か

（1）広義における「環境」

みなさんは、「環境」と聞いて何をイメージするであろうか。

語尾に「環境」がつく言葉は多い。自然環境、社会環境、生活環境、地域環境、家庭環境、住環境、人的環境、物的環境、言語環境、情報環境、教育環境、育児環境……といったようにである。まだまだほかにも挙げられるであろう。多くの人がイメージする「環境」は、広義において、我々人間を中心とした地球上に生息する生物を取り巻くすべてのものを総体的に捉えているといえよう。

「環境」は、人間や地球上に生息する生物に様々な影響を与える。自然環境である天候を例にとってみよう。毎日の天候は、農作物の生長に関わり、人々の日々の暮らしに、大なり小なり直接・間接的に影響を与えている。地球規模に視野を広げれば、地球温暖化が、ある地域では日照りによる干ばつをもたらし、ある地域では長雨による洪水をもたらす。晴天が続くのか雨天が長引くのか、寒冷地帯なのか温暖な地域であるのかが、人々の暮らしや経済等の動向を左右する。天候という自然環境一つを例にとっても、「環境」が直接的にも間接的にも私たちの生き方や生活に影響を与えていることがわかる。

一方で、人間や生物の営みが、逆に「環境」に影響を与えている現実がある。下図「原因のほとんどは、人間の暮らし」を見てみよう。

【図1－①】生き物の絶滅の危機の原因、環境省「こども環境白書2015」p.16

我々人間の便利な暮らしが、自然環境に急速に影響を与え、地球温暖化を生じさせている。また、文明の発展に伴う自然環境の汚染、経済活動や戦争等による人為的な破壊などが、地球の各所で生態系を変化させるなど、地球規模の環境問題として取り上げられている。今日の環境問題は「原因のほとんどは人間の暮らし」であることがわかる。

広義の意味での「環境」は、地球温暖化の防止、自然環境の保全・再生をはじめ、今やあらゆる国々、各界各層に、地球規模でその保全・再生に取り組まねばならない重大な課題を突きつけていると捉えることができよう。

(2) 国際的な教育における「環境」

①ESDと教育との関連

教育における「環境」について考えてみる。みなさんも、ESDという言葉や文字に触れることが多くなったと思う。ESDは、『Education for Sustainable Development』のことで、「一人ひとりが世界の人々や将来世代、また、環境との関係性の中で生きていることを認識し、持続可能な社会の実現に向けて行動を変革するための教育」を意味する。

先にも述べたが、今や環境保全上の課題解消への取り組みは、国や地域を問わず、人類すべてが取り組まねばならない課題である。教育の分野も例外ではない。むしろ、子どもたちの将来に大きく影響するだけに、今後の教育の在り方が重要なカギを握るといってもよい。ESDへの動きの始まりは、1992年の地球サミットの議論であるが、2002年に開催された持続可能な開発に関する世界首脳会議（ヨハネスブルグ・サミット）を機に、国際的に高まった。

わが国では、翌2003年（平成15年）に、「環境の保全のための意欲の増進及び環境教育の推進に関する法律」が公布・施行された。この法律がめざすものは、持続可能な社会をつくっていくためには、国民や民間団体などの自発的な取り組みが大切であること、一人ひとりが環境についての理解を深め環境保全活動に取り組む意欲を高めるために行政は様々な支援を行うこと、環境教育を進めるために必要な事柄を定めていることなどである（右図）。

【図1-②】ESDにおける概念

その後、国連・持続可能な開発のための10年間の計画が2014年に終了するにあたって、ESDのさらなる推進・拡大をめざして、GAP『Global Action Programme on ESD』が、2014年（平成26年）11月、愛知県で開催された『ESDに関するユネスコ世界会議』で採択され、世界に発信された。

②環境教育

教育の分野では、よく「環境教育」という言葉が用いられる。法律『環境教育等による環境保全の取組の促進に関する法律』の第2条第3項に、『この法律において「環境教育」と

は、持続可能な社会の構築を目指して、家庭、学校、職場、地域その他のあらゆる場において、環境と社会、経済及び文化とのつながりその他環境の保全についての理解を深めるために行われる環境の保全に関する教育及び学習をいう。』[1]と定義されている。環境教育とは、あらゆる場で環境の保全を目的に行われる教育といえよう。

③「環境」に関わる教育法規

　法律の制定からも明確なように、教育における「環境」への取り組みは極めて重視される時代となった。こうした流れを受けて、教育関連の法規にも「環境」が取り上げられている。

　2006年（平成18年）に改正された教育基本法第2条第4号、教育の目標には、「生命を尊び、自然を大切にし、環境の保全に寄与する態度を養うこと。」と明記されている。

　2007年（平成19年）改正の学校教育法第21条第2号には、「学校内外における自然体験活動を促進し、生命及び自然を尊重する精神並びに環境の保全に寄与する態度を養うこと。」が定められた。

　2008年（平成20年）の中央教育審議会答申には、社会の変化に対応する視点から「環境教育」に関する記述が盛り込まれている。このように、広義における「環境」と、今後の教育の在り方や方向性とは大きく関連性をもっている。

2．日本の保育現場における「環境」

（1）環境教育と保育との関連

　ESDを実現するための環境教育推進にあたって、重要なことの一つは、年齢や発達等、子どもの実態に応じての推進であろう。小・中学生には、学齢期の児童・生徒としての発達、特性、実態に見合った推進方法があろう。就学前の子どもにも同様のことがいえる。すなわち就学前の子どもたちの発達、特性、実態等を考慮し、園生活にふさわしい保育の展開が求められることになる。

　そこで、以下に、『環境教育指導資料【幼稚園・小学校編】』から、「環境教育として幼児期から育てたいこと」[2]を抜粋する。保育における環境教育を考える基盤としたい。

> **①自然に親しみ、自然を感じる心を育てる**
> 　子供は自然に触れて遊ぶ中で、その大きさ、不思議さや美しさを感じ、心を揺れ動かす。自然との関わりの中で生まれる体験こそが、子供が本来もっている環境に対する感性を磨いていくことにつながる。特に自然は多様であり、子供の発達や興味・関心等に応じて、多様な関わりをもつことができる。幼児期においては、自然の中で諸感覚を働かせることを通して、自然に身を置くことの心地よさを体感させ、自然を感じる心を育てることが大切である。

---

1) 『環境教育等による環境保全の取組の促進に関する法律』2003（平成15年公布・施行、平成23年改正）
2) 国立教育政策研究所・教育課程研究センター『環境教育指導資料【幼稚園・小学校編】』東洋館出版社、2014、pp.17－18

②身近な環境への好奇心や探究心を培う

　幼児期の子供は、常に自分を取り巻く環境に興味をもち、それらに親しみをもって関わり、働きかけていく。面白そうなものを見付けると、じっと見入ったり、触れたり、試したり確かめたりして、「それは、何か」あるいは「それは、なぜなのか」などについて、子供なりに探り、理解しようとする。それは、あくまでも子供なりの論理であり、理解ではあるが、子供が心ゆくまで試したり確かめたりして最終的に自分なりに納得していく過程で満足感や充足感、達成感を味わうことが、更なる未知の世界に対する好奇心・探究心を培うことにつながっていく。

③身近な環境を自らの生活や遊びに取り入れていく力を養う

　幼児期の子供は、遊びや生活の中で興味をもったものや事柄に繰り返し関わりながら、新たな発見をしたり、どうすればもっと面白くなるかなど、子供なりに考えたりする。時には、それらを別の場所に持ち出して活用したり、新たな使い方を見付けたりして、遊びや生活に取り入れていく。こうした体験は、よりよい生活を自らつくり出していく力につながっていく。

　さらに、環境教育指導資料では、「幼児期に経験させたい内容」として、「自然に親しむ経験」「身近な環境に興味や関心をもち、働きかける経験」「人やものとの関わりを深め、先生や友達と共に生活することを楽しむ体験」等について述べている。「環境教育として幼児期から育てたいこと」「幼児期に経験させたい内容」は、いずれも幼児期の発達や特性、実態等を考慮し、園生活にふさわしい保育の展開に通じるものである。幼児期における環境教育と保育とは、その基本や方向性を同じくするものとして、大きな関連をもつ。

（2）環境教育と領域「環境」との関連

　幼稚園教育要領、保育所保育指針、幼保連携型認定こども園教育・保育要領には、いずれにも5領域（「健康」「人間関係」「環境」「言葉」「表現」）が掲げられている。領域「環境」については、第2章で詳細に述べるが、ここでは、環境教育との関連について簡潔に述べる。ESDに代表されるように、環境の保全に寄与するための取り組みは、今後の教育や保育の方向性として重要な位置を占めている。幼稚園や保育所等の幼い子どもにもその子なりの表現や方法で、今できることが多々あろう。否、今でなければ身につかないことすらある。

　持続可能な社会が具体的にめざすものは、単なる知識の習得や活動の実践にとどまらず、日々の取り組みの中に、ESDの概念を取り入れ、問題解決に必要な能力や態度を身につけるための工夫を継続していくこととされている。幼児期は、将来に続くその継続の出発点であると捉えることができ、領域「環境」は、まさしくこうした考えと合致するものであるといえるのではないだろうか。

2 子どもの育ちと「環境」との関わり

1．子どもの発達

(1) 子どもの発達と「環境」との関係性

①自然に成長する力

人は生まれながらにして、自然に成長していく力をもっている。乳児期を例にとれば、著しい発達からそのことがよくわかる。乳児は、生まれてすぐに乳を吸い、手足を活発に動かすようになり、その後、寝返り、腹ばい、つかまり立ちなど全身の動きを自ら獲得していく。誰から教えられるでもなく、自らの力で成し遂げる。このように人が自然に成長する力をもつということは、当然ながら乳児に限るものではない。その後も、その年齢なりに、多様な動き、言葉、知識、思考力などを自ら獲得し、成長を続けていく。人は、こうした自然に成長する力をもつと同時に、周囲の環境に対して自ら能動的に働きかけようとする力をもち、そのことがさらに成長を促す。

【図1－③】"もの"に興味を示す

(【図1－③】は、そばにあったプラスチック容器に興味をもち、手に取ってじっと見入る8か月の子ども。この後、フタを何度も落としたり手に取って見たり触れたりを繰り返す。)

②環境との相互作用・相互関係

スイスの心理学者ピアジェ（Jean Piaget、1896-1980）は、『子どもの発達は、自然成熟だけで進行するものでもなければ、外側からの教授や反復訓練だけで進行するものでもない。それは個体と環境との相互作用を通して実現する』[3]として、子どもと環境との相互作用を重視し、今日の幼児教育・保育の在り方に大きな影響を与えている。

【図1－④】芝生ででんぐりがえし

(【図1－④】は、地域のゴルフ場で遊ぶ年長児。広い芝生で、解放感からか、次々とダイナミックで多様な動きが誘発された。)

子どもと環境との相互作用について、幼稚園教育要領解説及び幼保連携型認定こども園教育・保育要領解説では、『本来、人間の生活や発達は、周囲の環境との相互関係によって行われるものであり、それを切り離して考えることはできない。特に、(乳)幼児期は心身の発

---

3) 滝沢武久『ピアジェ理論からみた幼児の発達』幼年教育出版、2007、p.51

達が著しく、環境からの影響を大きく受ける時期である。したがって、この時期にどのような環境の下で生活し、その環境にどのように関わったかが将来にわたる発達や人間としての生き方に重要な意味をもつことになる。』[4]と、子どもと環境との相互関係の重要性について述べている。

保育所保育指針総則には、『子どもが自発的・意欲的に関われるような環境を構成し、子どもの主体的な活動や子ども相互の関わりを大切にすること。〜以下略』[5]として記述されている。このように、子どもからの働きかけに対して、それに応答する環境の存在は欠かせない。子どもは、環境との相互作用の中で発達していくと考えられるからである。

（２）発達を促すもの

①能動性

先にも述べたが、子どもは、子ども自身が周囲の環境に能動的・自発的に関わる力をもっている。子どもは、その能動性や自発性を十分に発揮して周囲の環境と関わる中で、生活や遊びと状況とを関連づけながら、必要な能力や態度を身につけ、成長・発達していく。

子どもの能動性が十分に発揮されるためには、子どもが興味・関心をもつ対象、時間、場等、すなわち環境からの働きかけが重要となる。

右の写真の光景からは、それが読み取れるのではないか。ウサギという興味・関心をもてる対象があり、触れ合うだけのゆったりとした時間が流れ、シロツメクサが自生する園庭という自然に触れられる場がある。子どもが十分に能動性を発揮し、環境からの働きかけに呼応することができているといえるのではないだろうか。

【写真１−⑤】自然に触れる

（【図１−⑤】は、園庭を散歩するウサギに、自ら寄って行き、園庭のシロツメクサを摘んで口元に差し出す３歳児。「これ食べるかな〜？」「ぼくのは食べたよ」「かわいい〜！」と口々に言う。しばらくウサギとの触れ合いを楽しむ。）

②環境からの刺激

子どもの健やかな成長や発達を促すためには、適切な時期に、環境からの適切な刺激が必要である。そのために、子どもの発達の特性や発達のおおよその道筋を把握しておくことも大切となろう。また、心身の成長著しい乳幼児期にあっては、個人差が大きいことにも配慮し、発達の「早い・遅い」「できる・できない」だけに留意するのではなく、一人ひとりの発達の適時性にも目を向け、健やかな成長を見守り、支える必要がある。

4）文部科学省『幼稚園教育要領解説』フレーベル館、2018、p.28
　　内閣府・文部科学省・厚生労働省『幼保連携型認定こども園教育・保育要領解説』フレーベル館、2018、p.28
5）厚生労働省『保育所保育指針「第1章総則　1保育所保育に関する基本原則（3）保育の方法　オ」』2017

環境とは、いうまでもなく、物や自然などに限ったものではなく、乳幼児を取り巻く環境すべてを指している。たとえば、全身の運動機能が育とうとしている時には、一緒に楽しむ友達や保育者の存在、興味や関心のもてる遊び、遊びに必要な場や時間、その日の天候等、多様な環境が子どもに働きかけ、子どもとの相互作用の中で、子どもの運動機能の育ちを促すのである。環境からの刺激は、時には、保育者からのたった一言の励ましであったり、園庭の草むらの1匹の虫との出合いであったり、友達と発見した二人だけの秘密基地であったりするかもしれない。

その子どもの育とうとするその時期に、そうした環境からの適切な刺激があって、子どもは伸びていく。

(【図1-⑥】は、大縄跳びを楽しむ年長児。次々と友達が入り、何人まで入れるかを楽しんでいる。子どもたちと保育者の息があった瞬間!)

【図1-⑥】体を動かす環境

2. 育ちや発達を支える「環境」

(1) 各時期にふさわしい環境

①発達の過程や段階

発達の過程や段階については多様な捉え方がある。たとえば、『幼児期と社会』等の著書で知られる、精神分析学者　E.H.エリクソン（Erik H. Erikson、1902-1994）は、人の生涯を8つの発達段階として次のように捉えている[6]。

> ①乳児期：基本的信頼感の獲得
> ②幼児期初期：自律感と疑惑・恥の感覚
> ③遊戯期：自発性の獲得と罪の意識の克服
> ④学童期：勤勉性の獲得と劣等感の克服
> ⑤青年期：自我同一性の獲得と同一性拡散感の克服
> ⑥前成人期：親密感・連帯感の確立と孤独感の回避
> ⑦成人期：生殖感の確立と沈滞の回避
> ⑧老年期：自我統合感の確立と絶望感の回避

②発達の過程や段階にふさわしい環境

子どもの育ちや発達を促すためには、各時期にふさわしい環境を整えたいものであるが、そのためには、保育者はおおよその発達の過程や段階を把握することが必要である。

左頁に挙げたエリクソンの発達段階は、ここに記したものだけではみなさんにとって難解かもしれない。では、「①乳児期：基本的信頼感の獲得」を例にとってみよう。人生最初の発達段階である「人」に対する基本的な信頼感を獲得するために、どのような環境がふさわ

しいであろうか。誰もが考えたり、思いついたりする事柄をいくつか挙げられるであろう。

また、たとえば保育所保育指針の「⑥おおむね4歳」を例にとってみよう。この時期は、運動機能が伸び、喜んで体を動かして運動するようになる。足取りがしっかりし、全身を使った運動や遊びにも自ら挑戦するようになる。4歳頃のこうした発達を踏まえれば、保育者の役割の一つに、体を使った様々な体験ができるよう環境を準備するということが挙げられよう。戸外で遊ぶ機会を多くもつとともに、鬼遊びやボール遊び、巧技台を使った遊びなど、子どもたちが興味をもち、全身を使って遊びこめるような保育を、環境として整えることが求められよう。またこの時期は、友達と一緒にいることの楽しさや喜びを多く感じるようになることから、自己主張や他者を受容する姿なども見られるようになる。遊びや生活の中で友達関係などの人的環境にもより一層の配慮が求められるようになる。

【図1-⑦】忍者ごっこ

(【図1-⑦】は、忍者ごっこで、互いに替わりあって「手押し車の術」に挑戦する4歳児)

(2) 環境としての保育者の役割

幼児教育は、環境を通して行う教育である。幼稚園教育要領解説には、『環境を通して行う教育は、幼児との生活を大切にした教育である。幼児が、教師と共に生活する中で、ものや人などの様々な環境と出会い、それらとのふさわしい関わり方を身に付けていくこと、すなわち、教師の支えを得ながら文化を獲得し、自己の可能性を開いていくことを大切にした教育なのである。』[7] とある。ここでいう環境とは幼児を取り巻くすべてをいうのであるが、中でも、人的環境として保育者が果たす役割は大きい。その役割には多様なものがあろうが、ここでは次の2点について考えてみたい。

①意図的に環境を構成する役割

保育者には、子どもの実態を捉えて発達の過程を見通し、実態の把握やその後の見通しをもった上で、具体的なねらいや内容を設定し、意図的・計画的に環境を構成することが求められる。

ある園の4歳児学級では、空き箱を使って車を作る活動が子どもたちの間に広まった。保育者がビニールテープで道路を作ると、友達と会話をしながら車を走らせて遊ぶようになった。しかしまだこの時点で、学級の4分の1の子どもは作っておらず車を持っていなかった。保育者は、多くの子どもたちが意欲的に取り組む姿から、できれば全員がまずは車を作り、やがては街作りへと保育を展開させたいと考えた。「全員が進んで車作りをする」そうした意図をもって環境を整えた。以下の【図1-⑧、⑨】が意図された環境である。その後、この車作りは、信号やスーパーマーケットなどが出現し、学級全員が参加する街作りへと発展

---

6) 上里一郎監修『心理学基礎事典』至文堂、2002、p.143
7) 文部科学省『幼稚園教育要領解説』フレーベル館、2018、p.30

していった。
　このように保育者が意図をもって環境を構成することで、保育は望ましい方向に展開し、子どもたちの体験も豊かになる。

【図1－⑨】"空あります"の看板

【図1－⑧】子どもたちの愛車のための駐車場

②子どもの理解者としての役割

　保育は、「子ども理解に始まり子ども理解に終わる」とまでいわれる。子どもを理解するとは、表面的な成長や発達の理解にとどまらない。表面だけでは理解が届かない、その時々の子どもの心の動きにも保育者として気持ちを傾ける必要があろう。

　また、子どもが行っている活動がもつ意味を理解することも重要である。活動のもつ意味を理解して初めて環境としての保育者の子どもたちへの援助や指導や意図的な環境構成が可能となる。そのためには、園生活に加え、成育歴、家庭での状況、地域の実態等を捉えておく必要があろう。そうした理解を土台に、園での生活で、子どもが誰と、どこで、園生活の流れの中で何をしているか、何を楽しんでいるかなどを捉え、個々の子どもの活動の意味を理解する。さらには、子ども同士の相互関係などに関する理解を重ね合わせ、集団の活動についても理解をつなげる役割が求められよう。

【図1－⑩】築山の上で

　このような子ども理解の過程で、人的環境としての保育者の役割には、次のようなことが挙げられる。子どもとの共同作業者、子どもの心もちへの共感者、憧れ・道徳性の芽生え・規範意識・善悪の判断などを形成するモデル、遊びの援助者などである。

　(【図1－⑩】は、3歳児と保育者が築山の上で遊ぶ姿である。環境としての保育者のどのような役割が伝わってくるであろうか。)

第2章

領域「環境」とは

　子どもが豊かな体験をしていくためには、子ども自身が身近な環境や事象に興味・関心をもち、主体的に関わることがまず大切である。その環境と子どもの主体的な関わりの過程にこそ学びがある。そのため、保育者は、意図的、計画的に環境を構成することが必要である。

　第2章では、資質・能力の育成と領域「環境」の関係性、「主体的・対話的で深い学び」の実現において大切にしたい視点について述べている。その上で、「好奇心や探究心をもって関わる」「生活の中に取り入れる」という視点から領域「環境」の意義について述べている。さらには、これらのことを基底におき、幼稚園教育要領、保育所保育指針、幼保連携型認定こども園教育・保育要領が示す領域「環境」のねらい、内容について、特に大切な視点として、「子どもにとっての身近な環境、身近な事象とは」、「物の性質や数量、文字などに対する指導（感覚を豊かにする）」の面から、領域「環境」の指導を行う際に踏まえておかなければならないことについて述べている。

1 生きる力の基礎と領域「環境」

1．資質・能力

　平成8年7月中央教育審議会答申『21世紀を展望したわが国の教育の在り方について』において、これからの社会は変化の激しい先行き不透明な、厳しい時代であり、そのような社会を生きるこどもたちに「生きる力」を育むことが必要として、教育の方向が示された。

> 生きる力とは
> ○自分で課題を見つけ、自ら学び、自ら考え、主体的に判断し、行動し、よりよく問題を解決する能力
> ○自らを律しつつ、他人とともに協調し、他人を思いやる心や感動する心など豊かな人間性とたくましく生きるための健康や体力

　平成20年の学習指導要領改訂では、教育基本法の改正により明確になった教育の目的や目標を踏まえ、知識基盤社会でますます重要になる子どもたちの「生きる力」をバランス良く育んでいく観点から見直しが行われた。平成28年12月に中央教育審議会より答申された『幼稚園、小学校、中学校、高等学校及び特別支援学校の学習指導要領の改善及び必要な方策について』においては、社会を生きるために必要な力である「生きる力」という理念をより具体化し、将来の予測が困難となっていく現在とこれからの社会において必要とされる資質・能力「知識・技能」「思考力・判断力・表現力等」「学びに向かう力、人間性等」として3つの柱が示されたのである。幼稚園教育要領においても、資質・能力の3つの柱について幼児教育の特質を踏まえその基礎を育むとして、以下のように整理されたのである。

> ①「知識及び技能の基礎」（豊かな体験を通じて、感じたり、気付いたり、分かったり、できるようになったりする）
> ②「思考力、判断力、表現力等の基礎」（気付いたことや、できるようになったことなどを使い、考えたり、試したり、工夫したり、表現したりする）
> ③「学びに向かう力、人間性等」（心情、意欲、態度が育つ中で、よりよい生活を営もうとする）

　幼稚園教育要領においては、これまで通り、幼稚園における生活の全体を通じて総合的に指導するという幼児教育の特質を踏まえ、ねらいや内容をこれまでと同じく心身の健康に関する領域「健康」、人との関わりに関する領域「人間関係」、身近な環境との関わりに関する領域「環境」、言葉の獲得に関する領域「言葉」、感性や表現に関する領域「表現」の領域の

1 生きる力の基礎と領域「環境」

5領域は引き続き、維持することとされた。
つまり、遊びを通しての総合的な指導を行う中で、「知識及び技能の基礎」、「思考力、判断力、表現力等の基礎」、「学びに向かう力、人間性等」を一体的に育んでいくことが重要であるとされたのである。領域「環境」は、子どもが身近な環境と関わるという入り口から、他の領域と相互に関連しながら総合的に指導を行うということになる。

【図2-①】はいはいできるよ

2.「主体的・対話的で深い学び」の実現

　幼稚園、保育所等[1]における指導は、小学校以降のそれぞれの教科による学習のように単独で指導されるのではなく、直接的、具体的な体験を通して、5領域が相互に関連しながら総合的に指導されなければならない。つまり、子どもが自ら興味や関心をもって環境に主体的に関わり、様々な体験を通して学ぶことにより、充実感や満足感を味わう体験が大切にされなければならない。このように、重要な学習としての遊びは、環境の中で様々な形態により行われており、以下の視点[2]から、絶えず指導の改善を図ってくことが大切である。

【図2-②】水はどうなるの？

①「主体的な学び」の視点

　周囲の環境に興味や関心を持って積極的に働き掛け、見通しを持って粘り強く取り組み、自らの遊びを振り返って、期待を持ちながら、次につなげる「主体的な学び」が実現できているか。

②「対話的な学び」の視点

　他者との関わりを深める中で、自分の思いや考えを表現し、伝え合ったり、考えを出し合ったり、協力したりして自らの考えを広げ深める「対話的な学び」が実現できているか。

③「深い学び」の視点

　直接的・具体的な体験の中で、「見方・考え方」を働かせて対象と関わって心を動かし、幼児なりのやり方やペースで試行錯誤を繰り返し、生活を意味あるものとして捉える「深い学び」が実現できているか。

---

1) 本節において「幼稚園、保育所等」とは、認定こども園を含みます。
2)『幼稚園、小学校、中学校、高等学校及び特別支援学校の学習指導要領の改善及び必要な方策について』
中央教育審議会答申、平成28年12月、p.81-82

3. 領域「環境」の意義

　昭和62年12月に教育課程審議会より「幼稚園、小学校、中学校及び高等学校の教育課程の基準の改善について」の答申が出され、これまでの6領域（健康、社会、自然、言語、音楽リズム及び絵画製作）について、幼児の活動の実態を踏まえ、幼児の発達の諸側面や幼児期に育てるべき能力と態度を考慮し、再編することが適当であるとされた。

　これを受け、平成元年告示の幼稚園教育要領では、これまでの自然を中心とする内容が、新たに自然との触れ合いや身近な環境との関わりに関する領域「環境」としてまとめられたのである。その後、幼稚園教育要領は、平成10年、20年の改訂を経て現在に至っている。

　平成10年の改訂では、「生活の中で、様々なものに触れ、その性質や仕組みに興味や関心をもつ。」ことを新たに内容に示した。また、内容の取扱いでは、「幼児が遊びの中で周囲の環境と関わり、その意味や操作の仕方に関心をもち、物事の法則性に気付き、自分なりに考えるようになる過程を大切にすること及び自然とのかかわりを深めることができるよう工夫する」ことが示され、自然との関わりを一層深めることが求められた。

　平成20年の改訂においては、「他の幼児の考えなどに触れ、新しい考えを生み出す喜びや楽しさを味わい、自ら考えようとする気持ちが育つようにすること」として、内容の取扱いに思考力の芽生えとして示されている。

　平成29年の改訂においては、長い歴史の中で育んできた文化や伝統の豊かさに気づくことが大切なことから、内容に「(6) 日常生活の中で、我が国や地域社会における様々な文化や伝統に親しむ。」が新たに示された。これを受けて、内容の取り扱い「(4) 文化や伝統に親しむ際には、正月や節句など我が国の伝統的な行事、国歌、唱歌、わらべうたや我が国の伝統的な遊びに親しんだり、異なる文化に触れる活動に親しんだりすることを通じて、社会とのつながりの意識や国際理解の意識の芽生えなどが養われるようにすること。」が新たに示された。

　なお、昭和40年に保育所保育のガイドラインとして制定された保育所保育指針は、平成20年の改定より、これまでの局長通知から厚生労働大臣による告示となり、幼稚園教育要領と同様に法的拘束力をもつものとなった。平成29年の改定においては、幼児教育の一翼を担う施設として保育所保育における幼児教育の積極的な位置づけが行われ、教育に関わる側面のねらい及び内容に関して、幼稚園教育要領、幼保連携型認定こども園教育・保育要領との整合性が一層図られた。平成26年に新たに策定・公示された幼保連携型認定こども園教育・保育要領も平成29年に同時に改訂が行われた。

　現行の幼稚園教育要領、保育所保育指針等では、領域「環境」の目標として、以下のように示されている。

> 周囲の様々な環境に好奇心や探究心をもって関わり、それらを生活に取り入れていこうとする力を養う

4．好奇心や探究心をもって関わるとは

子どもたちは年長になるにつれて、「どうして？」「なぜ？」という好奇心が旺盛になる。たとえば、「なぜアリさんは、一列で行進しているの？」「どうしてダンゴ虫は、足がたくさんあるの？」「なぜ影が追いかけてくるの？」と聞く。また、ある子は、雨が降ってできた園庭の水たまりが翌日なくなっていた様子を見て、「水たまりのお水はどこに行っちゃったの？」、「お水はね。お空や土の中に入ったの」と答えると、「どうやってお空に行ったの？」と、まるで禅問答のように次から次へと質問をしてくる。一方で、質問しなくても色水に水を加えて調整することで、いろいろな濃さの色水作りを楽しんでいる子どもや大きなシャボン玉を作ろうと思っていろいろな器具を試している子どももいる。

【図2-③】影は何のかたち？

このように、子どもは身近にある多様な環境や事象に出合うことにより、旺盛な好奇心や探究心が刺激され、環境に積極的に関わっていこうとするのである。

しかし、様々な環境や事象との出合いを単に提供すれば、子どもたちが好奇心、探究心をもってその環境と関わりを深めていくかといえばそうではない。また同じ環境であっても、これまでの子ども一人ひとりの生活経験や発達、興味・関心などにより、身近な環境への関わり方は異なってくる。

何よりも大切なことは、子どもの生活と遊びの中で、常に子ども一人ひとりの視点から環境を捉えながら、その子の様々な芽生えを保育者が読み取り、好奇心、探究心をもって身近な環境に関われるように環境を構成していくことである。

5．生活の中に取り入れるとは

子どもたちが身近な環境や事象を通して豊かな体験をしていくためには、ただ身近にある自然や人、ものなどと出合わせるだけでは子どもたちにとって真の意味での学びのための身近な環境や事象とはなり得ない。まず、子どもたちが、「不思議だなあ？」「これ、おもしろそう」「どうしてかな？」という思いを動機として、身近な環境や事象に興味や関心をもって積極的に関わろうとすることによって、初めて身近な環境や事象となるのである。

【図2-④】川をつくろうよ

その関わりを深めていく中で、気づいたり、工夫したり、発見したり、あるいは友達とアイデアを出し合ったりするなどの活動を通じて、物の性質や数量、文字などの関わりを広げていくことにもなる。

このように、子どもが身近な環境や事象に主体的に関わる過程にこそ学びがある。心動かされた体験は子どもの内面に定着し、それが次への動機づけとなり、新たな体験を生み出していく原動力となるのである。そして、これまでの体験で学んだことを活用するなど、遊びや生活の中に取り入れ活用していくことにより、新たな学びへとつながっていくのである。

2 領域「環境」のねらいと内容

　保育所保育指針を例にとり、領域「環境」のねらいと内容について考えてみよう。
　先述の通り、保育所保育指針は、平成29年の改定において、幼児教育の一翼を担う施設として保育所保育における幼児教育の積極的な位置づけが行われ、3歳児以上の5領域においては、一層の整合性が図られた。これにより、幼稚園教育要領、保育所保育指針、幼保連携型認定こども園教育・保育要領ともに3歳児以上の幼児教育については、「ねらい」「内容」が同一の内容となったのである。また、保育所保育指針においては、乳児から2歳児までは、心身の発達の基盤が形成される上で極めて重要な時期（学びの芽生え）であることから、3歳未満児の保育の意義が明確化され、1歳以上3歳未満児の保育に関わる「ねらい」「内容」について、心身の健康に関する領域「健康」、人との関わりに関する領域「人間関係」、身近な環境との関わりに関する領域「環境」、言葉の獲得に関する領域「言葉」、感性と表現に関する領域「表現」の5つの領域として新たに示された。なお、保育内容は、養護における「生命の保持」及び「情緒の安定」に関わる内容と一体となって展開されることが必要であるとともに、3歳児以上の保育の内容の5領域と連続するものである。
　これにより、より一層、発達や学びの連続性を踏まえた保育が求められているのである。

1歳以上3歳未満児の領域「環境」	3歳児以上の領域「環境」
●ねらい ① 身近な環境に親しみ、触れ合う中で、様々なものに興味や関心をもつ。 ② 様々なものに関わる中で、発見を楽しんだり、考えたりしようとする。 ③ 見る、聞く、触るなどの経験を通して、感覚の働きを豊かにする。 ○内容 ① 安全で活動しやすい環境での探索活動等を通して、見る、聞く、触れる、嗅ぐ、味わうなどの感覚の働きを豊かにする。	●ねらい ① 身近な環境に親しみ、自然と触れ合う中で様々な事象に興味や関心をもつ。 ② 身近な環境に自分から関わり、発見を楽しんだり、考えたりし、それを生活に取り入れようとする。 ③ 身近な事象を見たり、考えたり、扱ったりする中で、物の性質や数量、文字などに対する感覚を豊かにする。 ○内容 ① 自然に触れて生活し、その大きさ、美しさ、不思議さなどに気付く。

② 玩具、絵本、遊具などに興味をもち、それらを使った遊びを楽しむ。 ③ 身の回りの物に触れる中で、形、色、大きさ、量などの物の性質や仕組みに気付く。 ④ 自分の物と人の物の区別や、場所的感覚など、環境を捉える感覚が育つ。 ⑤ 身近な生き物に気付き、親しみをもつ。 ⑥ 近隣の生活や季節の行事などに興味や関心をもつ。	② 生活の中で、様々な物に触れ、その性質や仕組みに興味や関心をもつ。 ③ 季節により自然や人間の生活に変化のあることに気付く。 ④ 自然などの身近な事象に関心をもち、取り入れて遊ぶ。 ⑤ 身近な動植物に親しみをもって接し、生命の尊さに気付き、いたわったり、大切にしたりする。 ⑥ 日常生活の中で、我が国や地域社会における様々な文化や伝統に親しむ。 ⑦ 身近な物を大切にする。 ⑧ 身近な物や遊具に興味をもって関わり、自分なりに比べたり、関連付けたりしながら考えたり、試したりして工夫して遊ぶ。 ⑨ 日常生活の中で数量や図形などに関心をもつ。 ⑩ 日常生活の中で簡単な標識や文字などに関心をもつ。 ⑪ 生活に関係の深い情報や施設などに興味や関心をもつ。 ⑫ 保育所内外の行事において国旗に親しむ。

　これらのねらいを達成するために、自然、人、動植物、遊具、数量や図形、標識、文字などの身近な環境や事象を通して、指導を行うことが内容に示されている。以下において領域「環境」の指導を行う際に、特に、踏まえておかなければならないことについて述べておく。

1．子どもにとっての身近な環境、身近な事象

　みなさんは、身近な環境、身近な事象と聞くとどういうことを想像するだろうか。たとえば、家族や親しい友人、雨や雪、台風などの自然現象、公園のジャングルジムやブランコなど、自分の身のまわりにある人、自然、ものなどを思い浮かべたのではないだろうか。では、子どもたちにとって身近な環境、事象とはいったいどういうものであろうか考えてみたい。
　身近な環境や事象は、『単に子どもが生活している周囲にある物理的空間、子どもを取り巻くものの世界といったものではなく、子ども自身の具体的な体験を通して、子どもが感じとるものだといえる。何光年も離れていていくことのできない夜空の星でさえ、星座の神話を知っている子どもにとっては身近なものである。このように考えていくと、同じ空間にいても、子ども一人ひとりにとって、環境としては異なったものであることがわかるし、また、

子どもが意味づける仕方によって、同じ空間が時間の経過に従って異なる環境へと動的に変容していくことも理解できる。』3)。これらのことから、身近な環境、事象を捉える時、生活の場における人的環境、物的環境、自然環境や現象だけをいうのではなく、『その環境が子どもにとって、なじみやすさや親しみやすさという心理的な距離が近くなって初めて身近な環境といえるのではないか。』4) ということである。

2．物の性質や数量、文字などに対する指導

数量や文字についての指導は、小学校の教科教育のように、数を数えることができたり文を書いたりできるようにすることが目的ではない。子どもが、興味・関心をもって、数量や文字などに関わることを広げていくことにより、日常生活において数えたり、人と人とが関わりを深めていくために文字があるという感覚を養うことが大切である。

【図2－⑤】お花で編んだよ

たとえば、郵便屋さんごっこの時、大好きな友達に手紙を出したい。その時に、名前を書きたいという必要感から文字に対する興味・関心が芽生え、一生懸命名前を書こうとする。その結果、文字が書けるようになるのである。このように、幼稚園、保育所等での学び方と小学校での学び方は違うのである。幼稚園教育要領、保育所保育指針、幼保連携型認定こども園教育・保育要領では、「身近な事象を見たり、考えたり、扱ったりする中で、物の性質や数量、文字などに対する感覚を豊かにする。」とねらいが示されている。具体的な指導事項である内容では、「日常生活の中で数量や図形などに関心をもつ。」「日常生活の中で簡単な標識や文字などに関心をもつ。」として示されている。日常生活において身近な環境や事象に関わる中で、数、図形、標識、文字などに関心をもって関わろうとすることができるように環境を工夫し、支援していくことが大切であり、子どもが数や文字などを使いこなすことが目的ではないのである。さらには、「幼児期の終わりまでに育ってほしい姿」も踏まえた指導が大切である。

【図2－⑥】どうやって積もうかな

このように、幼児期は何かを教えて身につく時期ではないということを知っておく必要がある。子どもたちの興味・関心を動機とする直接的・具体的な豊かな体験が、多くの学びを獲得することとなり、そこで味わった充実感や満足感は、興味・関心を高め、さらなる学びへと向かっていくということを私たち保育者は、忘れてはならない。

---

3) 小田豊・湯川秀樹編著『保育内容　環境』北大路書房、2003、p.5
4) 小田豊・湯川秀樹編著『保育内容　環境』北大路書房、2003、p.5

第3章

子どもの育ちと領域「環境」

　保育者は、子どもを取り巻く周囲の環境が子どもの家庭での生活や園生活、日常的な遊びにいたるまでどのような影響を与えているのかを理解しておかなければならない。そのためには、子どもの生活をより豊かなものにするための環境を具体的に捉えておく必要がある。子どもを取り巻く環境には、人的環境、物的環境、自然環境、社会的環境など、様々なものがある。0歳児の探索行動が示している通り、子どもにとって環境とは「関わるもの」である。つまり、子どもは周囲のものに興味・関心を抱き、積極的に関わろうとする。このような行動は、身のまわりのあらゆる環境に対して見られる姿である。こうした関わりが子どもにとって大切な学びの基礎となっていく。そして、子どもは環境に関わりながら、環境に埋め込まれた豊かな意味を見いだしていくのである。

　そこでこの章では、まず子どもの身近な環境との関わりを支える保育者の実態を捉えた上で、多様な環境を押さえていく。次に、0〜5歳児の発達特性を踏まえた保育の環境を考えていきたい。

1 環境を構成する

　環境を構成するとは、子どもが内的な動機を高め、主体的に環境に関わりたくなるような場をつくることである。環境を構成するにあたって、保育者は子どもの環境への働きかけを重視し、好奇心や探究心を刺激するような保育の内容や方法を検討する必要がある。
　そこで、ここでは身近な環境について述べていく。身近な環境とは、子どもの生活に深い関係があり、子どもが日常的に関わる様々なものである。本節では、主に人的環境、物的環境、自然環境、社会的環境と大きく4つに分けて、子どもの姿とそれに対する保育者の関わりという視点で触れていく。

1．人的環境としての"保育者・友達"

　近年、子どもを取り巻く環境が劇的に変化してきている。少子化や核家族化、地域の人間関係の希薄化などが挙げられる。このような状況を考えると、子どもの人との関わりを援助していく保育者の役割は、とても重要といえる。
　保育者は、子どもの発達の専門家である。そこで、人的環境を押さえつつ、乳幼児の発達的特徴を述べながら保育者の役割を整理していきたい。

（1）乳幼児期の発達と保育者の役割

　乳幼児期の人間関係は、養育者との基本的な信頼感を基盤として、少しずつ自分の世界を広げて自己の主体性を身につけていくことから始まる。乳幼児期とは、生涯にわたる人と関わる力の基礎をつくる重要な時期であり、毎日を過ごす園の環境や保育者の存在は乳幼児期の健やかな発育に対して大きな影響を与える。

【図3-①】保育者への乳児のまなざし

　誕生後の乳児は、徐々に自分の周囲の環境を認知し始める。言い換えるならば、徐々に自分と関わる世界と接点をもちながら周囲の環境を理解していくのである。この時期は、特定の養育者と応答的なやりとりを通して、以後の対人関係の基礎となる情緒的絆が形成される。生後6か月頃になると見慣れている特定の保育者に対して働きかけていく姿が増えていく。生後8か月頃になると人に対して区別ができるようになると共に、人見知りが始まる。つまり、「信頼できる人」と「信頼できない人」を見分けることができるため、混沌とした世界から脱却していくのである。この時期は、特定の保育者と情緒の安定・信頼感をよりどころにしながら、周囲の環境に対して探索的な活動が増えていく。ここでのポイントは、特定の大人との情緒の安定・信頼感が探索活動の基盤となっており、この基盤がないと探索活動を積極的に行えないということである。保育者が子どもの状態を受け止めつつ

柔らかい雰囲気づくりを心がけることで、子どもは積極的に環境に関わることができるようになる。そのような人的環境をつくり出すために、保育者には、子ども一人ひとりと丁寧なやりとりをしていくことが求められる。

1歳前後になると、歩行できるようになるため、子どもの生活空間が広がりをみせる。そして、玩具などの物で遊ぶようになる。また、徐々に物を何かに見立てて遊ぶ力である「表象機能」を身につけていくようになる。この時期の子どもは、特に保育者との安定した関係を基盤としつつ、他児への関心も芽生えていくのである。

2歳前後は、自我の発達が目覚ましい。何でも自分でやりたい時期であり、保育者や他児に対して強い興味や関心を抱き、関わろうとする。しかし、関わろうとはするものの、まだ自分の力ですべてができるわけではなく、加えて反抗心や自己主張が強いため、トラブルが絶えない時期である。この時期は、これまでの子どもの姿と比べると心身ともに発達的変化が大きいため、大人の認識がその変化に追いつかないことがある。ともすれば途端に聞き分けが悪く、わがままな印象を与えることもある。しかし、それは、乳児の自我の発達が示す一面であることを理解し、保育者は子どもの気持ちを受け止めつつ、見守っていくことが重要である。保育者は、一見すると否定的に映る子どもの行動を「その子どもにとって以後の人生に必要な行動」という意識で接するとよいだろう。

3歳児は、家庭や園において基本的生活習慣を身につけつつ、主体性を養う時期である。乳児期と同じで、保育者との信頼関係を基盤としつつ、徐々に同年代の他児との仲間関係を形成しながら、遊びを中心とした活動に取り組むようになる。

4歳になると基本的な運動機能の向上とともに身体の巧緻性も向上し、多様な動きができるようになる。周囲の環境に対する興味や関心が広がり、様々な物の特性を深く理解するようになる。それに伴い、遊び方に幅が出てきたり、イメージする力が向上したりする。子どもたちは具体的な目標をもって遊んだり、行動したりできるようになる。そのため保育者は、具体的なカリキュラムなどの保育内容の準備や環境構成に力を注がなければならない。

【図3−②】自分でできるよ

5歳児は、基本的な生活習慣の多くを習得するようになり、登園時の身支度から遊び、片づけ、排泄や手洗いなど自ら考えて行動する姿が見られる。物事を比べながら考えることができ、時間や場所などを認識するようになるため、自分の周囲や社会の出来事にも目を向け、広い社会環境に興味や関心をもてるようになっていく。世の中で起こっている事象についても質問が出てくるので、慎重に内容を吟味しつつ、保育者自身の価値観を整理しておくことが求められる。

（2）信頼関係の基盤づくり

大人であれ、子どもであれ、新しい環境に入る時には大なり小なり緊張するものである。これは入園当初の子どもに当てはめてみても同じことがいえる。

入園当初、多くの子どもは保護者と離れることを嫌がり、泣き出す。一方、新しい環境に

興味をもってスムーズに入室する子どももいる。しかし、後者の中の一部には、スムーズに入室したものの他児が落ち着いていくことに反するかのように不安になる子どももいる。

どちらのタイプの子どもも時差こそあるが、新しい環境に何らかの不安を抱いていることに変わりはない。では、保育者は子どもたちのこのような姿をどう受け止め、接していけばよいのだろうか。

まず保育者は、子どもが園生活を不安に思う理由に思いをはせることから始めたい。たとえば「大好きな保護者と離れるのが嫌」という理由であったり、「ロッカーやタオルかけの位置がわからない」という理由であったりする。ほかには「知らない場所のため、トイレに行けない」という排泄に関する理由などもある。いずれにせよ、保育者は、子どもの行動の源にある不安を模索し、その不安を受け止め、軽減していくように関わることが求められる。不安を理解して受け止めてもらった子どもは、その保育者を信頼し、心のよりどころとしていく。前述したように、子どもは、自分を丸ごと受け止め、その存在を認めてくれた保育者と信頼関係を築き、その関係はその後の園生活の基盤となる。このことは、以後人間として生きていく上で必要なことであり、人格形成の基礎を培うためにも大切なことである。

（3）保育者も子どもの環境の一部

新入の子どもたちの多くは、まずは当該クラスにいる保育者と多く接する。したがって、保育者の印象や雰囲気がそのままクラスの印象や雰囲気につながることも少なくない。それほど、保育者の行動や表情というのは、子どもに与える影響が強いのである。子どもにとって保育者は憧れの対象である。また、モデルとなる保育者の存在は子どもの生活環境の一端を担っている。子どもたちは、

【図3－③】入園おめでとう

保育者の行動から、園生活での基本的な過ごし方や物事に対する考え方を学び、生活を組み立てていくようになる。保育者の振る舞いや話し方などがクラスの雰囲気として定着していくことを気に留めておきたいものである。

事例1　保育者が雰囲気をつくる

マユミ先生は、はきはきした口調で何事にもテキパキ動く保育者。しかし、担任をしている4歳児のすみれ組は、どこか落ち着きがなく、リラックスした様子の子どもが少ない。また、クラスには相手の失敗を指摘し、なぜか友達やマユミ先生の注意を自分の方に引きつけるような子どもが増えてきた。

マユミ先生は、このようなクラスの状況を心配して園長先生に相談した。すると「マユミ先生は、いつも的確に無駄がないように保育をしていますね。このことはいいと思いますが、子どもたちの間で何となく失敗ができない雰囲気をつくっているのかもしれません。あと、保育中に無駄がないので、ゆったりとした時間や空気が流れていないのかもしれません。ゆっくり行動するタイプの子どもは、どこか居場所を失っているのかもしれませんね」と助言を受けた。

> 次の日、改めて保育室で遊んでいる子どもたちをよく見ると、次々に遊びを変えている子どもや、展開が早い遊びについていけない子どもを排除している子どもなどが多いことにマユミ先生は気がついた。

　保育者は、毎日子どもたちと接しているので、当然子どもとの距離が近くなる。近くなることそのものは否定されるべきことではない。しかし、近くなりすぎると様々な弊害が出てくる。文字を読む時、適度な距離をとることで読むことができるが、極端に近いと文字そのものが見えない。つまり、見ようとする対象が近すぎると、対象そのものがぼやけて見えない状態になるのである。これを事例に当てはめると、マユミ先生は子どもたちとの距離が近いがあまり、自分が子どもたちの目に「どのように映り」「どのような影響を与えているか」を見失っていたのではないだろうか。

　先述したように、保育者は子どもにとって一番身近なモデルであり、保育者自身はそれを意識することが難しい。まず保育者は、自分の行動から生じる雰囲気を自覚することから始めたい。では、すみれ組の雰囲気は、マユミ先生がかもしだす雰囲気だけで決まるものなのだろうか。

　実は、園全体を覆っている雰囲気もすみれ組の子どもたちに影響を与えている。普段は意識しないこれらのことが、園で生活する子どもたちの動きに大きな影響を与えていることは否めない。このような保育者自身が自覚できにくいことを意識するには、保護者からの意見を参考にしたり、第三者の立場の人に指摘してもらったりして定期的に振り返る必要があるだろう。

　そして、雰囲気という目に見えないことに日常的に気を配れるか否かは、保育者の専門性の一つと考えられる。目に見えないことに思いをはせるという行為は、必ずや保育に還元できるといえる。

事例2　保育者の行為を真似する　～保育者は子どもの鏡～

　カズヤ先生は、4歳児クラスの担任である。9月の運動会の練習をしていたある日、練習が予定よりも長くかかってしまった。そのためカズヤ先生は、給食の準備の時間に間に合わなくなると思い、急いで保育室に向かい準備をした。

　翌日、タクミくんが園庭で遊ぶ際の帽子を保育室に忘れてきた。タクミくんは取りに戻ったが、靴箱に靴を入れていかなかった。それに気がついたカズヤ先生は、戻ってきたタクミくんに「タクミくん、靴箱に靴を入れようね」と言ったところ、「え～、先生だって昨日靴入れなかったじゃん！」と抗議された。カズヤ先生は、どう返答してよいかわからず困ってしまった。

　保育者といえども人間である。いつも完璧に振る舞えるわけではない。保育では、偶然に発生する出来事に臨機応変に対応しなければならないことがたくさんある。カズヤ先生も給食の準備で頭がいっぱいになり、焦って靴を靴箱に入れなかったのだろう。しかし、タクミは見ていたのである。靴を入れていかないカズヤ先生の行動が印象深かったのかもしれない。

よく筆者は、先輩保育者から「子どもから360度見られていると思って保育をしなさい」と助言を受けていた。子どもは常に保育者の視野の範囲で遊んでいるとは限らない。保育者は、子どもに後ろから見られていることもある。自分の行動に説明ができる保育者をめざしたいものである。

（4）子どもにとっての友達

子どもは、保育者との安定した関係ができていくと、友達に目がいくようになる。次第に、自分から環境に関わりながら好きな遊びを見つけるようになっていく。そして、園での生活を経験していくうちに自分の思いを相手に伝えたり、友達の思いを受け入れていったりするようになる。

【図3－④】友達大好き

このような発達段階を考えていくと、保育者の役割は友達との接点を見つけて橋渡しをしたり、必要に応じて遊びに加わったり（退いたり）することが求められる。そのためには、保育者は子どもと共通のイメージがもてるように、子どもと一緒に材料を探したり、準備したりすることが必要である。そして、子どもはそのような環境において友達との遊びを繰り返す中で、徐々に友達と共通の目的に向かって同じ遊びを展開する楽しさを味わっていく。

このような援助のもと、子どもたちは友達と信頼関係を築き、互いに認め合いながら共に育っていくのである。

事例3　楽しいを共有する

0歳児クラスのトウマくんがハイハイをしてカーテンの陰に隠れた。それを見ていたミナコ先生が「あれ〜、トウマくんはどこにいったかな？」と近づきながら、そっとカーテンをめくり「いた〜」と言うとトウマくんは嬉しそうに笑う。ミナコ先生がカーテンで自分の顔を隠して「ほらっ、いないいないバー」とタイミングよくめくるとトウマくんは声を上げて笑う。今度は、ミナコ先生が「いないいない」と言いながらトウマくんの顔をカーテンで隠し、「バー」の合図でどけるという行為を数回繰り返す。顔が現れるたびに声を上げて笑うトウマくんを離れて遊んでいたミクくんが見ていた。ミクくんは、トウマくんに対する「バー」のところで、自分がやっているかのように声を上げて笑う。

言葉をもたない年齢だが、生活を共に経験する中で友達との楽しさを共有していることがわかる事例である。この事例のように、園においては同年齢の友達との園生活特有の出来事がある。また、保育者が様々な意図を埋め込んだ保育環境が本当に機能するのは、子どもに「やりたい！」「楽しそう！」という自発的な気持ちが芽生えた時といえる。どの年齢でも、年齢が近い友達の存在は、遊びのきっかけや動機づけなど、実に多様な刺激を与え合う。

2．物的環境としての"物"

「園にある物的環境」というと何をイメージするだろうか。草花のような自然物やブランコなどの固定遊具、園庭にあるボールや三輪車、あるいはハサミやクレヨンなどの教具等、いろいろなイメージを抱いたかもしれない。

物的環境は、身近な折り紙や絵本などから季節や天候といった自然に関することまでが含まれる非常に幅の広いものである。

それでは、保育においては物的環境とはどのような環境が求められるのだろうか。多様な角度から捉えてみよう。

（1）応答性のある環境

物的環境は、子どもの方から物に働きかけて刺激を受けることで、子どもの発達を促すだけではない。物的環境から子どもに働きかけて、子どもはそれを受け止めながら変容していく。つまり、子どもが物に働きかけることで、物は何らかの変化を生じ、再度子どもを刺激することがある。このような応答的環境とは、「物的環境」「子ども」の双方の働きかけによるものである。物的環境による応答性は、子どもが物的環境に対して働きかける動機にもなっている。

たとえば、子どもが粘土遊びをする時、粘土は子どもの働きかけによって様々な形に変形し、子どもに応答していく。子どもはそこに興味をもち、さらにいろいろ試みる。子どもが力を加えると力の分だけへこんだり、平らになったり、ねじれたりするなど実に様々な形に変形する。粘土は、素材に働きかけたことがそのまま形となって反映する素材であり、"ツルツル""ベトベト""ひんやり"といった皮膚感覚を感じ取れるものでもある。

【図3−⑤】おいしい飴になあれ

粘土を薄く延ばして細長く切って、それぞれを縦につなぎ合わせようとする子どもがいる。しかし、接着部分が弱かったり、薄すぎたりして途中で切れてしまったりする。しかし、何度も切れないように挑戦する。このように、環境が決して思い通りにならないことも、子どもを魅了し、主体的に環境と関わろうとする気持ちを促すのである。

（2）様々な物を生かして構成する環境

遊びは、友達や空間、そして時間が必要といわれている。子どもは使い慣れている玩具や使いやすい用具などがあると安心して遊び始める。子どもが夢中で遊び、十分に自分を表現しながら発達に必要な体験が保障されるようにするためには、一人ひとりの特性に沿って環境を構成する必要がある。したがって、保育者は子どもの周囲にある物的環境を、子どもの発達に必要な体験を得るために整えなければならない。遊具や用具などの特性を理解して、その特性を生かして保育を検討していくことも大切である。そのためには、対象となる環境の色、形、大きさ、重さ、長さ、広さ、量、質などを考慮し、その子にふさわしい発達を考

えた保育をデザインすることが求められる。
　そして大切なことは、保育者は意図して環境を構成するが、あくまでも子どもの主体的な活動の中で、周囲の環境（特性）と子どもが互いに刺激し合いながら活動を営んでいくことも忘れてはならない。

【図3－⑥】　保育環境を構成する園具・教具
（「文部省幼稚園課内幼稚園教育研究会編『幼稚園における園具・教具活用事例集』ぎょうせい、1998、pp.13-61」より、一部を筆者加筆）

身体を動かして遊ぶもの	・すべり台、ぶらんこ、太鼓橋、ジャングルジム、低鉄棒、昇り棒、総合遊具等 ・ボール類、なわ、フープ等 ・平均台、跳び箱、マット等 ・三輪車、二輪車、手押し車等
自然と親しむもの	・栽培に使う用具、花壇、雑草園、野菜園等 ・飼育に使う用具、飼育小屋、飼育箱等 ・砂場、水飲み場、築山等
表現を楽しむもの	・描画に使う用具類、製作に使う用具類、かなづち、のこぎりなどの木工用具類、粘土類、積み木、ブロック類、ままごと用具類、人形、ぬいぐるみ、指人形等、カスタネット、鈴、トライアングル、太鼓等、ピアノ、電子オルガン類
情報に触れるもの	・絵本、物語本、図鑑、紙しばい、カメラ、ラジオ、テープレコーダー、掲示板、黒板、ホワイトボード、ビデオカメラ等
園生活をおくるために必要なもの	・机、椅子、個人用物入れ、靴箱、傘たて、収納棚、時計、温度計、清掃用具、放送設備、避難用具、保健衛生用具

①遊具や教材
　固定遊具や教材などを環境として準備する際は、いつ、どのように、誰が、何人で使うかなどによって構成は変わってくる。さらに、固定遊具とほかのものを組み合わせることで活動を発展させることもある。したがって、保育者には自身の柔軟な発想と子どもの工夫を受け入れる寛容さが求められる。
　遊具や教材などは、大枠を決めておくだけに留め、子どもが自由に発想できるものが望ましい。子どもが想像力をふくらませ、次々にアイデアを出し合う環境を保障することで、豊かな知識の獲得を促すことが予想されるからである。
　たとえば、みんなで大型絵本を読んだ後に、一人の低年齢児が絵本の内容よりもその大きさや形状に興味を抱いて、大型絵本をつなぎ合わせて電車に見立て、ごっこ遊びをすることがある。遊んでいるうちに、友達が次第に増えて大型絵本では手狭になり、大きなダンボールを代用したりする。そして、最後はクラス全体での遊びに発展していくことがある。
　このようなことに対しても、保育者は柔軟な姿勢で子どもの気持ちに寄り添い、遊びなどを具現化できるように遊具や教具を把握していくとよい。

②場や空間も大切な環境
　幼稚園・保育所等には、保育室やホール、園庭などの様々な部屋や場所がある。保育室には、パーテーションやカーテンなどで区切られたコーナー（製作コーナーやままごとコーナーなど）がよく設けられている。そのほかにはテラスや廊下もある。このように園内には

様々な空間がある。それぞれの空間は物理的には一様であるが、遊びの内容や参加人数によって場がもつ意味が変わってくる。さらにこれらの空間を利用してどのような遊びをするか、また高いところや低いところ、狭いところによって活動の展開が異なってくる。

そこで保育者は、活動的に動ける場や空間を用意しなければならない一方、子どもの状態に応じて人目を避けて一人で過ごせる空間といったくつろげる場も用意する必要がある。近年では長時間保育を実施している園も増えてきたので、子どもの負担にならないような空間や家庭的な場を演出することが求められる。

3．自然環境との出合い

(1) 自然物との触れ合い

近年の都心部における幼稚園・保育所等では、自然豊かな園庭がなく、公園へ行くにも一苦労する園が増えてきている。自然と触れ合う機会が極端に少ないため、自然体験に乏しい生活を送っている子どもも少なくない。このような状況だからこそ、自然と触れ合う機会を大切にしたいものである。

自然物とは、泥、土、水、石、砂など自然界にあるものである。そして自然事象は、季節の変化や天候であり、人間の力では動かせない、変えられないものを指す。現代の子どもたちの生活を考えると、より一層意識的に四季の変化や動植物との出合いなどを保育に取り込むことが求められる。

【図3－⑦】直接肌で感じる

保育者は、水や土といった変化に富んだ身近な自然物と出合う機会を積極的に設けていきたい。残念ではあるが、不衛生という観点から砂場での遊びや泥遊びを避ける家庭が増えてきている。そのため入園してから初めて砂場での遊びを体験する子どもがおり、最初は強い抵抗を示す子どもがいる。この場合、子どものペースに合わせて、最初は砂や土、水などの感触の心地よさを感じられるような言葉かけを心がけたい。逆にこのような活動を好む子どもが多い場合は、心地よい感触が得られることから、興奮することが予想されるので、子どもの動線や位置などを特に事前に確認してから始める必要がある。たとえば、「水道までほかの遊びと交差していないか」「道具置き場から遠くないか」などに留意するとよいだろう。

(2) 小動物の飼育や植物の栽培

動物や植物、昆虫などは子どもの知的好奇心を高める貴重な環境である。また、飼育や栽培をすることは園生活において命の尊さを学ぶ貴重な体験となる。

動植物などの生き物は、「飼育または栽培しているもの」という印象を抱きやすいが、子どもが興味・関心をもつ対象を普段の生活の中からも見つけ出していきたいものである。園庭や散歩の途中に見つける雑草、鳥、昆虫など、子どもの生活の中で発見した生き物との関わりを大事にしたい。

また、食育という意味でも給食や弁当に入っている野菜や魚なども生き物に対する興味・関心を抱くきっかけとなる。知らない生き物に出合えば、図鑑で調べたり、関連する絵本を読んだりするなど探究心を育てるきっかけにもなる。

【図3-⑧】生き物を育てる

そして何よりも保育者には、子どもたちの生き物との出合いを大切にするために地域の生き物の実態を把握したり、季節の変化に敏感になったりすることが求められる。

それでは、どのような環境を整備しながら動植物と接していけばよいのだろうか。保育者は、子どもが愛情をもって小動物や植物の世話をしたり、愛着をもてたりするような援助をしなければならない。具体的な配慮事項を押さえる前に、小動物や植物に関わる際の保育者について触れたい。

まず、保育者自身が自然に親しみをもち、関わる喜びや楽しさを十分に体感することが重要である。これまで述べてきたように、動植物からの関わり（働きかけ）は、子どもにいたわりや思いやりの気持ちを芽生えさせ、生き物の成長を実感し、命あるものを育てていることの期待や喜びなどを育んでいく。これらは体感することでしか育まれないということを常に念頭におきたいものである。

【図3-⑨】小動物に関する配慮事項
（「文部省幼稚園課内幼稚園教育研究会編『幼稚園における園具・教具活用事例集』ぎょうせい、1998、pp.68-75」より、一部を筆者加筆）

種類	・育てやすく繁殖しやすい、かつ人に危害を加えない小動物を選ぶ。 ・病菌のうつりにくい小動物を選ぶ。 ・生態や形態、行動特徴が多様であることが望ましい（ウサギ、鶏、モルモットなど）。
飼育小屋（箱）	・設置場所は、日当たりや風通しがよい場所を園全体で検討する。 ・保健衛生に配慮する。 ・飼育箱は、持ち運びしやすいものや観察しやすいものを選ぶ。 ・子どもが間近で見やすい場所にする。
用具	・掃除道具やえさをあげる用具は、子どもが扱いやすい大きさで、危険がないものを選ぶ。 ・子どもたちのみで管理しやすいように、掃除道具や用具の置き場所や管理の仕方をわかりやすくシンプルにする。
飼育ケースなど	・子どもが昆虫を様々な角度から観察できるように、飼育ケースの前後左右に物を置かない。 ・ザリガニやカメなどは、大きめのたらいを用意し、動きやすい容器を選ぶ。また、子どもが自由に触ったり、観察したりすることができるようにする。 ・サークルなどを設け、苦手な子どもに触れ合うきっかけをつくる。
その他	・死に直面した時の扱い方は非常に大切であり、生死の問題や別離の悲しみなどを共有しあい、生命の尊さなどについて話し合ったり考えあったりするようその機会を大切にする。

1 環境を構成する

【図3－⑩】 植物に関する配慮事項
(「文部省幼稚園課内幼稚園教育研究会編『幼稚園における園具・教具活用事例集』ぎょうせい、1998、pp.62-67」より、一部を筆者加筆)

種類	・収穫して食べたり、葉や実などを遊びに使えるような植物を選んだりするなど、園生活が豊かになるような植物を選ぶ。 ・興味が続くように、生活に馴染みがあり、生長が早いもの、子どもが育てやすいものを選ぶ。
花壇・野菜園	・日当たりや風通し、または日常の動線を検討材料として、場所を選ぶ。 ・子どもたちの飼育している「一週間後（一か月後）」など、先の姿を予想して場所を検討する。
用具	・子どもが自分で世話ができるように子どもが扱いやすい大きさや機能があるものを選ぶ。 ・じょうろは、5歳児でも水の量や出し方が難しいので、扱い方を十分教える。また、置き場所を検討する。

(3) 自然事象における目に見えるもの・目に見えないもの

　子どもたちの遊びを注意深く見てみると、実に巧みに自然事象を遊びに取り入れていることがわかるだろう。自然事象にはこれまで学んできた"目に見えるもの"のほかに、"目に見えないもの"も含まれている。子どもは、目に見えるものだけではなく、見えないものと対話をし、遊びに取り入れている。保育者は、子どもが身のまわりにある自然などの様々な事物や現象に触れる機会を多くもてるよう関わりたいものである。そして、それらを利用して共に遊び、楽しさに共感することなどを通して、子どもに遊びの楽しさを、十分味わわせることは幼児期に欠かせないものとして認識したい。

　保育中、筆者がよく目にする光景として「強風の際に戸外に出て強風と戦っている男児」の姿がある。これは強風とその風が起こしている非日常の恐ろしさなどに対して「戦う」という姿で自分の思いを表現している。強い風が窓やガラスに強く当たる「音」や戸外に出れば身体を押される「風力」、さらに風と雨の双方の「強さ」などあまり体験しない現象を体験し、それを遊びに取り入れているのである。子どもたちは、風雨を何らかの「生き物」にたとえ、戦って日常を取り戻そうとしているのかもしれない。

4．社会環境と生活

　子どもたちは、家庭や園のほか、地域社会の中でも育っていく。地域社会には、生活を営むための社会環境が備わっている。

　子どもたちには、環境としての家庭や近隣の人の存在があるが、加えて、幼稚園、保育所等での地域の人との連携による社会的な環境が存在する。つまり、子どもは多様な場所で地域の人と関わり、刺激を受けているといえる。同様に、大人も日常生活を通して、社会において様々な仕組みの中で

【図3－⑪】いらっしゃいませ

起きている出来事と直接的あるいは間接的に関わりながら生活している。社会の仕組みや出来事というと子どもとの接点が少ないように感じるがそうではない。たとえば、"お店屋さんごっこ""病院ごっこ"などのごっこ遊びでのやりとりには、それらが反映されており、社会の一員となっていくための主体的な学びを垣間見ることができる。保育者は、このような子どもの遊びを受け止め、深く理解することで子どもの成長を促したい。

そこでここでは、地域社会に触れながら成長・発達をしていく子どもたちの現状を概観しつつ、「地域社会」「行事」をキーワードにすすめていきたい。

（１）社会的な環境とは

社会的環境は、実に多様な要素をもっている。街に出てみると病院や商店、郵便局などがある。社会的環境は、商業施設から公共施設までも含まれている。さらに、地域の祭りや催し物などの伝統文化、行事、風習といったことも社会的環境となり、幅が広い環境といえる。

社会的環境は、子どもが生きていく上で身につけるべき社会性を養うきっかけとなり、子どもにとって大切な体験が多く含まれている。

このように社会的環境は、子どもの身近な存在であり、密接な関係にある。しかし最近では、「身近な環境」に大きな地域差が生じてきている。たとえば、自然物が少なく、地域コミュニティーの関わりが希薄な都市部と、自然豊かで近所とのやりとりがよくある地方都市では、生活スタイルや様式も違い、子どもの生活も自ずと違ってくる。

自然物などはそれぞれに違いを見せるが、共通する環境としては、役割や機能をもった多様な施設が各地域には備わっている。子どもが日常の生活の中で地域の施設について興味・関心をもつことは、生活の幅を広げ、社会性を育む。地域の公共施設を訪問したり、公共の場に関する情報やその場に即した行動や態度、基本的なルールなどを保育者が積極的に伝えたりすることで、子どもに公共心が芽生えていく。

地域の環境から多くを学ぶためには、実際にその場を訪れることが最も効果的である。交番や消防署などを訪れ、具体的な話を聞くことで理解が深まり、生活に必要な施設ということが理解できる。たとえ、興味や関心がなくても、実際に目で見て触れて、話を聞くことで気づくこともあるだろう。事前に得た情報やこれまで想像していたことと違えば違うほど、子どもたちには強く印象に残る。家族で個人的に公共機関の人の話を聞くことは、困難である。その点、園でやりとりをすれば、普段経験できないことや聞けない話を聞くことができる。

【図３−⑫】　主な地域の施設

身近な生活に関わる施設	・各種商業施設（スーパーマーケット等）、空港、鉄道、港湾施設、公園、など
地域を守り助ける施設	・警察署（交番・駐在所）、消防署（消防団）、水道局（上下水道）、寺院や神社、など
文化、教育施設	・児童館、公民館、博物館、図書館、科学館、各種学校（小・中・高等学校・大学等）、など
健康、福祉施設	・児童福祉施設（保育所・各種児童養護施設等）、老人福祉施設（老人ホーム等）、病院（診療所）、公設運動場や体育館、など

1 環境を構成する

　日常的な地域の人との交流は、決して特別な場や機会でなくても存在する。保育所等の低年齢児は、天気が良い日は近所を保育者と共に散歩することが多い。そこには、いつも通る近所の店の方やなじみのある方がいる。それらの方とは挨拶やそこから生まれる会話などのやりとりがある。筆者の体験として、七夕が近くなったある日にいつも挨拶をしていた近所の方から笹を頂いたことがあった。頂いた笹を園の玄関に飾り、園児や保護者も一緒になって笹飾りをした。せっかくだからと、笹をくださった方にも短冊や飾りを作ってもらい、それを飾るために何度か散歩がてらに行き来をしたことがある。こうした自然で日常的な関わりは、子どもの貴重な体験であり、人間関係を築く体験として位置づけたい。

(2) 園の保育行事
　日本には四季がある。園では季節の移り変わりに応じて、園内で様々な行事が行われる。子どもにとって季節ごとに行われる行事を体験することは、生活に潤いや変化をもたらす。

①園内の行事
　園では、子どもの日常的な活動や生活から計画される活動のほかに、事前に年間で計画された行事などがある。その中には、それぞれ行事の意味や背景があり、様々な行事が含まれている。〔図3-⑭〕は園の行事の種類を大別したものである。

　行事は、子どもたちの成長・発達に即した内容を選び、日々の保育に還元していくことが望まれる。園内における行事では、準備なども子どもが主体となって取り組むことが多い。したがって、行事があることで園生活が忙しくなり、保育活動が振り回されてしまうことがある。では保育行事をどのように捉えればよいだろうか。

　保育行事は、単調になりがちな園生活に刺激を与える。豊かな体験ができることで子どもたち自らが楽しみ、成長・発達することができるよう取り入れていくことが求められる。保育者は、行事に振り回されないためにも、行事を通して「子どもに何を伝え」「何が育ってほしいのか」など、事前にしっかりと目的やねらいを押さえてから行う必要がある。

【図3-⑬】節分で保護者も大活躍

【図3-⑭】園の一般的な行事

伝統的行事	・こいのぼり（端午の節句）、七夕、もちつき、まめまき（節分）、ひな祭りなど
儀式	・入園式、卒園式など
催し物	・運動会、発表会(劇、歌など)、作品展など

②地域とともに取り組む行事
　盆踊り大会やもちつきなど、地域主催の行事に参加することで子どもの体験が広がり、そこで感じた喜びや感動が大きければ大きいほど、子どもの内面は豊かなものとなっていく。

　地域の人との触れ合いを深めたり地域のよさを再認識したりしながら、そこから得ら

れる体験を大切にすることで、社会性や道徳心が芽生えていく。地域主催の行事の大半は、住民によって企画・運営されている。つまり、参加することそのものが「地域に貢献」していると考えてよい。また、子どものもつエネルギーは大きく、地域を明るく活性化させる。子どもと地域の人、双方が互恵的な関係であるといえる。保育者は、子どもと地域の人との交流を考える時、子ども側のメリットのみに焦点を当てがちだが、地域の人側のメリットも伝えられるようにするとよいだろう。

2 子どもの発達と環境

1. 0〜1歳児の保育環境

(1) 心の安定を優先する

「1節 1. 人的環境としての"保育者・友達"」でも述べたが、0〜1歳の子どもは、成長するに従って、人見知りをするようになる。それは、信頼できる人と見知らぬ人との区別ができるようになるからである。見知らぬ人への不安感を抱き、信頼できる人のそばから離れることに抵抗を感じる。信頼できる人がどこにいるのか気になり、その人が見えなくなると極端に心配になるため、後追い行動をするようになる。

【図3-⑮】何してるの？

したがって、0〜1歳の時期は、心の安全基地となるような特定の保育者との関係を大切にする環境づくりを心がけ、保育室にいる時には、信頼できる保育者の姿が隠れて見えなくなることを避ける必要がある。

あわせて、1歳を過ぎると、友達の遊びが見えるような配慮も必要である。この年齢は、遊びに持続性がなく、その場限りの遊びが多い。子どもたちは登園後に入室しても何をして遊ぼうか困ったり、何をしてよいかわからなくなったりすることが多い。そこで、"誰が""どこで""何をして"遊んでいるかが見えやすいように棚やパーテーションを低めに設けたり、応答的な言葉のやりとりで気づかせたりするとよい。

(2) 静と動を分ける

1歳児の体力には、月齢の違いにより大きな個人差がある。歩き始めの時期であるため、歩くことに楽しみを感じ始めている子どももいれば、その場からあまり動かない子どももいる。つまり、長い時間身体を動かしている子もいれば、あまり動いていない子もいるということである。これは、「どちらが良いか？」という二者択一の話ではなく、どちらの子どもも自分のペースで園生活を送ることができるような環境をつくることが大切なのである。

具体的には、"静と動"が保障されている場や空間をつくるということである。「疲れた時

に休息をとる」「思う存分動く」ための場や空間が必要だろう。こうした場や空間があることで、少し休んでから再び動いて楽しむという行為を繰り返すことができ、様々な動きが獲得できるようになっていく。

活動量の多い子どもと少ない子どものスペースを意識的に分けてもよいだろう。活動量の多い子どものスペースにはすべり台や動き回れるような場、少ない子どものスペースには寝たり、保育者と一緒に遊べたりするスペースなどがよいだろう。

【図3-⑯】静と動に分けた保育室の例

（3）愛着がもてる物を確保する

この年齢の子どもは、親から離れて見知らぬ場所にいるということもあり、不安や緊張が強い。保育者は当分の間、親の代わりとなるような心のよりどころとなる物を保障するとよい。たとえば、家庭で気にいっている玩具やタオルなどを園で使用することを認め、子どもの不安を軽減する。保護者にその旨を伝えて協力を求めたり、話をうかがって可能なものは園で準備したりするとよい。たとえば、おもちゃコーナーでは、家庭でも親しんでいる電車や車の玩具の中に、ブロックや小型積み木など、ほかの玩具を入れておくことで遊びに発展性があるようなコーナーにするとよいだろう。

【図3-⑰】大好きな玩具

（4）探究心旺盛な時期に環境を合わせる

1歳も半ばを過ぎると自由に歩行するようになる。自由に移動することができるようになることで、保育室内外のいろいろな場を探索して自分の世界が広がっていく。そのため、安心して移動ができるように、段差や動線に配慮した環境づくりが求められる。あわせて、探究心が旺盛なため、かごや棚から自分が必要なものだけでなく、中身を全部出してしまうこともある。したがって、ひっくり返しても危険で

【図3-⑱】これ、何だろう？

はない遊具やそれらをすぐに片づけなくてもよいスペースの確保が必要である。遊具は、手や指を動かして楽しめるようなものを用意し、コーナーを設けるとよいだろう。

とりわけ1歳半頃の子どもは、保育者の予想できない動きや行為をするため、常に安全に気を配る環境づくりが必要である。

(5) 用途別に区切る

限られたスペースの保育室をいかに効率よく使うかも環境づくりに求められる要素である。食事の時間では、みんなが集い、保育者とそのほかの子どもの顔を見ることができるスペースを確保し、それ以外の時間はイスとテーブルを片づける。また、一部のパーテーションや棚などの仕切りを可動式にして遊びの展開に応じて調節できるようにする。固定式の棚の後ろもそのままにせず、布でつくった手作りの玩具を置いたり、遊びのスペースに変えたりすることで、布の感触を楽しみながら遊べる場に変えることができる。

仕切りの設置には、実際に子どもの目線になって「棚の高さはよいか?」「物を置きすぎていないか?」「友達が遊んでいる姿が目に入るか?」などを確認するとよい。

2. 2～3歳児の保育環境

(1) 手先の巧緻性が高まる

2～3歳は、これまでの全身運動を楽しむ時期を経て、手指の運動など微細運動が著しく発達する時期である。このような手指の巧緻性の発達は、衣服の着脱や食事の際の食具の操作ができるようになることを意味する。遊び場面でも、細かい作業が求められるパズルやブロックを好むようになる。保育者は、ひもを通して結んだり、直線や曲線などを自由に切ったりするためのハサミや紙などの道具を用意することが大切である。一方で、友達と物を共有したり使う順に並んだりすることなどを理解し始める時期ではあるが、やりとりを通してスムーズな遊具の貸し借りをすることはまだ難しいので、用意した物の数が少ないと取り合いなどのトラブルが頻発する。この時期の遊具の数は、トラブルを避けるために十分な数をそろえておくとよい。

(2) 見立て遊びをするようになる

この時期の子どもは、物を見立てて遊ぶようになる。物を"その物"としてしか見られなかった時期から、「大型積み木をつなげたり積んだりして船に見立てる」などと物を象徴的に見立てることができるようになる。このような見立て遊びができるようになると子どもたちの遊びは一気に広がりを見せる。粘土を食べ物に見立てて遊んだり、積み木を乗り物に見立てて遊んだりする。ここでも、数に限りがあると"粘土を使って寿司を作ったが、皿がない""積み木が足りなくなった"という状態になり、取

【図3－⑲】冒険に出発!

り合いが生じる。十分な数を用意しておく、積み木以外で乗り物に見立てることができる物を追加しておく、などの配慮が求められる。

(3) 机の置き方の工夫

この時期は、座ってじっくり遊ぶ姿も増えてくる。たとえばそれは、お絵描きをする子どもやパズルをする子どもであり、その内容も多様になってくる。このようないろいろな遊びを展開する場合には、目的別で数人でまとまれるように机を分けるとよい。つまり、"お絵描きをする机""パズルをする机""製作をする机"といった具合である。また、このような配置により友達がしていることがよく見え、刺激を与え合うようになる。

(4) わかりやすく、過ごしやすい環境づくり

3歳で入園する子どももおり、この年齢で入園する子どもの多くはすぐには園生活に慣れない。そのような子どもはなかなか自分から遊びだそうとしない。仮に、遊ぶ場所があっても、そこで何をどうやってすればよいのかわからないことが背景にある。

そこで、あらかじめ遊具を出しておいたり、作りかけのもの・完成した製作物をあえて置いておいたりするなど、遊びの"きっかけ"を仕掛けておくとよい。たとえば、皿を用意しておいたり、粘土を小さく丸めておいたりすると遊びだす手がかりになる。また、ござを敷き、その上にブロックを出していくことで興味を抱き、比較的スムーズに遊び始めることができるようになる。

自由に遊ぶことができ、園生活に慣れてくると、自分で遊具を出したり片づけたりして、自身で遊びを展開していくようになる。ここで大切なことは、片づけがスムーズにいくような環境をつくることである。たとえば、棚やかごに片づける物の写真を貼ることで、何を置けばよいかわかる。また、ウレタン積み木の置き場所を、写真のほかに、床にテープを貼って囲んでおくと、子どもたちだけで整理しやすくなる。

(5) 自分たちで"つくる"

子どもの状態や保育室の広さ、または用途によって、市販している物では目的に対して不十分なことがある。そこで手作りしてみてはどうだろうか。牛乳パックに新聞紙を詰めて積み木状にすると何かと使い勝手がよい。軽くて一人でも動かせて新たな空間をつくり出すことができる。それらでままごとコーナーを囲うと区切りとなり、一つの空間が生まれる。あるいはイスに座った際に床に足の裏が届かない子どもがいれば、それを足の下に置き安定を促すこともできる。またそれらは、大型積み木にもなる。使用することにより、質量の違い（軽さ、持ちやすさ）や固さ（安全性）、可塑性（必要に応じて形状を変えられる）なども学ぶことができる。

【図3-⑳】何色にする？

ダンボールに子どもたちと色紙を貼ったり、色を塗ったりすることで自作のパーテーションを作ることもできる。子どもたちとパーテーションを作ると

"自分たちの物"という愛着心が芽生えて大事に使うようになる。このパーテーションには、一部に低いところを作ると、まわりで遊ぶ友達の様子を見ることができるとともに、お店屋さんごっこのレジや病院の受付など子どもたちの柔軟な発想で思わぬ展開が生まれたりする。

(6) なりきり遊びを援助する

この時期の子どもは、男女問わず"かっこいい・かわいい"人への憧れを強く抱くようになる。それは、テレビの戦隊ものに出てくるヒーローや映画のヒロインなどが多く、お面をかぶったり、同じ武器を身につけたり、衣装で着飾ったりしてなりきって遊ぶ。

保育者は、ヒーローやヒロインのほか、憧れている対象者（警察官、医者、看護師、運転手など）の服装や身につけている小物などを用意する必要がある。しかし、用意する物や対象者が難しい場合も出てくると思うので、その場合は柔軟な発想で象徴的な衣装や小物で表現するとよい。

【図3-㉑】かわいいでしょ？

「衣装であればどのように飾っておくか、みんなの物か個人の物か」などをその都度検討する必要がある。あわせて、なりきる場所をどのように確保し、演出するかも検討することが求められる。場合によっては子どもと相談しながら決めるとよいだろう。

3. 4～5歳児の保育環境

(1) 多様な表現ができる製作コーナーつくり

この年齢になると思いや考えを表現する形態が多様になっていく。そこで、遊びの拠点の一つとして保育室内に製作コーナーを設けている園も多い。そこには、ペン（油性、水性、太い、細いなど）、クレヨン、色鉛筆、のり、セロハンテープ、ハサミ、折り紙、画用紙、毛糸、廃材、小枝、木の実など、描画材料や道具が置いてある。

【図3-㉒】ケーキをどうぞ

画用紙については、色別に整理しておき、子どもが選びやすく取り出しやすいよう配置するとよい。

また、画用紙を多様な細さに切ってかごに入れておくと、子どもはいろいろな使い方をする。その際、散歩で拾ってきた木の実や葉っぱ、小枝などの自然物を置いておくと、それらを使ってオブジェを作るなどする。

製作で使う道具類は、ワゴンに入れておくとよい。使う時は移動し、ほかの活動では壁につけておくといった目的別に機能を果たすことができ、効率的である。さらに、ワゴンは両面から見ることができるので、仮に人数が多くなっても動線が確保されるメリットがある。

5歳になると継続して製作をする子どもが多くなってくる。一つの作品を何日もかけて完成させる。そこで製作コーナーには作りかけの作品を置けるように専用の棚を設けておくと

よい。取り組み時間が登園後であったり、昼食後であったり、一斉活動の合間であったりなど、タイミングは一人ひとり違う。その子のペースで取り組むことができる環境を心がけるとよい。

（2）ごっこ遊びへと展開する

4歳になると友達とのつながりがさらに強くなっていき、一緒に過ごす時間が長くなっていく。遊びの内容は、p.175のようななりきり遊びから、ごっこ遊びへと展開していく。各々に明確な役があり、ストーリー性があるごっこ遊びが始まる。

たとえば、病院という設定ならば、看護師役の子どもが患者役の子どもに検温をするよう促し、医者役の子どもが注射をする、という流れが出てくるなど、それぞれの役に合った受け答えが始まったりする。こうしたストーリーが展開されるためには、役に合った衣装や小物が必要となる。先のお医者さんごっこであれば、診察ができるベッドなどの大道具、白衣などの衣装、聴診器、注射などの小物があるとよい。

（3）図書コーナーを充実する

4～5歳になると想像の広がりにより、様々な絵本に楽しみを覚えるため、読む本の種類が増えていく。絵本といっても季節や行事、言葉の面白さがあるもの、物語、民話など多岐にわたる。また絵本コーナーには、図鑑や新聞などが置かれていることもある。5歳になると協同して遊びに取り組む姿も増えていく。したがって図書コーナーでは、小集団で必要なことを調べたり、考えたりするようになる。

【図3－㉓】絵本楽しいな

これまで使っていた机だと小集団の場合、机の角が体にぶつかってしまい各々が読みづらい。そこで、机を丸い形状のものにすることで、図鑑などを中心としてみんなで広げて話せるようになる。

（4）友達とゆったりと過ごせる環境も

保育者は、0～3歳児の保育には"ゆったり""ゆっくり"などの必要性を感じやすいが、4～5歳になるとその視点が少なくなる。しかし、最近では長時間保育を実施している園も多く見受けられる。したがって、4～5歳であっても落ち着いて過ごす時間やゆっくりする場所も必要と考えられる。

このような場を設けることは、くつろげる時間の確保にもつながる。自分たちで取り組んでいる活動の合間に、友達とゆったりして過ごす時間やくつろいで話ができるような環境づくりが必要である。牛乳パックで作ったベンチを置いたり、カーペットの上にクッションを置くことで寝転んだりできるスペースを設けたりするとよい。こうした場を設けることで、子どもたちは自由にリフレッシュできる。静と動の活動リズムが生まれると活動が長続きするようになるのである。

（5）自分たちで生活を組み立てる

　5歳前後になると自分たちで生活を組み立てていくようになる。時計を見て行動したり、カレンダーで日にちや季節を意識したりする。そうなるためには、保育室内の掲示の仕方を配慮する必要がある。時計や掲示（当番表、今日の予定、今週の予定、カレンダー、明日の持ち物、お知らせなど）を子どもの目線の高さに掲示するとよい。限りあるスペースにどこまで掲示するか、といったこともあるが、掲示物は子どものためのものである。掲示する際に保育者は、その都度座ったり、膝をついたりして子どもの目線の高さになってみて視野に入る掲示物を確認するとよいだろう。

第4章

子どもを取り巻く人的環境

　保育所保育指針「第1章総則1保育所保育に関する基本原則（4）保育の環境」では、保育の環境について以下のように記されている。『保育の環境には、保育士等や子どもなどの人的環境、施設や遊具などの物的環境、更には自然や社会の事象などがある。保育所は、こうした人、物、場などの環境が相互に関連し合い、子どもの生活が豊かなものとなるよう（中略）工夫して保育しなければならない』。このように保育者も含めた様々な大人や子ども同士が環境として関わり合うことが、豊かな園生活には欠かせない。このことは、当然のことながら幼稚園や認定こども園においても同様である。この章では、子どもを取り巻く人々の存在や関わりについて、保育実践に求められる環境的要因という視点から考えていく。

1 子どもと園で働く人々

　園内で主に子どもと関わる身近な大人は保育者である。しかし、園で子どもと関わる大人は必ずしも保育者だけというわけではなく、その立場や役割に応じて、子どもに対して適切に関わっている大人が存在している。ここでは、園で働く人々と子どもとの関係の重要性を、事例を読み解きながら深めていく。

事例① 「ガラガラっておもしろい」　　5か月

　保育室で、腹ばいの姿勢のまま一人でガラガラのおもちゃを右手で触っていたシンくん。近くにいた担当保育者が、同じ腹ばいの姿勢になり目線を合わせて同じガラガラを振って見せる。すると、シンくんは保育者の顔を見たりガラガラから出る音を聞いたりして笑顔になる。その後、シンくんも担当保育者の真似をして触っていたガラガラを右手で握って振り、音が出るのを不思議そうに眺め、その後さらに笑顔になった。

　保育者との関わりで、シンはガラガラのおもちゃを自分で鳴らして楽しむようになりました。保育者がなぜシンと同じ姿勢になりガラガラを振ったのか、あなたはその根拠をどのように考えますか？

事例①を読み解く　子どものしようとしていることの理解

　5か月児のシンは腹ばいの姿勢ができるようになり、おもちゃに手を伸ばし、物と関わろうとしていた。行動範囲がさほど広くはなく、言葉ではないコミュニケーションを大切にするこの時期の乳児でも、物に対して興味を示し自ら関わりに行く姿勢があることを専門的な知識としてまず理解しておく必要がある。この事例の場合、担当の保育者はシンの育ちのプロセスや興味のある事柄を理解していたため、ガラガラが保育室に環境として用意してあり、シンが主体的に関わる遊びが生まれていたのである。このように、事前の環境構成が子どもの育ちには欠かせないことがよくわかる。

　次に、担当保育者のシンへの関わり方に注目してみると、保育者はガラガラを触っているシンの姿を見て、その指先や視線に注目し、物との関わり方からシンがどのようなことに興味を示しているのか、その気持ちを理解しようとしている。そして、保育者はその理解を基にして、腹ばいで手を振る動作をしたり、音の出る楽しさを感じたりできるとよいと考え、シンに対して興味をもつような動きや表情、仕草を示していた。そのことにより、シンの新

1 子どもと園で働く人々

たな関心を引き出し、新たな動きを誘発していた。

シンと同じ姿勢になり目線を合わせてガラガラを振っている担当保育者のその時の動作は、ただ単に道具の使い方や面白さ、動きを教えるということではなく、子どもの身体に合わせることにより、シンに対して「あなたが関わりを楽しんでいる物と同じ物で私も楽しんでいる」ということを示しているのである。

このように、保育者は、子どもの発達の過程や興味・関心に応じて物を用意するとともに、子どものしようとしていることを理解し、物を介して情動を通わせながら関わることが必要なのである。

事例② 「給食、イヤイヤ？」　　　1歳9か月

保育室の食事をとるスペースで、1歳児15名が各保育者の援助を受けながら給食を食べていた。今日の給食にはコロッケが入っていたのだが、それぞれ自分でスプーンを使って食べたり、保育者が口元まで運ぶと大きな口を開けて食べたりしていた。ところが1歳9か月のヒナタくんは、担当保育者がスプーンで口に入れようとすると、顔を横にそむけてイヤイヤと首を振って食が進まない。

栄養士がその様子を見にきて保育者と相談し、ヒナタくんにとっては、衣のザラザラした口の中の感触が嫌なのかもしれないと推察し、あえて衣を外して、ジャガイモをつぶして成形した物を提供するよう対応を取った。すると、ヒナタくんは衣なしなら自分から食べるようになった。

ヒナタくんの食の状況を栄養士と保育者との連携で、次の日の給食作りにも役立てた。さらにこうした連携を保護者とも図りながら毎日行うことにより、ヒナタくんの食の幅が広がっていった。

> ヒナタのように、食事を提供しても食べようとしない乳児と出会う機会は保育場面ではよくあることです。そのような場合、あなたならどのような対応をしますか？

事例②を読み解く 　生活に必要な活動を自分から進んでするために

乳幼児期は、発達の過程において個人差が大きいという特徴がある。食事場面において特に乳児は、月齢や成育歴により食事のとり方に大きな差がある。食べない理由は、子どもによってそれぞれである。初めて食べる食材であったり、一つの食べ物に対してこだわりが強かったりと食材自体への思いがある場合や、体調が優れなかった場合、また、直前に嫌なことがあったり、食欲がなかったり、他児の様子が気になっていたりする場合など、その時の気持ちや状況により食べない理由が考えられる。食に対する子どもの思いは様々であるため、大人の思いから無理に食べさせたり条件を付けて何とか食べさせようとしたりするのではな

く、子どもの個々のペースや状況の理解に応じた対応が必要となる。ヒナタの場合、保育者と栄養士はコロッケのザラザラした触感が嫌なのだとヒナタの様子から推察し、コロッケの衣を外して提供するように試みていた。このように、子どもの理解に応じた援助のためには、保育者が栄養士やほかの保育者等と連携して、乳児一人ひとりの食の様子を把握しておくことが必要である。

事例③　「忍者の修業！」　3歳

冬になり寒くなるにつれ、日増しに保育室の中で遊ぶ子どもが多くなってきている。その中でもアリサちゃんは、保育者がどんな誘いをしても「だって寒いからいやだ」と言い外に出たがらない。もともと外で遊ぶことは好きな子なので、保育者は何とか寒くても外で遊ぶことが楽しいとアリサちゃんに思ってほしかった。

2月のある日、保育室で子どもたちの好きな"忍者ごっこ"をリズム遊びの中で行った。子どもたちの気持ちが乗ってきたところで「さあ、次は外で修業でござる！」と忍者に扮した保育者が声をかけると、勢いよくアリサちゃんも子どもたちも外に飛び出して行った。

アリサのように、寒くなると戸外で遊びたがらない子どもに対して、あなたならどのような働きかけをしますか？

事例③を読み解く　保育者の意図と子どもが関わる環境の特性

事例のように、寒くても外で遊ぶことが楽しいと感じてほしいという保育者の思いと、「寒いからいやだ」という子どもの姿は必ずしも一致しない。しかし、子どもの実態を踏まえて保育者としてねらいをもち、より豊かな生活へと導いていくには、子どもが能動的に取り組むことができる援助の方法を考えなくてはならない。この事例の場合の保育者は、子どもたちの好きな忍者ごっこを展開し、忍者に扮して修業をするというごっこ遊びで、子どもたちが能動的に戸外の環境に関わるように援助していた。

このように、子ども同士だけでなく保育者もイメージを共有し、新たな環境との出合いを誘発するという保育者の援助は参考になる方法である。その上で、さらに大切なことは、保育者が、冬の園庭にはどのような魅力的な場や事柄があるのか、また、室内と戸外をつなぐものの存在や、戸外でないとできないダイナミックな活動などについて把握した上で、戸外の環境の意味やその環境とのつながりを意図的に準備しておくことが重要となるのである。

保育者の意図を子どもの主体的な生活に込めていくためには、子どもが関わる環境の特性を保育者がよく理解している必要がある。

1 子どもと園で働く人々

事例④ 「給食は誰が用意してくれるの？」　4歳

園庭でたっぷり遊んだアヤカちゃんは、保育室に戻った時にお昼の給食が届いているのを見て、「お給食は誰が用意してくれるの？」と、いつもは何げなく食べている給食だがふと疑問に思ってたずねてきた。

保育者が「給食を作ってくれる人がいて園に届けてくれた後、事務のカネコ先生が配ってくれているよ」と知らせた。「そうだったんだ。すごいね。みんなの分ぜんぶ配ってくれているの？」「そうよ、ぜんぶ。すごいね」。その日の給食を食べた後、アヤカちゃんは職員室に行きカネコ先生にお礼を言った。

> 給食準備から自分の生活を支えている人の関わりに気づいたアヤカ。あなたは、この機会をアヤカだけにとどめず、どのように子どもの気づきや育ちに生かすよう働きかけますか？

事例④を読み解く　園生活を支えている人への気づき

園で働く人々は多様な役割を担っている。事務として働いている職員であっても、子どもの生活を支えるために子どもと関わる業務を担うことがある。このように園生活を支えてくれている大人の存在に気づくことは、子どもにとって大切なことである。アヤカの場合は、給食がいつの間にか用意されていたという疑問から、カネコ先生の支えに気づいた。子どもにとって、様々な人々が自分たちの生活に関わってくれていることを理解し、感謝の気持ちをもつことは大切な保育内容である。この事例の保育者は、アヤカが食後にカネコ先生にお礼を言いに行っている姿を逃さず、アヤカの育ちの場面を捉えている。この一連のアヤカの出来事をきっかけとして、クラス全体でアヤカの気づきを共有したり、カネコ先生の役割を知ったり、そのほかの職員の働きに気づいたりする機会をもつことが重要である。

事例⑤ 「どうしたの？　泣かなくっても大丈夫」　5歳

4月当初、ココちゃんは嫌なことがあると大きな声で長時間泣き叫んでいた。こうしてココちゃんが泣くことは1日のうちに10回以上あったため、クラスの友達は「また泣いてる」「うるさいな」とあまり気にかけて関わることがなくなっていた。保育者は、ココちゃんが大きな声で泣く度に「どうしたの？　泣かなくっても大丈夫だよ」「誰も怒ってないよ」「大丈夫、大丈夫」と落ち着かせる働きかけをしてきた。しかし、周囲の友達は「うるさいな」「また泣いている」と言い続けていた。保育者は、ココちゃんだけでなく困っている子や泣いている子がいる時は、同じようにほかの子が聞こえるように関わることを心がけた。

4章 子どもを取り巻く人的環境

しばらくして、5月中旬のある日、再びココちゃんが大声で泣き出すと、アキラくんが「どうしたの？ 大丈夫だよ」とココちゃんの手を握って声をかけた。すると、ほかの友達も「うん、大丈夫、大丈夫」「いいんだよ、気にしないで」などと声をかけ出す。ココちゃんは、すぐに泣き止み「大丈夫」と笑顔を見せる。

保育者は「うるさいな」と言っている子どもの関わり方を注意するのではなく、ココが大声で泣いていることに心を寄せた対応をしています。あなたは、なぜ保育者がそのような方法を選んだのだと考えますか？

(事例⑤を読み解く) **関わりのモデルとしての保育者の役割**

一般的に身のまわりの始末などの生活習慣が身につき園生活に慣れている5歳児。周囲の子どもにとっては、なぜココが大声で泣くのか、また、ささいと感じられることで泣くのか理解しがたい部分もあったはずである。保育者は、なぜ大声で泣くのかというココの気持ちを保育者自身理解しきれていなかったとしても、大声で泣かざるを得ないココの心情に寄り添い声をかけるなどして情動的に関わっている。保育者はその時の対応を「ほかの子が聞こえるように心がけた」と言っていて、このことはココに安心・安定をもたらすだけでなく、他児への関わりのモデルとして示していたことがわかる。つまり、周囲の子どもに対して、自分の感情や思いを相手に率直に伝えるだけでなく、相手の気持ちを考えたり、くみ取ろうとしたりする関わりをしてほしいと意図していたのである。このようなモデルとして示す人的な環境がクラスの雰囲気をつくり、個々の違いが生かされ多様性が認められていくクラス運営へとつながっていくのである。

| 事例⑥ | 「パンクも直せちゃうの？」 | 5歳 |

6月のある朝、母親と一緒に登園してきたナオトくんは、いつもは駐車場にない園バスが一台あるのを見て「あれ、どうしたんだろう」とつぶやいた。母親から離れ園バスに近寄ると、タイヤのところにしゃがんで作業しているバスの運転手さんの姿が目に入った。「何してるの？」というナオトくんの言葉に運転手さんは、「タイヤがパンクしちゃったんだよ。今、急いで直してるからね」と答えてくれた。しばらくの間、運転手さんのパンク修理の姿をジーッと真剣なまなざしで見ていたナオトくんは、保育室に行くと保育者に「バスの運転手さんはパンクも直せる

1 子どもと園で働く人々

んだって。すごいね」と興奮気味に話した。
　それから何日か経ったある日、園庭でナオトくんは友達と三輪車に乗って遊んでいたが、三輪車のハンドルが壊れてしまった。ナオトくんは、すぐに三輪車をバスの運転手さんのところに持っていき直してもらった。

> ナオトはパンク修理をジーッと見ていました。あなたは、ナオトが運転手さんのことを、どのような思いで、何を感じて見ていたと考えますか？

事例⑥を読み解く　専門性の豊かな大人との出会い

　いつも身近な存在であるバスの運転手さんがパンク修理をしている姿にナオトがびっくりしている様子がうかがえる。また、「パンクも直せるんだって。すごいね」の発言からは驚きと共に尊敬の気持ちが生まれていることが推察できる。このように、子どもから見た場合に大人のしている姿が"すごい"と感じられる経験が保育の中で起こっていることが大切である。保育者一人ひとりにも多様な個性があり、得意分野や魅力がある。たとえば演奏、美術、運動、身体表現、裁縫、栽培、写真、動画編集など、保育者の様々な魅力ある個性が互いに響き合うことにより、子どもの育つ保育環境が豊かになっていくのである。魅力ある大人の姿は、子どもの憧れを生み、子どもの遊びへの動機や意欲に大きな影響を与えるのである。

事例⑦　「看護師さん呼んで良かったね」　5歳

　集団での外遊びが盛んになってきた6月下旬、園庭で友達とサッカーをして遊んでいたコウヘイくんは、友達に押され転んでしまう。友達が駆けよると、コウヘイくんは「うー」と言いながら手を押さえ、痛いのを我慢して泣くのをこらえている。担任保育者が駆け寄り手のひらを見ると、傷口は皮がめくれて大量に砂が入っており、「これは痛いね。水で洗って砂を落とそうね」と水道まで連れて行こうとすると、コウヘイくんは「いやだ、いやだ」と大声で泣き出す。友達も保育者も「大丈夫だよ」「平気だって」「もう、我慢しないと」「ほんのちょっとだけなんだから」と励ますが、コウヘイくんは泣きやまず、担任保育者の手を払いしゃがみ込む。担任保育者が「バイ菌が入って、熱が出るかもしれないから、洗わないと」などと繰り返し伝え続けると、一瞬水道で手を水につけるが、傷口が水に触れる前に「いやだ、いやだ」と再び泣き出し暴れる。それを見ていたモモちゃんが「看護師さんを呼んでこよう」と走っていく。モモちゃんが看護師の手を引きながらコウヘイくんのところまで連れてきて「看護師さんだよ」「もう大丈夫」と言うと、コウヘイくんは泣くのをこらえて看護師の顔を見る。「どこを怪我したの？」と言う看護師に、コウヘイくんは手のひらを見せないように両手で自分の手を握り締めるが、看護師が「見せてくれないとわからないよ。ケガして

るんだから見せて」と言うと、恐る恐る傷口を見せる。看護師が「あー、わかったわかった」と言うと「痛かっただろうけど、もう平気だよ」と言いながらコウヘイくんを保健室に連れていく。看護師が「手を出して」と言うと、コウヘイくんは素直に水道の水を傷口に当て砂を洗い流す。外から見ていたモモちゃんたちは「良かった」「看護師さん呼んで良かったね」と笑顔になり笑い始める。

> あなたは、担当保育者のコウヘイへの関わりやコウヘイの姿を見ていたモモが、看護師を呼んできたのはなぜだと思いますか？

事例⑦を読み解く　状況に応じた対応能力の育ちのために

　モモは、泣き叫び暴れているコウヘイの状態を何とかしてあげたいと感じ、看護師を呼んでくるという行動に出たのであろう。その時の状況で自分に何ができるのか、最善の方法は何か、モモは自分で考え判断し行動しているということである。これは、普段から様々な専門性のある人々と出会い、その専門性を垣間見る経験をしてきているからこそできる能力である。このような多様な専門性をもった人々が保育を創り上げていくことにより、子ども自身に、状況に応じた対応や問題を解決しようとする力が育っていくのである。このように園生活において子どもが担任保育者だけでなくほかの保育者や看護師などの様々な職員と接する機会が日常の中にあることで、子どもの物事への見方や対応の仕方も多様化し、様々な状況の中での人との関わり方や問題解決の在り方を考え学ぶ術となるのである。

1節のまとめ

　ここでは、子どもと園で働く人々との関係を様々な視点で見てきた。保育現場では、いろいろな大人が関わり合って子どもの育ちを支えていることや、子どもから見ると担任保育者との関係だけでなく、周囲の大人との関わりでも多様な経験を積み重ねながら育っていることがわかったのではないだろうか。以下に、園で働く人々が子どもの生活や保育の質を支えていくために必要な視点についてまとめてみよう。

（1）生活を共にする存在として

　保育者には、子どもの思いや興味・関心を理解し、必要な場所や物、時間などの環境に意図を込めて構成していくことが求められている。環境に意図を込めて構成するということは、保育者が子どもにこう育ってほしいという願いをもちつつ、子どもの能動性や主体性を尊重した保育内容を展開していくということである。また保育者は、環境を構成する役割だけではなく、実際に子どもと関わる存在である。時に理解者・共感者として、時に手本やモデルとして子どもと対話していく姿勢が必要である。

　関わるといっても具体的にやりとりをする場合だけではなく、保育者がそこに存在していることや醸し出している雰囲気であっても、子どもの生活環境に影響を与えている。そのような意味において、保育者は自身の価値観を基にして、様々に起こる出来事や多様な人々と

の関わりについて、どのような考えをもち、どのような振る舞いをするのかを問い続けなくてはならない。保育者自身が子どもと生活を共にしていることの意味を意識して園生活を送ることが必要である。

（2）専門性や経験豊かな人々の響き合い・連携

　保育現場では子どもも大人も含め多様な人々が存在し、それぞれが関係し合うことによって生活を通しての育ち合いが生まれている。つまり、誰であれ（実習生であっても）保育に関わる人は、自らの魅力を生かした保育実践を創造していくことが必要なのである。その中で特に大人の役割は、一人ひとりの個性や魅力、また専門職としての知識や技能が子どもの目の前の世界でも、保育内容の一部として発揮されることである。その場合に必要となるのが教職員同士の連携である。連携とは分担ではない。本章の事例では、栄養士や看護師、事務職、用務員、バスの運転手等が、それぞれが関連しつつ立場を生かした役割を果たしていた。このような連携は、教職員間の対話が密であり、経験年数やそれぞれの立場を超えた語り合いが行われていることにより支えられている。職員会議やミーティングのようなフォーマルな場でも、休憩中や掃除中などのインフォーマルな場でも、子どもとの出来事を誰もが語り合える雰囲気が園内にあることが大切なのである。このような連携により、関わる大人のよさが生かされ、それが響き合っていくことにより、子どもが育つ保育環境が豊かになっていくのである。

（3）園内の様々な人々との出来事の捉え

　事例にも示されていたように、保育者は子どもと園内の様々な人との出来事を、重要な育ちの場面として意識し捉えていくことが必要である。保育者の視点が子ども同士や自分自身との関係の中での出来事にのみ焦点化していると、園内で働く様々な人との出会いやそこでの経験を周辺的な事柄としてしまい、取り立てて見ようとしないことがある。保育者は、日々の子どもの生活場面の中で起こっているあらゆる人々との関係にも焦点を当てて、子どもの側から大人を見る目を感じていく必要がある。

　子どもにとって園の中で働く人は、親しみのあるとても身近な人である。そこでの大人の姿は子どもの憧れを生み、子どもの遊びへの動機や意欲に大きな影響を与える。子どもは他者の実践をまねて自分の中に経験を取り込もうとするのであり、子どもと園生活を共にしている大人が仕事に向かう姿勢は、何より魅力的で興味深いことを保育者は理解しておく必要がある。このように、保育環境の向上には、保育者だけではなく園で働く人々との連携を密にしていくことが大切であり、さらには教職員全員で研修等に取り組むなどの語り合いの場が有効である。

2　子ども同士の関わり

　家庭生活とは違い、同年代の子どもたちと集団生活を送ることは、乳幼児にとって他者と出会い育ち合うかけがえのない経験となる。個々の子どもがどのように他者との関わり方を育んでいくかというプロセスは千差万別であり、子どもの実態に合わせた援助が必要である。ここでは、乳幼児が園生活の中で子ども同士の関係をどのように育んでいくのかということについて、子どもの姿と保育の内容を環境の視点から見ていくこととする。

事例①　「いつものお友達、いない」　1歳11か月

　園では、延長保育の時間帯、補食（おやつ）の時に子どものテーブルの着席位置を毎日同じに設定している。10月半ば、延長保育の時間帯に保育室でノリナガくんが補食を食べる際、いつもは隣に座るコウちゃんがたまたま早く降園していなかった。その日の捕食はノリナガくんの大好きなバナナと牛乳だったが、ノリナガくんは「コウちゃんいないねー」とつぶやき、なかなか補食を食べようとしなかった。保育者は「今日、コウちゃんは早くお迎えが来たから、帰ったのよ。ノリちゃんのお迎えも、このおやつ食べたらきっとすぐ来てくれるよ。さあ、元気を出して食べましょう」と伝え、バナナを食べるように促した。

> ノリナガは、いつもいるコウがいないことに気がつきました。あなたは、この事例で子ども同士が関わりをもつために、どのような配慮がなされていると考えますか？

事例①を読み解く　人と出会う環境（場所）の設定

　1歳児クラスでは、個々の発達の過程によって異なるものの、自分の興味や関心に基づき、遊びに没頭する子どもが多く見られる。しかし、1歳児であっても生活の中で他児の様子から影響を受けて生活していることは明らかだとされている。

　この事例では、保育者は食事場面において子どもがあえて同じ席で日々を過ごす環境を用意することにより、特定の他児の存在に気づくきっかけを与えている。ノリナガは、自分の隣にいつもいるはずのコウがいないことに気づき、どこに行ってしまったのかと心配になったのか、保育者に「コウちゃんいないねー」と訴えていた。このように友達の存在を意識した関わりが起こるような場面を保育者が日常の中で意図的に用意することが、子ども同士のコミュニケーションを生み出し、新たな経験を引き出していくのである。

2 子ども同士の関わり

事例② 「ダンボールの電車」　　　　　　　　　　　　　　3歳

　園生活が充実してきた12月初旬、保育者と一緒に遊ぶことが多いタイチくんが、この日は自分から電車ごっこをやりたいと保育者に言いにきた。保育室で仲の良いテッペイくんと共に、ダンボール箱を開いて取っ手を付けて一人乗りの電車を作る。保育者は、多めにダンボール箱を開いて電車を作っておく。その後、テッペイくんが廊下に板積み木を並べて、自分で駅に見立てて走っている。そこへ途中入園で電車の好きなヒロくんがやってきて、空いている電車に乗って同じように走り始めた。「ぼくは山手線」「ぼくのは東海道線」などと自然にやりとりを始め、電車ごっこに仲間入りした。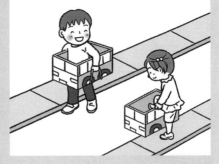

　その後、園庭で遊んでいたケイちゃんやユウくんも仲間入りした。それぞれのダンボール電車をつなげて連結し、駅でお客さんを乗せる遊びへと展開していった。

　　なぜ、保育者は多めにダンボール箱を開いておいたのでしょうか。あなたはその理由をどのように考えますか？

事例②を読み解く　遊びが盛り上がることで関係性が広がる環境

　進級当初から保育者と共に過ごすことが多かったタイチの「電車ごっこがやりたい」という発案に対して、保育者はタイチと仲の良いテッペイと一緒にダンボールの電車の製作を行い、その後タイチとテッペイは廊下でダンボールの電車に乗って、自分が電車になって走ることを楽しんでいた。この時保育者は、この遊びがタイチとテッペイの二人の間だけで完結する遊びとなるのではなく、周囲の子どもたちも巻き込んで遊びが展開していってほしいと考えていたのである。保育者はタイチの始めた電車ごっこに他児が関心を示して参加したり、お客さんとして乗ったりなどすることにより、タイチの周囲に新たな関わりが生まれることを願い、ダンボールの電車を多めに用意していたのである。このように保育者が他児との関わりを意識して環境を用意することにより、遊びの面白さにひきつけられて新たな関係性が生まれることがある。

事例③ 「秘密基地！ 誰にもナイショ」　　　　　　　　　　4歳

　園には、多目的室がある。多目的室は、いつでも園児が入って遊べることになっている。5月のある日、時々、年中児のトモキくんとワタルくんが出入りしているのを知っていたので、保育者は、そっと穴の開いたダンボールで作った家を置いてみた。多目的室からトモキくんとワタルくんが出てきた。保育者が通りかかり、その姿を見かけるが二人は何も言わない。保育者もあえて何も聞かなかったが、実はこのような光景は何度か見かけていた。

4章　子どもを取り巻く人的環境

ある日、同じように多目的室からトモキくんが出てきて、たまたま通りかかった保育者に「あのね。ぼくたち秘密基地を作ってるんだよ」と小声で教えてくれた。「誰にもナイショだよ」と言ってそっと多目的室に入れてくれた。すると、前に置いておいた穴の開いたダンボールは、入り口に小さなマットが垂れ下げられたり取り付けられたりして、基地へと変化していた。

多目的室で二人だけで遊んでいるトモキとワタル。保育者は自分からの直接的な関わり（援助）はあまりしていない様子です。あなたならどのように関わりますか？

事例③を読み解く　**ものでイメージを湧き立てる**

友達との関係性は広がっていくだけでなく、じっくりと深まっていくことも大切である。大好きな友達だからこそ、自分と思いが違っても相手の気持ちに気づいて合わせようとする姿が見られたり、互いに信頼感をもち自分の気持ちをはっきりと相手へ表出できるようになったりしていくのである。保育者には、このように子ども二人でじっくりと関係を深めていくための場所や時間といった環境を用意しておくという配慮が必要となる。事例の保育者は、二人の関係に直接的には介入せずに、拠点となる場になればと思い、ダンボールの家をさりげなく配置していた。そのことにより、二人に秘密基地という共通のイメージが湧き、入り口を付けるなどその場での遊びが盛り上がっていったことがうかがえる。保育者が二人の関係をよく見て、この先どのような遊びへとつながっていくことが望ましいのかを考えた上で、物を置いておくという援助の方法が選択されているのである。

事例④　「広すぎて捕まえられない！」　5歳

9月の5歳児クラスでは、氷鬼、色鬼などの鬼ごっこがブームになっていた。ヒロトくんはもともと運動が得意な方ではなく、室内遊びをすることが多かったが、友達と一緒に鬼ごっこをすることで、最近は外遊びを多くするようになった。

そんな中、いつものように園庭で氷鬼をしていてヒロトくんが捕まり鬼になった。あっちへこっちへと友達を追いかけていたヒロトくんが保育者

のところに来て、息を切らしつつ「広すぎてぜんぜん捕まえられないよ」と言った。足の速い子どもは、広い園庭をどんどん逃げていき、走っても追いつかない。いつもは何でもできる広い園庭だが、この時ばかりは困ったことになった。

> 保育者に「広すぎてぜんぜん捕まえられないよ」と氷鬼の鬼となったヒロトが言った時を、あなたはどのような機会と捉え援助を行いますか？

事例④を読み解く　子ども同士で相談して決めていく援助

　外遊びを楽しむようになってきたヒロトが、鬼となった時に他児を捕まえることに難しさを感じている場面である。ずっと捕まえられない状況だと、ヒロトも鬼ではない友達も鬼ごっこの楽しさが無くなり面白くなくなっていくだろう。5歳児の2学期頃は一般的に、自分の力を十分に発揮したり、大勢の友達と一緒に遊んだり、目的に向かって友達と一緒に取り組んだりする姿が多く見られる時期である。そのことから保育者は、この「広すぎる」という問題を、ヒロトを含めた周囲の子どもたちと一緒に話し合っていくという援助にしていく必要があると考えたのであろう。恐らく子どもたちからは、場所の区切り方、鬼の人数の変更、時間を区切るなどのルールの変更の提案があるだろう。保育者は、友達の鬼ごっこに対する思いを聞いたり自分の思いを言ったりするという「相談」の場を設け、みんなが「納得する」答えが見つかっていく対話の過程を援助する必要がある。対話を通して、子どもたちが自分たちで園生活を創り上げているという感覚をもてるようにしていくことが、子ども同士のより深い関わりを築く保育内容となっていく。

事例⑤　「あっちでやって！」　　5歳

　園舎がビルの中にある園。園庭がなく、園舎内で自由に身体を動かす十分なスペースもないため、雨が続いたり公園が使えなかったりすると、子どもは一日を保育室で過ごさなければならない。そのような状況でも保育者は、子どもに十分身体を動かしてもらいたくて、毎日のように周辺の公園について、危険のないルート選びから遊具の内容まで調べていた。

　戸外で遊べない日が続いたある日。タクミくんがソフト積み木を「高く積み上げる→倒す」を繰り返していた。保育者は、音が大きくなく危険もないため、外遊びが好きなタクミくんにとってこの遊びが一つの発散になれば、という思いで見守っていた。すると突然、エイジくんが「もう！　タクミくんさっきからうるさい！　あっちでやって！」と机を叩いて怒り出した。タクミくんは驚きながらも「そういうエイジくんの方がうるさい！　あっちっていったって行くとこないじゃん！」と言い返した。保育者が止めに入る一瞬前に二人の叩き合いが始まった。保育者は、二人の間に入ってその場を収めようとした。

　保育者は、いつもならこれぐらいで怒らない二人だけにとても驚いた。

> 園庭がない園。戸外で身体を動かしダイナミックに遊びたい子どもたち。戸外で遊べないイライラが募っていった二人に、あなたならどのように関わっていきますか？

事例⑤を読み解く　共に保育を創造していくこと

　この園では、園庭がなくビルの一室で保育をすることを余儀なくされている状況に対して、保育者は子どもの健やかな成長のために、様々な保育内容や方法を新たに創り出し実践している。しかし、どの園でも起こり得ることであるが、集団で生活していると様々な要因により、子どもに思い通りにならない状況となりストレスを与えてしまうことがある。

　多くの5歳児は、相手の視点に立って考えることや、相手の心情を理解することができるようになる。また、語彙も増え自分の気持ちや考えを相手に伝わる言葉で言うこともできるようになってくる。よってこの場合は、二人の気持ちに寄り添い、言い争わなくてはならなくなってしまった状況をよくわかり合えるようにする援助が必要となる。保育者も含めて、相手の気持ちに共感したり、相談したり、交渉したりする中で、新たな保育の創造や展開を生み出すことが必要なのである。そのためには、保育者自身も子どもとの対話を基にしながらも、新たな実践を創り出す能力が問われることになる。多様な保育施設や保育形態が存在する現代の保育では、子どものより豊かな生活や経験が必要であり、創意工夫を重ねた新たな保育方法の創造と実践が一層求められている。

事例⑥　「積み木グループとコマグループ」　　5歳

　2月上旬、ホールでは、気の合ったコウくんたち4人の男の子グループが、大型箱積み木やマルチパネル、功技台などを使って、大きな家やアスレチックを作って毎日遊んでいた。しかし、自分たちで決めているルールがあり、ほかの友達が遊びに入ってもずっと続くことはなく、4人の遊びから出ていった。一方、保育室では、タカシくんたち7人グループがコマ遊びに集中していたが、コマ遊びはコマに色を塗ることに関心が集まり、"回して楽しむ"という遊びになかなか移っていかなかった。

　そこで保育者は、保育室のコマコーナーをホールに移動させることにした。ホールでタカシくんがコマを回すと、コマは大型箱積み木のところまで転がっていき、積み木の間で回るコマを見て「こんなところで回ってる」と大笑いをする。すると、今まで大型箱積み木で遊んでいたコウくんが、積み木の家からコマを見に出てくると、「できるよ」と自分のコマを取り、「ほら」と積み木の家の上で回して見せる。タカシくんも積み木の家の屋根の上で回そうとコマを投げると、コマは回りながら、トントントンと積み木の家を落ちて回る。積み木で遊んでいた子はコマを持ち出し積み木の家の中で回し出し、コマで遊んで

いた子は大型箱積み木を並べて、積み木の上を目がけてコマを投げたり、積み木で囲った中を目がけて投げたりしだす。その後、弁当の時間になると、コウくんが「一緒に食べよう」とタカシくんを誘う。

> コウたちとタカシたちは、それぞれの遊びが停滞し、仲間関係も固定化されている状況が見られるが、保育者が場所を変えたことで新たな関係が生まれました。もしあなたなら、関係の変化のためにどのような援助をしていこうと考えますか？

事例⑥を読み解く 「遊び」と「遊び」がつながっていく

　親しい友達との関係を基盤にして、人との関わりを深めてきた5歳児の子どもたちに対しては、自分の考えや感じたことを積極的に相手に対して自分なりの言葉で表現し、また相手の思いを理解しようとする姿勢をもつことがねらいとなる。事例の保育者は、コウたちとタカシたちそれぞれの遊びと仲間関係が停滞・固定化している状況を憂慮して、コマで遊ぶ場所を保育室からホールに移すという援助を行った。そのことにより遊びと遊びが相互に関係し、コマの面白さが大型箱積み木などの構成物の中で見いだされ、新たな探究への道筋を開いていった。同時に面白さを共有したことが、コウとタカシの新たな関係性の構築につながっていった。共通の目的をもち、大勢で遊ぶことが楽しい時期の子どもは、遊びそのものが相互に関連し合ったり、同じ遊びをしていても組織化されたりするようになる。つまり、保育者には「遊びと遊び」や「集団と集団」が相互に関連し合うように、環境を用意したり、今までの環境を再構成したりする取り組みを考えていくことが求められる。さらに保育者には、遊びが長期的に展開していく見通しをもつことや、その活動を支えるために必要な道具や教材などの「もの」を準備しておくことが求められる。その有無により、遊びを通して育ち合う子どもの経験に大きく差が出ることを意識する必要がある。

2節のまとめ

（1）子ども同士が出会いつながる

　乳児も幼児も、子どもは周囲の他児の様子に刺激を受けて過ごしている。たとえば、食事や排泄、着替え等の生活の場面で、周囲の子どもの仕草や言葉に影響を受けて動きをまねていたり、同じ砂場で別々のままごと遊びをしたりしているように見えても、子どもが互いのやり方をまねして料理を作っていたりすることがある。また、事例⑥のように物理的に近い場所やよく見える位置ですることにより、新たな展開や関わりが生まれていくことがある。このように他児のしていることに対して関心をもち、相手の思いや意図を理解しようとする姿勢が子どもにあることを保育者は理解し、空間（場所）やもの（遊具）、配置などを考えていく視点が大切である。そのためには、子どもの行為や視線からその思いをくみ取ろうとすること、子ども同士の関係を読み取ろうとすることが必要で、日々子ども理解を深めようと努力する姿勢が欠かせない。

（2）子ども同士の対話により深まる関係

　子ども自身が、子ども同士の関係や他者への理解を深めるには、事例④のように遊びの中で困難な状況が生じた時や生活の中で思いが食い違った時などに、保育者が子ども同士で話し合う場を用意することが大切である。子ども同士が話し合うことにより、自分と考えの違う意見に出合ったり、自分自身の思い通りにならない葛藤場面を乗り越えたりしながら、みんなが納得するルールづくりへと向かうのである。保育者は、話し合いへ向かう子どもの姿勢や対話のプロセスを大切にして関わることにより、子ども同士が一緒に過ごしていくことが楽しいと感じる気持ちにつなげていく必要がある。特に年長児のように幼児同士の人間関係が深まり、互いに学び合い協力することが可能になる時期には、その問題を当事者だけでなく、クラス全体の話題として対話を進めていくことにより、自分たちの生活を自分たちで創り上げていく意識が高まり、集団の中で子ども同士が育ち合う関係になっていくのである。

（3）子どもと保育者が共に保育を創造していく

　幼稚園教育要領第1章総則第1「幼稚園教育の基本」には、『幼稚園教育は、学校教育法に規定する目的及び目標を達成するため、幼児期の特性を踏まえ、環境を通して行うものであることを基本とする。このため、教師は幼児との信頼関係を十分に築き、幼児が身近な環境に主体的に関わり、環境との関わり方や意味に気付き、これらを取り込もうとして、試行錯誤したり、考えたりするようになる幼児期の教育における見方・考え方を生かし、幼児と共によりよい教育環境を創造するように努めるものとする。』とある。つまり、保育者はあらゆる場面において、子どもと共に保育を創造していかなければならないのである。保育の方法に「決まっている正しいやり方」があるわけではない。毎年同じ保育方法が行われている園も散見されるが、子どもが違えば興味・関心も異なるし、担当の保育者や保育室が変われば環境は大きく変わるのである。園の文化も家庭や地域など園を取り巻く環境も歳月によって変化するのは当然であり、保育の内容や方法も、子どもと共に創り上げられ日々変化していくことが当然なのである。保育者は、子どもの姿をよく捉えつつ、子どもの生活を豊かにすることを追い求めていく姿勢をもち、保育を創造していかなければならない。

3 子どもと家庭

　保育者には様々な場面において、保護者と連携することが求められている。たとえば、保育所保育指針第4章「子育て支援」には、『保育所における保護者に対する子育て支援は、全ての子どもの健やかな育ちを実現することができるよう、第1章及び第2章等の関連する事項を踏まえ、子どもの育ちを家庭と連携して支援していくとともに、保護者及び地域が有する子育てを自ら実践する力の向上に資するよう、次の事項に留意するものとする。』とし、在園する子どもに加えて在園していない地域の子育て家庭にも、積極的に支援していくことを求めている。園に通っている子どもにとって、園と家庭は連続する生活であり、その接続を無理なく滑らかにするためには連携が必要となる。この節では、園が行っている保護者との連携や保育の連続性の実際に触れながら、その意義について考えていく。

事例① 「トイレットトレーニングは家庭と園が同時進行で」　2歳

　2歳児クラス保育室の隣に2歳児クラス専用のトイレがある。初夏に向けて薄着になり、かつ排泄の間隔が2～3時間くらい空いてきた6月中旬に、2歳児クラスでのトイレットトレーニングが始まった。排泄のタイミングとしては、片づけの後、散歩に行く前後、給食の前後、午睡の後などにおいて促すとともに、遊びや活動の途中でも排尿・排便したそうな素振りが子どもにある時は、必ず気づいた保育者がトイレに誘った。2歳児のほとんどが、遊びに没頭している時にトイレに行くのを嫌がったり、トイレの便座が冷たいことを嫌がったりするので、2歳児に親しみやすいパンダやゾウなどの動物の絵をトイレに貼り、便座にはタオル地のカバーを掛けて、明るい雰囲気のトイレにした。保育者は「ゾウさんが待ってるからトイレに行こうか」「先生がズボンとパンツを途中まで下げるから、後は自分でできるかな？」などと働きかけ、たとえ排泄が失敗したとしても、その子ども自身が自らトイレに座った事実をまずは褒めて認めた。
　家庭にも、園でのトイレットトレーニングの状況を口頭やクラス便りなどで伝えるとともに、次第に子どもが各自のペースでトイレに行けるようになったことを、園と家庭で同時に褒めていった。園のトイレは2歳児の座るサイズに合っているが、家庭は大人仕様なので、2歳児が使いやすい台の設置、排水用レバーに向いての座り方なども協力もお願いし、園と家庭が同時進行で、排泄の自立を促していった。トイレの環境や排泄を促す方法が家庭と園が同じようになってくると、2歳児はトイレへの抵抗感が薄まり排泄の自立に向かった。

> 排泄の自立に向けて、園から家庭に具体的な取り組み方法や園での様子を伝えていました。あなたは、これが子どもにとってどのような意味をもつものだと考えますか？

事例①を読み解く 子どもの側から生活の連続性を考える

　子どもの1日の生活を考えた場合、家庭での保護者との生活と、園での保育者等との生活はつながっているものである。家庭と園とがスムーズに連絡を取り合っていない場合は、保育者は家庭でどのように生活しているのかがわからず、保護者は園でどのような生活を送っているのかを知らないことになる。子どもにとってみると、保護者と保育者との関わり方が違い過ぎると戸惑う場面もある。たとえば、1〜2歳児であれば、洋服の脱ぎ方、ボタンの留め方、排泄の仕方、手の洗い方、靴の履き方、食事の内容や食べ方など、園と家庭とがバラバラのやり方や対応をしていると子どもが混乱する。そうならぬよう、個々の成長の過程に応じた具体的な援助や、その子の取り組みの姿勢や意欲などを園と家庭が伝え合うと、子どもは安心して生活できるようになる。そして、その連携が充実感をもった成長へとつながっていくのである。さらに、そのような子どもの充実した姿を保護者と保育者が共に喜び合うことが、家庭との信頼関係をさらに深めることになる。

　このように、子どもの成長の過程を園と家庭とが協力して密接に連携し合うことにより、子どもの生活の連続性が担保され、一層充実するものとなっていくのである。

事例② 「おうちにもあるよ！」　3歳

　入園まもない4月、ソウタくんは保育室や保育者、友達に慣れず、ただただ「帰りたい！」と泣いていた。友達が話しかけても、年長児が保育室に来て遊んでくれても、何も受けつけずに泣くばかりである。保育者も何とかソウタくんの気を引こうとあの手この手と行ってみたがなかなか泣きやまなかった。そこで、ソウタくんの母親と連絡をとり、家ではどのようなことをして遊んでいるのかを聞き、次の日、よく遊んでいるという同じようなプラレールを保育室に用意してみた。登園してきたソウタくんは、いつものように玄関で母親と離れる時に泣き出し、保育者に抱かれて保育室に行った。すると、力いっぱい泣いていたソウタくんだったが、保育室の中にある見覚えのあるおもちゃに目をとめた。じっと見つめた後、泣きじゃくりながらも保育者の腕から離れ、自分の足でおもちゃに近寄り遊び始めた。

> 保育者はずっと泣いているソウタの気持ちに共感しながら、何とか園は楽しいところだとわかってほしいと思っています。あなたならどのような内容・やり方で保護者との連携を行っていきますか？

事例②を読み解く　子ども理解と環境による保育

　この事例のように入園当初、新しい環境に緊張しながら保護者と離れることに不安をもっている子どもは多くいる。その子の気持ちを受け止めながら、心のよりどころとなるように保育者が関わっていく必要がある。保育者は、子どもの不安な気持ちに共感し安心感を与える存在となりながら、子どもと一緒に様々なことに目を向け、遊びを通して驚いたり、喜んだりと気持ちを共有する姿勢をもつことが大切である。そのことにより、子どもにとって保育者が保護者以外の大人の中でかけがえのない頼りになる存在として位置づいていくのである。

　3歳児にとって入園・進級時期は、緊張することや不安なことばかりではない。"大きくなること"を喜び、保護者から離れ、自分の力で何でもできる園での生活に期待感をもっている。4月の子どもたちの様子を見ていると、ドキドキした表情を見せながらも、いろいろな「ものごと」に対して興味津々である。今まで見たことのない遊具や生き物に興味を示したり、広い園庭を走り回ったり、あるいは保育者と一緒に描いたり作ったり、絵本を読んだりすることを楽しんでいる。子どもたちのために整えられた園環境は魅力的で楽しい空間なのである。このように、子どもは好奇心旺盛で個々の興味や関心により自分で遊びに向かっていく存在であり、保育者はこのような子どもの実態を捉えた上で、遊びの環境を用意する必要がある。子どもたちの視点に立ち、どのようなことに興味や関心があるのかを考え、目につきやすい場所や遊び出しやすい位置に遊具や生き物や素材を用意することで、"面白そう""やってみたい"という心情・意欲が生まれるように配慮するのである。進級・入園当初、新たな生活への期待と不安を感じているのは子どもだけでなく保護者も同様である。したがって、保育者は保護者の心配なことについて丁寧に言葉を交わし、支援していく必要がある。入園当初の保護者からわが子の様子を心配し尋ねられることがよくある。このような場合に保育者は、園での子どもの様子を保護者がイメージできるよう具体的に伝えることを心がけ、保護者に対して園生活に安心感をもってもらえるようにする必要がある。また、個々の子どもの発達・実態を考慮しながら3歳児の生活における入園・進級当初の保育者側のねらいや見通しを伝え、生活の自立や良好な友達関係の構築に急ぎすぎないように伝えていくことも大切である。

　時に子どもは家庭での様子と園での様子が異なる場合もある。保育者は、保護者と共に子どもに育ってほしい姿を一緒に考えていくことで、子どもの理解を深め、その成長に目を向けて連携していく関係づくりが望まれる。

事例③　「赤ちゃんができるんだよ」　　4歳

　アズちゃんは最近、「先生、こっち来て」と保育者の手を引いたり、いつも保育者の近くにいることが多くなったりしてきた。何週間か経つと、今度は戸外で遊ぶ際に上着を着る時も「先生できない」とファスナーを持って保育者に援助を求めてくる。保育者は「ここに入れて」「ここを持って引っ張ると」などと伝えるが「できない」と言って泣き始める。

さらに保育者は、この頃、降園時にいつもなら母親のところに駆け寄っていたアズちゃんだったが、母親に駆け寄ることがなくなっていることに気づいた。

保育者はどうも母親とアズちゃんの間に距離を感じたため、アズちゃんの最近の園での様子を伝えつつ、母親に家での様子を聞くことにした。すると、母親から「妊娠5か月で、今までつわりもひどくて」という答えが返ってきた。それから、保育者はアズちゃんの気持ちを受け止め、要求をできるだけ受け入れるようにしていくことにした。

母親のおなかの大きさが目立つにつれて、アズちゃんは今まで通り笑顔で友達と遊ぶようになってきた。そして「こんど赤ちゃんができるんだよ。言っちゃだめだよ」「楽しみなんだ」と保育者にこっそり話をするようになった。

> アズの変化に気づいた保育者は、慎重に保護者と連絡をとりました。あなたなら、アズの様子からどのような予測を立てて、どのような方法で母親と話を進めていきますか?

事例③を読み解く　家庭との連携と個々に応じる保育内容

この事例からまず押さえておきたいことは、保育者がアズの様子が近頃普段と違うということに気づいていることである。この気づきは保育者に求められる重要な専門性であり、日頃から子どもとの関わりを通して子ども理解に努めているからこそわかったものといえる。当然アズは、本当に着替えができなくて困っていたわけではなく、保育者を求め、何かを訴えようとしているように感じられる。その変化に気づいた保育者は、アズがなぜそのような言動をしているのかという内面の理解を試みつつ関わっている。すぐにその原因がわからない時もあるが、生活の様々な場面や関係性からアズの心理的に不安な原因を突き止めようとしているのである。このように、子どもの今の姿を様々な角度から読み取ろうとすることが、子どもの思いを理解し、より良い援助に結びつけていくためには必要なのである。

事例の保育者は、降園時にいつもなら母親のところに駆け寄るはずのアズが駆け寄らなくなっていることに気づき、母親との関係の変化があるのではないかと推測した。そこで園での様子を伝えつつ、家庭での様子を聞くことにより、アズの理解を深めようとしていた。保護者は一人ひとり異なるため、「どのように話を進めていくか」ということに正解があるわけではないが、まずは園での子どもの様子や保育者から見たその子の育ちを丁寧に伝えていく必要がある。そして、何より保護者の語る保護者自身の生活や困っていることなどを共感的に受け止めて気にかけていく姿勢を保育者がもつことにより、信頼関係を基盤とした連携ができる。母親との話から、アズが今までのように母親に抱きついたり、元気な母親と遊んだりできなくなった家庭での姿が見えてきた。アズは妊娠初期で体調のすぐれない母親を気にかけ、不安やわからなさと向き合うことになり寂しかったのだろう。そこで保育者は、保護者との連携を通してより理解を深め、アズの気持ちや家庭状況の変化に応じた援助を行っ

ていた。

　このように、子どもに寄り添って育ちを支えていくためには、園での子どもの様子をよく理解しつつ、個々に応じた適切な援助のために、家庭と丁寧に連携していくことが必要となる。保育者は、子どもの生活が園だけではなく家庭との連続性の中に成り立っていることをよく理解し、個々に応じたより良い援助のために必要な手立てを考え、保育内容の充実に努めなければならない。

事例④　「家庭での経験が園内で広がる」　5歳

　大勢で遊ぶことが楽しくなってきた5歳時の12月。ナオヒロくんは、みんなの前で意見を言うことが苦手で、人前で失敗することが嫌だったので、毎日コマを持ち帰り家で練習していた。冬休みになり、保護者とゆっくりと遊ぶ時間があったため上達し、コマ回しに自信をもつようになってきた。また、祖父母の家に帰省した時には、投げゴマだけでなく様々なコマがあり、家族みんなで楽しんでいた。1月になり、ナオヒロくんは園においても、コマでの対決や技に挑戦するだけでなく、いろいろなコマについての話を保育者にするようになり、クラスみんなで調べたり、家庭にあるコマを持ち寄ってみんなと一緒に遊んだりした。

　ナオヒロの家庭での体験が、園生活で積極的になるなどの変化を与えています。あなたなら子ども同士がコマへの関心を深めていくために、ナオヒロやクラスに対してどのような環境を用意していきますか？

事例④を読み解く　家庭での体験が園での生活を豊かにする

　コマは乳幼児期の子どもにとって面白い玩具である。その魅力は多々あるが、一番は芯を軸として回るというところであろう。回ることで立ち上がり、回転力の強さや模様の変化などが見え、不思議さにあふれている。ひもで投げるコマは、練習が必要であるし、回せるようになってもちょっとした加減によりいつも回ってくれるわけでもない。回せるようになった後にも様々な技や対戦があり、子どもをひきつけさらに関心を深めてくれるものである。

　ナオヒロは冬休み中でもコマ投げを練習していたことから、コマに対して興味が高かったのであろう。家庭生活の中でコマが回せるようになったり、祖父母から様々なコマについて教わったりしたことは、ナオヒロにとってかけがえのない経験となっていたことがうかがえる。このナオヒロの経験を、子どもたちと共に生活する園の中でどのように展開していくのかは、子どもと共に生活を創っていくという保育の考え方にとって重要な点である。また他児の冬休み中の経験も同様に、1月からの保育に生かされることから、多層的に保育が展開していくという視点も欠かせない。事例では、園においてもコマの活動をしており、保育者

は、コマが子ども同士の関係や、個々の挑戦や探究に影響を与える遊びになってほしいと考えている。そこで、ナオヒロの経験をクラス全体に広めて一緒に楽しんでいくために、家庭からいろいろなコマを持ち寄ることを提案したり、様々なコマについて調べたりするよう環境を整えている。

このように、家庭での経験を保育者は受け止め、子どもの育ちに応じた計画と融合しつつ保育内容を創っていくのである。その場合に大切なことは、園で起こっている子どもの遊びの展開を保護者に丁寧に伝え、そのプロセスを共有していくことである。保護者が園内の出来事を理解し、共に遊びを面白がって協力してくれる関係づくりが、子どもに即した保育を支えていくために重要なのである。

3節のまとめ

（1）家庭との信頼を築く専門性をもつ

子どもの豊かな育ちのためには家庭との連携は欠かせないことであるが、「連携」と一言で言ってもお便りや連絡帳、個人面談など多様な方法がある。園としてどのようなやり方があり、その特徴はどのような点であるのかを踏まえ、場所、時間、時期、関わる人など連携にあたっての環境整備について考えていく必要がある。

家庭との信頼関係を築いていくためには、どのような内容の連携を図るのかがポイントとなる。単に園での活動や子どもがしていたことの紹介にとどまらず、保育者は保護者に対して、保育を語る必要がある。保育を語るとは、子どもの姿をどのように捉えているのかということと、その理解からどのような援助を考えているのかということを表現豊かに伝えるということである。

時に保護者は、その人の価値観や子育て観などにより、子どもの視点に立った理解や援助に関心を示さないこともある。保育者は子育てを担っている専門家として、保護者に対しても子ども理解への視点や子育てへの支援を提供する必要があり、そのことが子どもの思いを尊重する子育て観を保護者と共有していくことになっていくのである。子どもが豊かに育っていくためには、家庭と園とが、育ちゆく子どものことを中心において、心を開いて環境を考えていく姿勢が必要となる。そのためには、真摯に子どもや保護者と向き合い保育を語る専門家としての保育者の振る舞いが重要となる。

（2）家庭での子育ての状況を受け入れる

家庭の生活は状況が変化しやすく、園での子どもの様子にも影響を与えることがある。保育者からの視点では、子どもの気持ちをくみ取ってもう少し待ってあげてほしい、急がせないでほしい、なぜ今そうしてしまったのか話を聞いてほしいなどと、保護者に対して感じることもある。保育者によっては、子どもの行動の意味を理解できない時、思うように保育が進まない時などの場合、焦りやいらだたしい気持ちから、家庭のせいにしてしまうこともよくある。しかし、この節の冒頭で述べたように、保育者には保護者の子育てに積極的に関

わっていく役割が示されており、園と家庭も含めた子どもの育ちを支える役割に立った職務が必要となる。よって園として、保護者と一緒に子どもを育てていくという連帯感をもった連携を行うための仕組みや環境をどのように創っていくかが重要なのである。

　子育て中の親の側からすると、多くの場合、子どもが産まれ、親となって数年しか経っていない人であり、子どもがいる生活や子育てをする生活に慣れておらず、現在の社会状況においては子育てについてのわからなさや不安を抱えていることは当然である。保育者は家庭のそのような状態を理解して寄り添い、今の生活を丸ごと受け止めた上で、園と家庭とが一緒になってよりよい生活への手立てを考えて援助することが必要である。

(3) 子どもにとっては生活が連続していることを理解する

　トイレットトレーニングの事例①が示しているように、子どもにとって家庭と園との生活は連続しているため、大人側の配慮によって子どもの不安を小さくし、物事に対して主体的に取り組む姿勢を生み出すことが可能となる。特に生活習慣は、子どもの生活の根幹であり、家庭に対して、乳幼児期から専門的な知見や取り組み方の知恵や工夫を伝えていくことは保育者の重要な役割となる。

　また、生活習慣だけではなく、事例④のコマ遊びのように、子どもにとって園内の集団生活での遊びと、家庭生活の中での遊びとがリンクすることで、子どもの興味や関心を広げ、深く考えたり、じっくり取り組んだりする姿勢を生み出すのである。保育者は、家庭と園とのそれぞれの関係性や環境の中で、子どもの経験は豊かさを増し、相互の関係の中で様々な育ちが生まれていることを理解する必要がある。この往還する二つの環境での子どもの育ちを意識し、保育者が園で起こっている出来事の経過をタイムリーに家庭に伝えたり、家庭での様子を聞いたりすることに取り組んでいくことにより、保護者は、子どもの育ちや、子ども同士が育ち合うことの理解を深めることができる。結果として、それが保育者の園の保育内容の理解や園への信頼となり、家庭との連携が深まっていくのである。

4 子どもと地域の人々

　近年の少子化、核家族化、都市化、情報化などの社会構造の中で育つ子どもたちは、幅広い世代との交流や異年齢の子どもたちとの出会い、地域の人材や文化との触れ合いが希薄で、自然を含めた環境への直接的な体験の不足が指摘されている。そのため、子どもの生活を支えている園において、子どもが多様な他者と関わる場面や場所を用意することは保育内容として欠かせないことになっている。子どもの生活圏にある地域の人材を生かしつつ、保育内容を豊かに計画していくことが近年特に重要視されている。ここでは、地域の資源を積極的に活用し、子どもが直接体験することにより豊かな経験を得られるようにつなげていくことについて、具体的に考えていく。

事例① 「逃げたヤモリ」　5歳

　コウタくんは、芋掘り遠足でヤモリを捕まえ、園まで持って帰ってきた。クラスのみんなで話し合い、ヤモリを飼うことに決めた。翌日、ヤモリの様子を見ようとしてコウタくんが飼育箱をのぞき込むと、ヤモリがいなくなっていた。
　その日の降園時刻が近づいた時、併設の小学校との連絡通路に、小学2年生が集まり、園を見て「先生！」と大声で呼ぶ。保育者と近くにいた子が小学生のほうに近づくと、小学生は「こんなのいたけど、いる？」とヤモリを見せた。保育者と子どもたちは「あっ!!」と大きな声で叫び、全員でコウタくんをそこへ連れてきた。コウタくんが「それ、ぼくたちのヤモリ」と言うと、小学生たちは「そうだったの？ そこにいたんだよ」「良かったね」と手渡してくれた。
　それからというもの、小学生たちは自由時間や下校時にダンゴ虫やカタツムリなどがいると、園に届けてくれるようになった。

> 　事例の園では、生き物をきっかけとして隣接する小学校と園の子どもたちがつながっていきました。身近な園の周辺の様々な施設や人々をイメージしてみましょう。あなたは、子どもたちが地域のどのような場所や人々と出会い、どのような経験を得られると思いますか？

事例①を読み解く　身近な連携を大切にする

　子どもが園外の環境と関わりをもつ時には、やはり地理的な条件の差が大きく影響する。たとえば子どもが自然を体験するのにとても良い公園があっても、園からの距離が遠い場合

4 子どもと地域の人々

は日常的に利用することは難しくなる。よって、まず自園の身近な環境（ひと・もの・場所・事柄）がどのような状態であるのかを、保育者同士がよく考えてみるのがよいであろう。地域との関わりは行事のように年間の中で計画し交流を進めていくものもあるが、事例のようにささいなことをきっかけに始まることも多い。事例では、コウタのヤモリのエピソードをきっかけとして、隣の小学生と園児とのやりとりが生まれているが、おそらく併設の小学校とは普段から関わりが多く、互いに心理的に身近な場所や人であったのであろう。このように、普段から周囲の施設や人々と身近な関わり合いをしていることにより、子どもの興味などや関心に即したタイミングでの交流が生まれてくるのである。事例の小学生たちがほかの虫も届けてくれるようになった姿は、園児の様子を気にかけ、園児の求めていることを理解しているからこその行動であることがわかる。また、様々な虫を捕まえてくる小学生の姿は、園児にとっても園内では起こらない新たな関係性や憧れを生み出していることだろう。

事例② 「小学校ってどんなところ？」　5歳

年長児のアンナちゃんは、友達が小学校の話をしている中で常に不安な顔をしている。しかし保育者には、学習机やランドセルが届いたことなどを嬉しそうに話をしている。ある日、保育者がアンナちゃんに「小学校に行くのは心配？」と聞いてみた。すると「小学校ってどんなところ？」「男の先生もいるの？」「勉強は難しい？」「お友達もみんな一緒じゃないし…」と多くの思いを保育者に打ち明けた。それを聞き、楽しみにしている園児ばかりではないことを改めて思い、折に触れ小学校の様子を話したり、卒園児でもある園児のきょうだいに様子を話してもらったりして期待がもてるようにしていった。

見知らぬ環境である小学校への進学に不安も感じているアンナに対して、あなたならどのような環境を準備して小学校生活への期待がもてるようにしますか？

事例②を読み解く　新しい生活に期待をもつために

　事例のアンナのように、5歳児は自分が成長していくことに喜びを感じ、新しい生活への期待感をもっている一方で、小学校のことは実際にはよく知らず、不安を感じている子どももいる。一般的に、登下校の仕方、授業の編成、設備や場所、持ち物の違いなど、目に見えて違うことに子どもは戸惑いや不安を感じることがある。保育者が進学を前にして考えることは、小学校への準備として目先の生活様式や行動を小学校に合わせて変化させていくことではなく、『幼児期の終わりまでに育ってほしい姿』として幼稚園教育要領や保育所保育指針に記されていることを基にした計画を全うすることなのである。つまり、教育課程や全体的な計画、指導計画等で示された保育内容の中で育ちきることが、結果的に子どもの自尊感

情や自己肯定感を高め、小学校における新たな環境での生活に対して意欲的に向き合うことにつながるのである。そのことを理解した上で、事例の保育者のように、小学校に対してのイメージを広げ、不安に応えた関わりをしていく必要がある。その方法としては、アンナの友達のきょうだいから小学校の様子を話してもらっていたように、身近な人々を活用する方法が有効である。

　また、小学校と直接交流をする場合には、小学校が子どもにとって身近な存在になるために、子ども同士の顔が見える交流を行う必要がある。園児にとって小学5年生の〇〇ちゃんや小学校の〇〇先生など、二人称的な関わりが生まれるような具体的な取り組みにより、幼児の不安が解消し、期待がふくらむ保育内容になると考えられる。このように、わからなさに丁寧に付き合い説明することや、体験してみること、また安心できたり信頼できたりする人との出会いにより、新しい生活への期待をふくらませていけるのである。

事例③　「太鼓のお兄さん」　　5歳

　ある日、ぞう組は、初めて行く近隣の公園まで散歩することにした。その公園の近くには音楽大学があり、学生が公園で練習することがあった。この日も音大生が公園で練習をしていた。

　ぞう組が公園の近くまでくると太鼓の音が聞こえてきた。公園に入ると、大学生が一人、イスに座って太鼓を叩いていた。その日、子どもたちは太鼓のお兄さんを横目で見るだけで、関わることはなく固定遊具で遊んだ。

　翌週、散歩に行くと、公園の近くで先週同様に太鼓の音が聞こえてくる。タケヒロくんは「またいる」と言うと、ショウくんも「あっ、ほんとだ、聞こえる」と、太鼓のお兄さんがいることを期待して笑顔で歩き出す。公園に入ると、子どもたちはすぐに太鼓のお兄さんを見つけ、「ほらいた」と言って近づいていく。ショウくんが「何してるの？」と話しかけると太鼓のお兄さんは微笑み「練習だよ」と言う。タケヒロくんが「何の？」と言うと「太鼓」と答え、徐々に会話をしていく。太鼓のお兄さんが太鼓のリズムに合わせて、ハーモニカを吹き出すと、子どもたちは大笑いをする。流行りのアニメソングが始まると、子どもたちは踊り出す。

　それからというもの公園に散歩に行く時は、「また太鼓の人いるかな」と期待しながら行くようになる。

　あなたが保育者だったら、地域と子どもたちとのどのような交流を計画しようと思いますか？　いくつか考えてみましょう。

事例③を読み解く 地域の資源を保育に取り入れていく

　冒頭で述べたように、生活を通して子どもの経験を豊かにしていくためには地域の資源（自然や施設、人材、行事や出来事や文化）と関わることが重要である。この事例では、近所の音楽大学の学生がしていることに子どもが興味・関心を示し、子どもが自ら関わりを求めている。改めて子どもは面白さにひきつけられていく存在であることが伝わってくる事例である。保育者がこのような場面を好機として、地域の資源と子どもたちをつないでいく役割を果たせると、より一層保育内容が充実していく。5歳児であれば、自分たちの興味・関心から協同的な学びにつながる活動へと展開していくことも考えられるだろう。

　具体的な連携や展開の方法として、まず「子どもが何を求めて、何をしたがっているのか」をよく把握することが大切である。「太鼓を叩いてみたいのか」「リズムに合わせて踊りたいのか」「練習している理由を知りたいのか」など、子どもの思いをくみ取ることが援助の方向性を決めることになる。そして子どもの思いを相手（この事例の場合は大学生や大学）に伝え、どのような交流が実現できるかを相談するとよいだろう。相談する際には、保育者は子どもと共にしてほしい活動内容をお願いするだけではなく、この活動によって子どもたちにどのような経験をさせたいと考えているのかを伝える必要がある。つまり、保育者はその連携を子どもにとって豊かな経験にするために、園で行われている「保育」についてあまりよく知らない地域の人々に対しても、活動内容の意味について納得できる説明が求められるのである。

4節のまとめ

（1）地域に園を開き、園外の豊かさを味わう環境づくり

　今の社会で子どもの育ちを充実させていくためには、地域の人々とつながりをもち、地域で行われている様々な活動を価値あるものとして保育に生かしていく必要がある。子どもの体験を園が抱え込み、様々なメニューを増やしてサービスを提供していく保育観ではなく、多くの人々と連携し支え合い、みんなで子どもと過ごす生活を楽しんでいく地域共生の視点をもった保育観が必要となる。そのためには保護者も含め園を地域に開き、様々な人と共に保育を行ったり、園外に出かけて地域で行われている様々な活動を体験したりする機会をもつ保育の展開が必要である。

　園を開く例を挙げると、保護者が園行事や園内のボランティアなどへ参加することにより、他児の育ちに目を向けたり、子ども同士が育ち合うことの意味を理解したりして、保護者の子ども理解につながることがある。また、卒園生や職業体験などで来園した小学・中学・高校生との遊びや、園芸、手芸、舞踊などを得意とする地域の方を園内に招いての活動は、様々な人々との出会いが希薄な現代において、子どもを含めたすべての人々にとって貴重な交流の場となる。園外での活動の例では、年長児が手紙のやりとりを楽しんでいたことをきっかけとして、郵便局の仕組みを調べに行ったり、クリーニング屋さんごっこが発展して"きれいな洋服のたたみ方"を実際の店に聞きに行ったり

することなどがある。このように、地域の人材、行事、商店、公共施設などとつながり、遊びと結びつくことにより、子どもが本物に触れていく体験が生まれている。

子どもは日常の生活の中で、園外の実社会での営みに関心をもち、遊びという形で模倣したり体現したりしている。その中で、保育者は、園で子どものしている遊びが、実際に社会で行われている活動とどのように結びついているのかを感じとり、子どもが実社会の仕組みを垣間見たり触れたりしていく体験を創っていく役割を担っている。地域の様々な環境を生かしつつ保育を展開していくことにより、園外の活動の豊かさを子どもが味わうなど、より豊かな直接体験を通して、保育の質の向上が図られていくのである。

（2）接続に向けての小学校との連携

現在、小学校では、新入生に対してスタートカリキュラムを作成している。スタートカリキュラムとは、児童が義務教育の始まりにスムーズに適応していけるようなカリキュラムを構成することである。これは小学校への入学にあたり、子どもにとって様々なハードルが存在しているが、そのハードルがあまりにも高すぎることが社会的な問題となってきたからである。

その中の一つが学び方の違いによるハードルである。幼児期と学童期の教育の目的・目標は、学校教育法に基づき連続性、一貫性をもって作成されているが、遊びを中心として総合的に学ぶ幼児期のスタイルから、各教科を中心とした学童期の学習スタイルへの学び方の変化が結果として小学校教育と保育（ここでは幼稚園・保育所・幼保連携型認定こども園などの集団保育施設における教育・保育を「保育」と呼ぶ）の方法の違いを起こしている。現在、このハードルを低くするために、小学校学習指導要領では各教科の指導においては児童の興味・関心を生かし、自主的、自発的な学習が促されるように工夫することや、児童が学習課題や活動を選択するように工夫することなど、子どもが主体的に学ぶことができるような指導を大切にするようううたわれている。加えて、学校や児童の実態に応じてグループ別指導、児童の興味・関心等に応じた課題学習、教師間の協力的な指導など、指導方法や指導体制を工夫改善し、個に応じた指導の充実を図ることも明記しており、幼児期における保育が大切にしてきた学び方との連携が進んできている結果といえる。このような学び方の視点から保育者が小学校との接続を考える場合には、保育が環境を通して行われていることの意味をしっかりと理解している必要がある。つまり、子どもが意欲的、主体的に物事に取り組むことを支え、困難にぶつかっても粘り強くやり遂げようとする態度や、人と共に話し合い、問題を解決していこうとする心情・意欲・態度などを育てることが、義務教育以降の生活にとっても大事であることを認識しておかなければならないのである。

もう一つの高いハードルは、各保育施設の保育内容が、地域性や保育方針の違い等により多岐に渡ることから、小学校にとって園の子どもの育ちの理解や家庭での育ちの理解等が難しくなっていることである。このハードルは保育者と小学校教師とが密な連携を図っていくことにより解消されていく可能性が高いが、互いに多忙な業務の中での新たな役割と捉えがちであるため、なかなか進まない現状もある。しかし、連続している

子どもの育ちを支えていく立場の者として、今では重要な役割であるため、様々な工夫による連携が求められている。

　小学校との接続において、子どもにとって不必要に高いハードルを下げていくためには、まず保育者自身が小学校の実態をよく知ることが必要である。また、同様に小学校教師に対しても園の生活の実態や教育課程や全体的な計画について知ってもらう機会を用意する必要がある。そのような環境を整備することによって互いが実践をよく理解し、それぞれの立場を尊重しつつ、実践の質を向上させるための互恵的な連携や交流を創り出していけるのである。その場合に重要なのは、「交流すること」や「活動すること」自体に目を向けるのではなく、一人ひとりの子どもが、どのような気づきや体験をしたのかという、それぞれのエピソードに沿った内面の理解に、保育者が注視することである。その内容を保育者と小学校教師が対話して共有することにより、互いの関係性が深まり、大切にしている点が理解でき、実践の質も高まる連携へとつながっていくのである。

（3）多様性を生かす保育をするために

　周知の通り、子どもには多くの個性が存在し、個々に興味・関心も性格も体格も考え方も異なる。そのような子どもたちが集まっているからこそ園生活は面白く、子ども同士が影響を受け合いながら育ち合っていく。同様に保護者や地域の人々も多様な個性が存在し、興味・関心や物事を捉える視点や子育て観も異なっている。これからの保育現場では、子どもと共にこのような多様な人々が交わり生活を創り出していくことが求められている。様々な考え方や価値観が交流し響き合うことにより、子どもの育ちが豊かになるだけでなく、子どもが生活している家庭や地域がつながり、子どもも含め共に生きていく地域社会の創造が起こっていくのである。

　地域でのつながりが希薄化している環境においては、多くの施設や人々とつながることで、地域社会の発展が望め、園はその中心となる働きが期待されているのである。地域で育つ未来の人材を育成しているという意味においても、地域の資源を生かし多様性のある保育環境を地域の人々と共に創造していく力が、今、園には求められているのである。

演習ワーク①～ロールプレイ1 「探究心を意欲につなげる」

【ねらい】子どもがものの特性に気づき、理解を深めていく中で活動に対して意欲をもつことができるように環境を構成する力を養う。

○次の事例の状況に沿ってロールプレイを行いましょう。

「自分で育てて」 4歳	登場人物：探究心の強いショウくん。意欲的なケイタくん。保育者。
	状況：5月に植えたハツカダイコンがうまく育たなかったことについての話

5月に植えたハツカダイコンが枯れてしまい、みんなで話をしている。
　ショウくん：どうしてちゃんと育たなかったんだろう。
　ケイタくん：ちゃんと水やりしたのにね。
　マユミ先生：そうだね、なんでだろうね。_____①_____
　ケイタくん：きっとなんでかわかるね！
　ショウくん：よし、そうしよう！
　ケイタくん：ちゃんと育て方がわかったら、もう一度ハツカダイコン育てようよ。
育て方を知る方法に納得したケイタくんが疑問を口にし、保育者が応える。
　ケイタくん：ハツカダイコンって、辛いんでしょ。でも、おいしく食べる方法はあるのかなぁ。
　マユミ先生：どうせ食べるならおいしく食べたいわよね。
　_____②_____に聞いてみるのはどう？
　ショウくん：うん、きっとおいしい食べ方知ってるよね。
　ケイタくん：ほかの野菜も植えてみたら？
　マユミ先生：面白そうね。何がいいのか相談してみましょう。

演習方法

1、6人程度のグループに分かれ、配役を決める。全員必ず誰かを演じること。演技中、残りの人は記録表をコピーして観察記録をとる。（10分）
2、演じる人は事例の人物になりきり、演じて話すこと。セリフ①、②はマユミ先生の気持ちになって考えて話すこと。
3、記録する人は、演じている様子をしっかり観察して、登場人物の行動や様子、推察される心情を記録表に書き込む。
4、役割を交代し、一巡するまで行う（時間配分による）。
5、すべてが終了したら、グループごとにそれぞれ記録した人物の心情の推察や演じた感想などを基にねらいに沿って話し合う。その際、できるだけいろいろな角度から話し合う。（10分）
6、最後にグループの意見をまとめ、クラスで発表し合う。（25分）
7、その後、各自レポートにまとめる。（10分）

ポイント 題材のハツカダイコンや、そのほか子どもでも取り組める園で栽培しやすい植物や、その育て方などについても調べましょう。

第5章

子どもを取り巻く物的環境

　生後間もない乳児でも、ガラガラの音やベッドの上で回るメリーに興味を示し、目で追いかけるなどする。また、少し成長しハイハイできるようになると、床を転がるボールが気になりその後を追いかける。このように、子どもは、生まれた時から周囲にある様々な物に対して、関わりたいという意欲をもって興味や関心を示し、その物との関わりは、子どもの発達に大きな影響を及ぼす。しかし、子どものまわりに物をただ並べておくだけでは、その物自体から子どもに関わってはくれない。子どもが身のまわりにある物を、自ら興味をもって手に取るなど直接触れて関わることによって、その物は重要な役割をもつことになる。

　本章では、子どもを取り巻く物的環境という視点から子どもを捉えていくとともに、保育を展開するにあたって、領域「環境」の基本的事項について事例を通して解説していく。

1 遊びにおける物

　子どもが園生活の中で遊ぶ場所として、屋内では保育室、遊戯室、ホールなどがあるが、廊下なども子どもが好む遊び場となる。遊ぶものとしては、遊具や用具が主な物であるが、室内外に設備されているイスや机、水道、時計など、様々な道具類も子どもたちは遊びに取り入れていく。また、屋外では主に園庭となるが、時には近くの公園や川原なども遊び場となる。そこでも遊具のほか、葉っぱや草花、小枝、丸い小石など、様々な物を遊びに取り入れていく。このように、子どもは身のまわりの環境において様々な物を遊びに取り入れ、自ら遊びを生み出していくのである。

　では、保育者は具体的にどのような環境的視点をもって子どもと関わっていけばよいのだろうか。事例を基にして子どもの遊びをひもといていくことにする。

事例① 「何度も繰り返して落とすとおもしろいなぁ」　12か月

　0歳児保育室で、リホちゃんはペットボトルのキャップをビニールテープで貼り合わせたものを、ミルク缶のふたに空けた丸い穴に親指と人差し指で入れ、手のひらで缶の中に押し込む動作を何度も繰り返していた。保育者がそばで見守っていれば、一人で集中して遊んでいた。全部キャップを入れ終わると保育者の顔を見て、"ふたを開けて…"と指さしながら要求した。保育者がふたを開けると、中に入れたキャップを、缶を逆さにして出すのは、リホちゃん一人でできた。毎回、3度から4度繰り返して遊び、満足してほかの子どもに渡すような姿が見られた。

　保育者にとって、既成の玩具だけでなく一人ひとりの発達に応じて玩具を手作りすることは大事です。あなたならどのようなことに留意して手作り玩具を作りますか？

事例①を読み解く　発達に応じた遊びの道具

　生後、12か月になると視覚や聴覚などの発達はめざましく、乳児は自分を取り巻く世界をかなり認知できるようになる。最初はわしづかみで握るしかできなかった手の動きも、指の巧緻性が増し、指でつまむなどの動作ができてくるようになるような時期である。そして、保育者との信頼関係による情緒の安定を基盤にした探索行動が活発になる。さらに、運動面では全身を動かせるようなり、自由に移動できる喜びと共に好奇心が旺盛になる。そして様々な刺激を受けて、子どもは生活空間を広げていくのである。

　リホは、保育者の手作りのミルク缶とペットボトルのキャップの組み合わせで作られた玩

1 遊びにおける物

具で安定して遊びを繰り返す。集中して遊びを繰り返すことができた理由には、見慣れたミルク缶とキャップの廃材の手作りの玩具であったこと、保育者が傍らにおり、見守られている安心感があったこと、保育者に意思表示をすると意思が通じてふたを開けてくれたことなどがある。缶を逆さにするとキャップが落ちてきた様子も面白かったことだろう。毎回、3度から4度繰り返して遊ぶことから、この遊びが気に入っていることがうかがえるが、何よりも保育者がリホの行動や欲求に適切に応答していることから繰り返しているとも考えられ、人に対する基本的な信頼感が芽生えてきているといえる。

- - -

事例② 「布（フェルト）絵本で遊ぼう」　1歳7か月

　0歳児保育室の棚に置いてあるフェルト布で作った絵本に興味をもったヒナタくんとタクミくん。その絵本を両手で抱えて、そばにいた保育者に読んでというそぶりをみせて渡した。保育者は「読んでだね。いいよ。じゃあ、まずこっちの絵本を見よう」と言いながら、そのうちの一冊をヒナタくんとタクミくんの方に向けた。まず、保育者が表紙を指さし、「ハチさんがいるねー」と語りかけた。次に、保育者が絵本の表紙に太いひもでつなげてある小さなハチの人形を、親指と人差し指でつまんで絵本の中の花に近づけると、タクミくんも真似をして同じようにハチを持ち、花に近づけた。ヒナタくんもすぐに同じくハチを持ち、花の上に乗せた。保育者が「お花の蜜がおいしいって、ハチさん言ってるよ」「おなかいっぱいになったから、ハチさんはお家に帰るんだって」と絵本のページをめくり、ハチの家の扉を開けてその中にハチを入れると、二人もまた同じようにして家の扉を開けてハチを入れる。この遊びを何度も繰り返して楽しんだ。

> 　1歳児にとって、身近な物（玩具）と関わることは遊びの楽しさを知る意味で重要なことといえます。あなたなら、具体的にどのようなものを用意して乳児の遊びにつなげますか？

(事例②を読み解く)　"物"を媒介とした遊びの広がり

　1歳児になると、保育者などの特定の大人との信頼関係による情緒の安定を基盤にして、探索活動が活発になる。加えて、座る、立つ、歩くといった運動面が発達し、かなり自由に手を使えるようになる。この時期には、子どもが自ら"触ってみたい、関わってみたい"という意欲を高めるために、温かく優しい色彩で触って柔らかく丸みのある玩具などを身近に準備するとよいだろう。

　この事例では、身近な棚に置いてあったフェルト布の絵本に興味や関心をもったヒナタとタクミに対し、二人が真似してみたいという気持ちになるように、保育者は遊び方をわかり

やすく示している。

　保育者は表紙のハチを優しく示し、絵本の主人公に簡単なストーリーをもたせて語りかけることで、布の絵本を媒介とした、乳児とのゆったりとした関わりをつくっている。その関わりから、タクミが保育者の真似をしてハチを動かすと、ヒナタもすぐに同じようにハチを動かした。このように、保育者のやさしい関わりによる情緒の安定を基盤にして二人が物を同じように動かす遊びを繰り返している中で、友達の存在は物との多様な関わりにつながり、遊びをさらに深め、"物"との関わりを十分に楽しむことにつながったことだろう。

事例③　「粘土遊びがわかった」　3歳

　入園間もない3歳児の保育室に、油粘土コーナーをつくった。しかし、自分から粘土で遊び出す子どもはいなかった。そこで保育者は、子どもに興味をもって粘土遊びに取り組んでほしいと考え、翌日の準備の際、油粘土コーナーに粘土を伸ばして広げたものや一部型を抜いておいたもの、また、小さく丸めたものをたくさん置いた。

　翌日、コウキくんが登園するなり「何これ！」と粘土に触れて遊び出す。そこで保育者は、丸い粘土をくっつけたり、丸まった粘土を長く伸ばしたりしてみせると、コウキくんも真似をして粘土を伸ばし始める。

　子どもが興味や関心をもって粘土遊びに取り組もうとするために、あなたならどのような環境を準備しますか？

事例③を読み解く　遊びのモデルを示す

　3歳は話言葉の基礎ができて、盛んに質問するなど知的好奇心や探究心が高まる時期である。自我がはっきりしてくるとともに友達との関わりも見られるようになるが、それぞれが独立して遊びを楽しむ様子が多く見られる。そのような時、油粘土は場を共有しながらもそれぞれが思いを巡らせながら取り組むことができる遊びである。しかし事例の3歳児クラスでは、保育者が油粘土コーナーを設けて油粘土を用意しただけの環境構成では自分から遊び出す子どももはいなかったようである。そこで保育者は、油粘土はこのように遊ぶこともできるとして、伸ばした粘土や型抜きした粘土、小さい丸型にした粘土を遊びのきっかけとして置いた。すると、その環境の働きかけによりコウキは、「何これ！」と驚きの声と共に興味を示し、さらに保育者が粘土をくっつけたり、伸ばしたりしたことで遊びが発展していった。

　このように、この事例ではあたかも遊んでいる途中のように物的環境を変化させたことが重要な点として捉えられる。油粘土の形状や大きさの種類を十分に用意したこと、そして、保育者が自ら遊ぶことで遊びの見本を見せたことで、コウキは、真似をして遊んでみたいと

興味や関心を高めている。新しい教材や遊びに対しては、物を子どもに示す際の環境構成の工夫や、一緒に遊んで遊び方を示すなどきっかけづくりが有効だといえる。

事例④ 「のぼって、すべって、ころがって」　　4歳

トモコちゃんとマユミちゃんはソフトクッションで遊ぶのが大好き。それは、当初、まごとの一部にしたり、ちょっとしたすべり台にしたりするために保育室に保育者が置いたものだった。近頃ではだんだん遊びがダイナミックになり、ある日「もっと広いところで大きく作りたい！」とトモコちゃんが言い出す。その言葉につなげてマユミちゃんが「だって、すべる長さが短いんだもん」と訴える。保育者が「ホールでやってみる？」「もっと大きいのを作ってみる？」と提案した。

ホールにソフトクッションの代わりのマットを運び、さらに巧技台やじゃばらのトンネルなどを用意すると、トモコちゃんとマユミちゃんは一緒に配置を考え並べ始めた。「長いすべり台を作ろう。すべり台の上からすべって、そしたらどうしよう？」「ここにきたらトンネルの中をくぐろう」「すごーい、遊園地みたいになった！」と言い、その後もいろいろ組み合せて遊んだ。

全身を動かしてダイナミックに遊ぶことは、幼児の遊びにとって大切なことです。室内で体を動かして遊ぶようにするには、ほかにどのような遊びが考えられますか？

事例④を読み解く　　心身ともに働きかける物的環境

全身のバランスをとる能力が発達して体の動きが巧みになる4歳児に、このぶつかっても痛くないソフトクッションを環境として設定したことは、もっと全身を使って運動したいという意欲を高めたことだろう。

「すべる長さが短いんだもん」というマユミの要求に、保育者はホールへと誘い出し、巧技台やじゃばらのトンネルをソフトクッションの代わりのマットと組み合わせる環境として用意した。トモコやマユミにとってこの巧技台やトンネルは魅力的なものであり、遊んでみたいという意欲につながり、配置を考えながら自主的に並べ始める姿につながった。遊具を考えながら工夫して組み合わせていくことで二人のイメージが共通となり、「遊園地みたいになった！」と目的のある新たな遊びに気づき、さらにいろいろな組み合わせを試して遊びを深めていったようである。

このような遊具を使った遊びにおいて、子どもは、心と体を働かせて考えながら物に関わり、さらに繰り返しながら様々に試すことを通して、物や遊具、用具などの特性がわかるようになる。大型の遊具遊びの安全性に配慮し、トモコやマユミの考えを生かしながら二人だけの遊びにとどまらず、ほかの子どもたちもこの遊びを経験できるような環境構成の工夫を

保育者に期待したい。

1節のまとめ

　子どもの生活の中心は遊びであり、子どもは物を使った遊びを通して様々な体験を積み重ねていく。また、子どもは生活する中でいろいろな物に出合い、保育者の支えを得ながらその子なりに物の性質や仕組みに気づき、それらの物との関わり方を身につけていく。すなわち、子どもは遊びを楽しみながら物との関わりを深め、物の使い方を獲得しながら自分の可能性を高め、さらに遊びに興味をもった仲間が集まって遊びに深まりをもたらしていくのである。物との多様な関わりは子どもにどのような成長・発達を促すのだろうか。以下にまとめてみよう。

（1）五感を豊かにする

　0～1歳児は、保育者など特定の大人との信頼関係による情緒の安定を基盤にして、探索活動が活発になり、座る、立つ、歩くといった運動面が発達し、自由に手を使えるようになる。この時期には、子どもが自ら触ってみたい、関わってみたいという意欲を高めるために、事例①②のように物を見て、聞いて、触れて、直接感触を確かめながら遊ぶ様子が見られる。また先述の通り、この頃は手の動きも掌全体で握る状態から、すべての指で握る状態、さらに親指がほかの指から独立して異なる動きをする状態を経て、親指と人差し指でつまむ動作へと変わっていく時期である。"持つ"だけの行為が意図的に"落とす"ことができるようになることで新しい遊びとの出合いがあり、それを繰り返し遊ぶことで遊びの面白さを味わっているのが事例①である。このような子どもの成長・発達は、場面に応じた保育者の工夫によりさらに促されることだろう。たとえば小麦粉粘土遊びをする時は、バニラエッセンスを加えることで触覚に加え嗅覚も刺激され、興味はさらに深まるだろう。また、子どもが自ら収穫した野菜は一般的に購入して用意された野菜の味とは一味違う物であり、子どもに新たな味覚や感性をもたらすであろう。

（2）感情を育む

　子どもの興味や関心を大切にし、発達段階に合わせた物と出合わせることによって「面白そう」「やってみたい」などの欲求が生まれるものである。事例④のように、大きくてぶつかっても痛くないソフトクッションであったから遊びを安心して繰り返せたのであり、さらに広いホールに場所を移動し、巧技台やじゃばらのトンネルの出現などで、イメージを実現したいとの二人の思いは遊園地ごっこへと広がっていったようだ。このように、遊びに適切な変化をもたらせたり、工夫したりすることによって、遊びへの面白さはどんどん高まり、意欲的に繰り返して遊ぶことで、物と関わって遊ぶ楽しさの体験が得られる。

（3）主体性を引き出す

　事例①ではミルクの缶での手作りの玩具、事例②では布（フェルト）絵本、事例④では、ぶつかっても痛くないソフトクッションなど、保育者が用意した物はいずれも乳幼児にとって魅力的なものであり、思わず主体的に関わりたくなるものだといえる。そして、事例③では、翌日の環境構成において、粘土を伸ばして広げた物や一部型を抜いておいたもの、また、小さく丸めた油粘土をたくさん置いたように、これから「遊んでみたい」と思えるような状況がつくられた。常に保育者は、その時の子どもの発達や状況、そして欲求に応じて物を準備し、構成していくことが大切である。

2 生活における道具

　道具とは、何かを作ったり、行ったりする時に使うものであり、多様な使い方や意味がある。広辞苑によると、『人間の手の補助手段として用い、人力によって動かされる一切の加工用器具の総称』とある。つまり、紙を切る時、手でも切れるが「ハサミ」を使うと手の補助手段として容易に切ることができるなどがそれである。

　子どもたちは日常的に道具のある環境の中で生活し、様々に道具に関わりながらたくさんのことを学ぶことができる。子どもたちは道具と出合い、それらに触れたり試したりしながら、保育者とともに使い方や楽しさを知り、試行錯誤を繰り返して、自信や充実感とともに技能を身につけていく。また、道具を繰り返し使うことから連続性のある関わりになり、次第にその性質や仕組みに気づき、子どもなりに使いこなそうと考える力も芽生えることだろう。

　現在は便利な時代で、手を動かしてほうきを使わなくても掃除機のボタン一つで効率的に掃除ができてしまう時代である。そのような時代だからこそ、心身の発達のため、子どもには多くの道具に関わらせたいものである。では、具体的にどのような視点をもって保育者は子どもと道具に関わっているのか。エピソードを基に子どもの活動をひもといていく。

事例① 「給食に使う食器は、瀬戸物だから大切に」　1歳7か月

　0歳児クラスのマナトくんは、給食やおやつが大好きで、いつもおかわりをする。北風の冷たい1月、ある日の給食は、ボルシチ、チーズサンド、ブロッコリーのソテー、りんごのメニューだった。ボルシチは、ケチャップとトマトピューレの味付けがお気に入りで、自分でスプーンを使ってすくい、すぐに完食した。ボルシチが入っている容器は瀬戸物でできているため重さがあり、容易に倒れないので乳幼児の食器に適している。たとえ落とした場合でも、割れて破片が飛び散らないように強化磁器の食器を利用している。また食べ終えると可愛いパンダの絵が出てくるので、マナトくんにとって自分で食べきる楽しみがあるのだろう。ボルシチのおかわりがしたくて担当保育者の顔をじっと見るが、「まだブロッコリーさんとサンドイッチさんがあるよ」と言われ、慌ててそれも食べた。りんごは手づかみで食べて、おかわりのボルシチを保育者から容器に半分入れてもらうと、にっこり笑ってすぐまた食べ終えた。

　乳幼児にとって磁器は使いにくいものかもしれません。乳幼児の発達を踏まえて、あなたはどのような道具をどのように提供しますか？

2 生活における道具

事例①を読み解く　本物に触れる大切さ

　園には契約農家などと連携して、減農薬や無農薬野菜をはじめ、地元の食材などを給食で調理してもらい、子どもたちに安全・安心な食事を用意し地域に愛着をもたせるようにしているところも多い。子どもが豊かな人間性を育み、生きる力を身につけていくために、また、子どもの健康支援のために、「食」はたいへん重要なことである。

　この園では、おやつや給食、補食で使用する食器はすべて磁器を使用しているが、幼い時から本物を使い、触れた感触や重みを肌で感じてほしいという願いであるという。食育として食べ物に注意することも重要なことであるが、食器について安価な容器を用いずに、事例のようにあえて瀬戸物の磁器を使用していることは、「食を営む力」を重視する点で重要である。食物の味わいは器に左右されることが多いため、本物の器を使う保育の積極性を評価したい。また、磁器の食器は重さがある分、乳児がひっくり返したり落としたりする頻度が少ないようである。あわせて、落とした時の安全にも配慮しながら、万が一落ちても破片が飛び散らないように強化磁器の製品を使用する配慮もしている。本物を使うことにより、子どもに物を大切にする気持ちが育つと考える。

事例②　「洗濯バサミで遊ぶ」　3歳

　9月、弁当後の食休みのための休憩時間の遊びにと用意した洗濯バサミ。大人にとって用途の決まっている道具である洗濯バサミでも、子どもにとっては遊び道具の一つになる。洗濯バサミを立体的に重ねて「ヘビ」や「恐竜」に見立てて遊ぶジョウくん。洗濯バサミと紙皿を組み合わせて「ライオン」を作るレイナちゃん、紙コップと組み合わせて「タコ」に見立てるミユウちゃん。大きい洗濯バサミを車のアクセル代わりに使うケンジロウくん。それぞれが夢中になって遊ぶ。

この事例では造形の素材の一部として洗濯バサミを使用していますが、造形遊びの時に使えそうな身近な道具で、ほかにはどのようなものがありますか？

事例②を読み解く　発想をふくらませる素材

　子どもは、物を本来の用途や機能とは関係なく、形や使い方を工夫して、想像力によって遊びの道具にしてしまう。この事例にある洗濯バサミも同様で、通常、家庭や園では洗濯物を干すたびに日常的に使うものであり、子どもたちの目に触れやすいものである。子どもたちはそれを真似して、ままごとや水遊びで洗濯ごっこが始まると、洗濯バサミは大活躍する。洗濯バサミは特定の用途のある道具ではあるが、子どもはこのような物を製作物の材料として使うという自由な考え方をもっている。

ジョウは「ヘビ」や「恐竜」に見立てて遊び始め、レイナはそばにあった紙皿のまわりに洗濯バサミを付け「ライオン」を創り出した。紙コップを手に取り、まわりに洗濯バサミを付けたら「タコ」になったというミユウがいるなど、子どもたちは洗濯バサミや紙皿、紙コップなどの素材を前にそれぞれが手に取ったもので見立て遊びを展開している。このように、子どもの発想は豊かである。保育者は子どものこうした発想をさらに生かすために、組み合わすことができそうな様々な物を用意するとよいだろう。

事例③ 「お風呂屋さん」　　4歳

　園庭に落ち葉がたくさん落ちた11月。子どもたちが落ち葉集めを楽しめるようにと、子ども用のほうきを準備した。子どもにとっては、ほうきを使ってみるのも楽しく、使っている友達の様子を見て「僕もやりたい」「私も」と仲間入りしてくる。ほうきを使って落ち葉を集めては散らかすことを繰り返す3歳児の隣で、4歳児のリョウくん、ケンゴくんは落ち葉をただ集めることに夢中になる。だんだん落ち葉が集まってくると、「これさ、お風呂になるね」とリョウくんが言う。「そうだね」とケンゴくんが答える。すると、ケンゴくんが木製のすのこを自分で移動させ、四角く組み合わせて置いた。「ねえねえ、この中に入れよう」とケンゴくんが提案し、すのこで囲まれた場所に落ち葉を集めることになる。同じく落ち葉掃きを楽しんでいたカレンちゃんがいつの間にか仲間入りして「いらっしゃいませー」と言う。すぐに、それがお風呂屋さんになる。そこへ3歳児が「入りたいー」と遊びに来る。「いいよ」とケンゴくん。「じゃあ、裸足になってね」とカレンちゃん。「足湯だよ」とリョウくんが応じる。落ち葉の上を裸足で歩き、走りながら「あったかーい」と言う3歳児の子たちの姿があった。

　ほうきやすのこを使った落ち葉集めをお風呂屋さんごっこに発展させた子どもたち。あなたならほかにどのようなものを準備しますか？　また、ほうきで集めた落ち葉をどのような遊びに発展させますか？

事例③を読み解く　季節感を味わう

　豊かな自然環境がある園では、保育者はできる限り自然を活用したいものである。豊かな自然環境を生かした環境構成により、子どもたちは成長・発達に必要な多くの体験をすることができるだろう。しかし、自然の少ない環境にある園においても、近場で樹木のある公園、草花がある野原などを探し、安全性に注意しながら、子どもにできるだけ自然を味わう経験を積ませたい。事例にある通り、落ち葉の季節では、積極的に子どもたちを落ち葉の環境の中で遊ばせたい。

　この事例においては、たくさんの落ち葉にまみれて季節感を味わいながら遊ぶ園児た

2 生活における道具

ちを想像できる。保育者によって、落ち葉を集めるために子ども用のほうきが環境として用意されている。ほうきで掃くと落ち葉が集まる様子にほかの子どもたちも興味をもち、やりたいと集まってくる。4歳児のリョウ、ケンゴは落ち葉をただ集めることに夢中のようで、ほうきを繰り返し使ううちに道具に慣れてきて落ち葉はたくさん集まる。うず高く集まった落ち葉を見た子どもたちは落ち葉の風呂を思いつき、身近にあるすのこを風呂の縁（へり）に見立てて囲み、お風呂屋さんごっこに発展させる。子どもたちは落ち葉に裸足で足を突っ込み、感触を十分に味わってその感触を「あったかーい」と表現している。

　子どもを取り巻く環境には、その時期にしか触れることのできないもの、見ることのできないものがある。子どもたちは、このような自然環境の中で季節を感じながら自然物を工夫して遊びに取り入れ、ほうきやすのこを自由に持ち出せる環境によって、友達と一緒に3歳児も巻き込んだ遊びに発展させることができ、落ち葉を五感で感じることができたことだろう。

事例④　「みんなで落ち葉掃き」　　5歳

　秋も深まり、園庭一面に広がった落葉のじゅうたん。みんなで両手いっぱいに抱えて舞い上がらせたり、寝っころがったり落葉の布団にしたりして思いっきり遊んでいた。ひとしきり遊び、満足したところでタクムくんが「みんなで落ち葉掃きしようよ」と提案した。友達もその案に賛成し、落ち葉掃きの道具を保育者と一緒に取りに行った。子どもたちは、保育者が掃除の時にいつも熊手を使っていたのを見て知っていた。

　「あっ、これこれ」とタクムくんが倉庫から、熊手（小さい物）をあるだけ取り出すが、人数より少なかったため順番で使うことにした。しばらくしてタクムくんの声がした。「これでもできるよ」と持っていたのは砂場で使うおもちゃの長いスコップである。2本をうまく使い、落ち葉を挟んで落とさないように運んだ。

> 事例では熊手を使って落ち葉掃きが始まり、この後、スコップも出てきて使われましたが、あなたはどのようなことに留意してそれらを使用させますか？

事例④を読み解く　使い方を工夫して

　子どもは、いろいろな物や道具を使って遊びや活動に取り組む。保育室での遊具や教具だけでなく、園全体にある多様な道具を子どもが使って遊ぶ体験は様々な育ちや学びにつながり、道具を使用することを楽しむことにもなる。

　この事例では、園庭一面に広がった落ち葉でひとしきり遊んだ後、タクムの提案で落

ち葉掃きをすることになる。それは、用務員や保育者が落ち葉掃きをする姿を見ていた経験があるからだろう。道具入れの中から見つけた「熊手」は、今では昔ほど家庭で使われるものではなく、園で保育者が使う様子を見て、タクムは、「面白そう、使ってみたい」と思っていたのだろう。このような家庭にあまりない道具を保育の場に積極的に取り入れることも大事なことであろう。子どもにとっては目新しい道具のため、子どもたち同士で取り合いとなり順番で使うこととなった。そして、順番を待つ間にタクムはスコップ2本で落ち葉を挟むとうまく運べることも発見した。様々な道具を使用することで子どもは環境に関わって生活することを知り、さらに道具を自分なりに使いこなそうとする気持ちを高め、工夫する力を育むことになる。

2節のまとめ

　事例のように、様々な道具や物との出合いは、子どもの環境に関わる気持ちが育つために大切なことである。道具を手に取ることで、その物の感触を感じながら手応えや力の加減や扱い方を知っていく。また、素材は見立ての材料となり子どものイメージを広げていく。そして、それは子どもが環境に関わって表現する気持ちを高めていく。このように、遊具や教具だけではなく、日常にある物や道具を遊びに取り入れる楽しさを味わうことは、日々の保育の充実につながっていく。

(1) 道具の性質を感じる

　事例①の幼い子どもたちは、磁器の食器に触れた時、滑らかで心地よい感触や重みを肌で感じたことだろう。乳幼児期から道具本来の質や持ち味を感じることは、同時に道具の性質を知ることにつながる。磁器は、安全性に配慮したものを用意して使用している。過剰に危険性にばかり目がいき道具を排除するのではなく、子どもの安全性に気をつけた上で、適宜道具を用意し、できる限り子どもに直に触れさせる体験をさせたい。

(2) 道具の形から見立てて遊ぶ

　道具は様々な形状をしている。子どもたちは道具との出合いから何を感じるのだろうか。
　事例②では洗濯バサミが登場し、子どもたちはこの独特な形に興味をもったことで、立体的に重ねたりつなげたりし、「ヘビ」や「恐竜」に見立てることができた。さらに、ほかの素材である紙皿や紙コップと組み合わせると別の見立てで、自由な表現ができるようになった。毛糸をやきそばに見立てての屋台ごっこや、風呂敷をマントに見立ててのヒーローごっこなども、物を本来の用途とは違う見方に変えることであり、それらによって子どもは遊びの工夫や広がりを学んでいる。

（3）道具を使いこなす

　子どもにとって、道具を正しく使いながら、その道具の働きを知ることは大切である。しかし、それは幼児期においては教えられたからといって身につくとは限らない。事例③のように、楽しくその道具を使う環境を用意すれば、自ずと子どもたちはその道具を使えるようになるだろう。この場合は、大人用の扱いにくいほうきではなく、子ども用の扱いやすいほうきを用意したことも楽しく取り組めた理由であろう。

（4）道具を工夫して使う

　事例④では、道具を使う大人の姿を見ていたことから道具を使うことはできたようだが、熊手の数が足りない。そこで子どもは、別の道具の新しい使い方を自ら見つけ出し、落ち葉掃きに使うことができた。
　一方で、子どもたちがいつもこのように新しい考えに行き着くわけではない。そのため、保育者は、子どもの扱いやすいものを用意したり、十分に数をそろえたりして適切に環境構成を行うとともに、子ども自身の気づきを促すなどの援助も行っていきたい。

3 物の性質と仕組み

　園内には、子どもたちが遊びに使う遊具や用具が用意されており、子どもたちはそれらを自由に手に取り使うことで関わりを楽しんだり、繰り返し使いながらその物への興味を深めたり、幼児なりに遊びに取り入れていくようになる。そのため保育者は、子どもたちに豊かな体験ができるように、物をただ利用させるだけではなく、遊びとのつながりの中で興味をもって工夫して関わる態度を育てるとよい。

　工夫して遊ぶ中で、子どもは様々なことに気づいたり、発見したりし、遊びの面白さと同時に物の性質や仕組み、ひいては法則性や因果関係などの学びを深めていく。このことは、子ども自身が自分の気づきを表現し「育みたい資質・能力」の育成となる好奇心や探究心を深め、充実感や達成感とともに自分に自信をもち、楽しさを味わうことにつながる。

　では、そのためには保育者はどのような視点をもち環境構成を行えばよいのだろうか。事例を基にして子どもの遊びをひもといていくことにする。

事例① 「夏だ！　水遊び」　　　　2歳

　7月初旬の梅雨の晴れ間に、水着に着替えたアサヒくん、ミカちゃん、テルユキくんの3人が、保育者と『シャボン液をつけたストローの方を口に含まない』『友達の顔に向けて吹かない』ことを約束して、2階のテラスでシャボン玉遊びを始めた。保育者は市販の専用の液とストローを準備して、2歳児でも容易にシャボン玉が作れるように配慮していた。3人は、最初は思い切り吹いたり逆にこわごわ吹いたりしていた。

　次第に吹く加減がわかってきて、ゆっくりそっと吹くとシャボン玉が大きくなること、勢いよく吹くと細かいたくさんのシャボン玉ができることに気づく。その様子をまわりの友達や保育者に、「見てー」「ほら、（そっと吹くと）大きいー」「わー、（強く吹くと）いっぱい出た」など口々に楽しそうに伝えていた。

> せっけんの性質を利用したシャボン玉遊びですが、うまくシャボン玉がふくらまない子どもに対して、あなたはどのような援助をしますか？

事例①を読み解く　経験して気づく

　家庭の風呂ではせっけんの泡を経験している2歳の子どもたちも、泡をふくらませるシャボン玉遊びは新鮮な出合いだったことだろう。保育者が2歳児にも容易にふくらませること

3　物の性質と仕組み

ができるシャボン玉液を準備したことで、子どもたちの達成感が高まり、より興味を覚えることとなった。シャボン玉遊びは、液をつくることやストローの太さや材料の選択など、子どもの発達に応じた工夫の余地のある遊びである。なかなかふくらまないシャボン玉液では子どもが興味をもちにくく、事例のような2歳児のシャボン玉遊びにはならなかったであろう。

この遊びの当初、アサヒたちは、細いストローからなぜシャボン玉ができるのだろうと思い、知的好奇心が芽生えることになったのではないだろうか。そして遊びを続けていくうちに、そっと吹くと大きなシャボン玉になり、強く吹くとシャボン玉がたくさん出ることを経験し、吹く加減を調整することを覚えたようである。また、大きいとかいっぱいなど、大きさや量をシャボン玉によって体験することができたであろう。

保育者は、2歳児に適切な材料を準備するとともに、シャボン玉を大きくふくらませられない子どももいることを想定しつつ、「やさしく吹いて」などの言葉かけの援助を行うことが大切である。

事例② 「くるくる凧」　3歳

1月、正月遊びに「くるくる凧作り」を取り入れた。クレヨンで好きなように色を塗り、ハサミでうず巻き状に描いた下描きに沿って切り取り、中心部分にセロハンテープで凧糸をつける。作る際に、「クレヨンとセロハンテープはケンカしちゃうから、クレヨンで塗っていない方に糸をつけるといいよ」と説明をすると「何で、ケンカしちゃうの？」と興味津々の子どもたち。「何でだろうね〜」と言う保育者。凧を作って、凧を持って駆け回り、凧糸が切れたり絡まったりを繰り返してはセロハンテープを貼り直す。「本当だっ！　セロハンテープとクレヨンが、またケンカしてるー」と子どもたちは大喜びする。

紙を切って遊ぶ紙製作には、くるくる凧のほかにもいろいろなものがあります。あなたは、動くおもちゃとして紙製作でどのようなものを作って遊びますか？

事例②を読み解く　体験を通して学ぶ

事例では、子どもたちは物の性質と仕組みを二つ体験している。一つはうず巻き状に切り取った紙が、凧糸をつけて風を受けただけでくるくる回る体験である。子どもはおおいに面白さと同時に不思議さも感じたに違いない。もう一つは、クレヨンで塗られた上にはテープを貼れないという体験である。

子どもは、日常の遊びや生活で物の性質と仕組みに触れる多様な体験を蓄積していく。凧作りでは紙を四角に切れば四角い凧になるが、うず巻き状に切ればリボンのように長くなる。凧の動きも違ってくる。また、クレヨンで塗られた上にテープを貼ろうとして

もテープが貼り付かないことを体験した。クレヨンとテープの特性に気づいた瞬間である。それは本事例の保育者が、「クレヨンとセロハンテープがケンカする」という子どもに親しみやすく、理解しやすい言葉に置き換えて伝えていたためで、保育者は、日々の保育援助の中で言葉にもこうした工夫を意識するとよいだろう。

事例③　「船作りの過程」　5歳

　本格的な暑さが続くようになった7月、保育者は子どもたちが水で遊べるようにと考え、ビニールプールを用意する。するとそこで、ミチちゃんとアキちゃんとユウキくんが船作りを始める。今までの製作経験を生かし、牛乳パックやトレイなどを選び、水に浮く素材で取り組んでいる。船が完成したので浮かべてみるが、船は浮くことは浮くものの、動力がないので思うように進みはしない。アキちゃんは仕方なく手で押して動かしている。するとユウキくんが「風で動かせばいいんだよ」と言い、息を吹いて船を動かそうとする。みんなで吹いているが、船が進み自分から遠くに行ってしまうと息が届かなくなりそれ以上進まない。その後、ミチちゃんが何げなく手でプールの水をかき混ぜていると船が進み出す。3人はハッと思いついたような表情になり、丸いプールの縁（ふち）に沿って、同じ方向に手で水をかいて水流を起こす。すると、グルグルと船は進んでいった。

　次の日、ユウキくんは家でお兄ちゃんの助言を受けたようで、保育室の工作の本を見て、輪ゴムで進む船を作ろうと2人に提案していた。スクリューの羽根が引っ掛かるなど、スクリューを回すにはかなり工夫が必要だったが、何度も修正しながら作っていた。

> 事例の最後にゴム動力の船作りに発展しましたが、あなたは水に浮かぶ船作り、そして動く船作りのために、どのような準備をしますか？

事例③を読み解く　探究心から気づく物の性質

　5歳児にもなると船を浮かばせるだけでは満足せず、船を進ませたいと考える子どもが出てくる。本事例において、気づきから工夫して水流を起こして船を進めたのは、子どもにとっても保育者にとっても意外な発見だったと思う。しかも丸いプールだったため、水流を簡単に起こすことができて船が進むことになり、水の特性や法則性に気づくことにつながった。
　水に関わる遊びには、砂場に川をつくって水が流れる様子を楽しんだり、牛乳パックの横に開けた穴にストローを差し込んで噴水やシャワーにしたりするなど様々な遊びがあり、子どもの興味や関心を広げることができる。さらに、いろいろなものが水に浮くのか沈むのかなどを実際に試すなどして、体験から感じとったり、想像をふくらませたりしながら探究心や知的好奇心を培いつつ、水の性質や水と物との関わりに気づいていくことができる。

3 物の性質と仕組み

　事例での「船を進めたい」との思いは、プールの水で水流を起こしたことで、水は流れる性質をもっていて、水流に乗れば船が進むことを子どもたちに気づかせることになった。それはさらなる子どもの探究心を呼び起こし、ユウキに水流に乗って走るだけではなく、自力で走る船にしたいという思いを抱かせた。ユウキは兄の助言を受けて、ゴム動力にまで興味や関心を広げたようであり、物の性質と仕組みの面白さを十分味わえる活動となった。

3節のまとめ

　子どもたちは様々な物に触れたり確かめたりしながら、その性質や仕組みなどを知っていく。初めは物との関わりを楽しみながら繰り返し関わる中で、その子なりに物を使いこなすようになる。物の性質や仕組みがわかり始めると一層遊びは面白くなり、物との関わりが深まり、さらに遊びが深まっていく。物の性質と仕組みは多岐にわたるが、特に子どもの身近な物で、本節で取り上げた物のほかにいくつか子どもの姿を取り上げてみよう。

環境	関わりのある子どもの姿
音	①糸電話…紙コップと糸だけで友達の声がよく聞きとれることに驚く。 ②簡単な楽器…カスタネットとトライアングルを鳴らした時の音の高さ・響きの長さの違いに気づき不思議がる。 ③自然物から鳴る音…川原でいろいろな石を叩き、コンコン、カツカツと違いに気づき、いろいろ試そうとする。 ④水滴の音…雨の日、庇（ひさし）の下に複数のバケツをおいて、異なる水滴の音を作ろうとしている。 ⑤動物の鳴き声…ハト笛、水笛などを友達と吹き比べて、音の違いを楽しんでいる。
水	①蒸発…暑い日に外にあるバケツの水が減っているわけを保育者に尋ねる。 ②固体化…冬のバケツの中に氷が張ったのを見て驚く。 ③液体化…かき氷が溶けてジュースになったと言う。
光	①虹…園庭にホースで水を撒いて虹をつくろうとする。 ②屈折…製作遊びで鏡やアルミホイルで万華鏡を作り、のぞきこんで不思議がる。 ③反射…たらいの水に光が反射して壁に映っていることに気づき、水を揺らして光の反射の模様を変えて遊ぶ。
影	①影踏み遊び…朝と夕方で影の長さや向きが異なることに気づく。 ②影絵遊び…光を遮ると影ができることを知り、手や指でいろいろな形をつくろうとする。 ③影の濃さ…曇りの日と晴れの日で影の濃さが違うことを友達に話す。
電気	①電池…玩具の車で遊んでいると動かなくなり、電池で動いていることを知る。 ②雷…音に驚きつつも、稲妻が光ることに興味をもつ。
太陽	①温度の違い…園庭の日向と日陰を行き来して気温の違いを感じる。 ②日時計…日時計の針の影が動くことから太陽の動きに興味をもつ。

　保育者は上図のような子どもの姿をしっかり把握して、環境構成に生かしたい。
　子どもが物と関わるためには、時間や場所、物の種類や量などを、いつでも自由に使えることが保障されなければならない。その過程で好奇心をもって関わるうちに、子どもは新たな発見をしたり、どうすればもっと面白くなるかを考えたりすることができる。このように、自分で考え工夫しながら遊ぶ経験が重要であり、物の性質や仕組みがわかると同時に、因果関係を捉えることにつながるだろう。

4 数量や図形

　子どもは、日常生活や遊びの中において、数量や図形に関わる多くの活動や経験をしている。砂山づくりで友達の砂山と高さを比べたり、粘土のヘビを「長いヘビ」「太いヘビ」などと言い合ったりしている。クレヨンの本数を数えたり、ままごとの茶碗と箸を組み合わせたり、いろいろな形をした積み木をきれいに箱に戻したりするなど、様々な活動で数量や図形に接しているのである。しかし、幼児期の子どもが日常的にそのような環境に接するとはいえ、計画もない状況で触れ合うのは偶然にすぎず、育ってほしい子どもの姿に成長していくことができるかどうかの保障はない。それでは、子どもがこのような活動を通して数量や図形を理解するようになるためには、保育者はどのような環境的視点をもって子どもと関わり環境を構成していけばよいのだろうか。事例を通してみていこう。

事例① 「長い、短い、大きい、小さい、『でかい』」　　1歳10か月

　1歳児保育室で、コウタロウくんは床に座り、磁石でつながる電車を床に置いて5個つなげて一人で遊んでいた。保育者がそばにいくと、つなげた電車を指さしながら「ながーい」と言う。次に、連結した5個の電車を磁石のところから3個離して2個の連結にし、保育者に「みじかーい」と言う。保育者が「短くなったねー」と答えると今度は「ちいさい」と言い替えて保育者の顔を見る。保育者がうなずくと、今度は離した電車の3個とそばにあったほかの電車の2個をつなげて「おおきい！」と大きな声で言う。保育者が「長くて大きいねー」と答えると、にこにこ笑ってもっと大きな声で「でかい」と言う。「でかいねー」と保育者が同じように大きな声で言葉を返すと、さらに嬉しそうに満面の笑顔になった。

> 数量の概念を遊びの中で子どもに体感させて身につけられるようにすることは大切なことです。あなたならどのようなものを用いて、どのように子どもに接しますか？

事例①を読み解く　数量や大きさを体感しながら学ぶ

　子どもは遊びや食事などの生活の様々な場面における具体的経験を通して、物の形や大きさ、数量などに気づいていく。コウタロウは、普段から遊んでいる電車を5個つなげると「ながーい」と言う。「ながーい」という数や量に関わる言葉は、この遊びの中で保育者とのやりとりを繰り返すうちに獲得したのだろう。また、電車を3個切り離して2個にすると「みじかーい」と言い、「ちいさい」とも言う。そして、5個になると「おおきい」から、さ

4 数量や図形

らに「でかい」という表現に変わる。これらの言葉と概念の一致も、この電車遊びでの保育者との日常のやりとりの体験から得たことといえるだろう。

　幼い子どもは、具体的な体験や保護者や保育者とのやりとりを通して、長さや大きさを比べるなどしながら、数や量の感覚をもつ。こうした体験を積み重ねていくことによって、数や量などの抽象的な概念に触れ、言葉によって認知しやすくなり、数や量などへの関心を徐々に高めることにつながるのである。

事例②　　「お芋のチーム分け」　　　　　　　　　　　　　　4歳

　芋掘り遠足で掘ってきたサツマイモを園庭で並べていると、子どもたちが大きさ別にチーム分けをし始めた。「ちっちゃイモ」「まんなかイモ」「でっかイモ」と大きさごとに分類して並べていくチーム分けの途中で、これ「鳥みたい」「ねずみイモだー」など見立ててもいる。ちっちゃイモにも属さないチビチビイモは「赤ちゃんイモだね」と一番端に置いている。

　並べ終わると、でっかイモチームの芋を片手に一つ持って、「重い〜」と言い、もう片方の手にはちっちゃイモをもって「うわー軽〜い」と比べようとしている。その様子を見た保育者が秤を用意する。秤に芋を乗せて「このイモ、ここまできたよ」と針が動いた先をじっと見つめる子どもたち。いろいろな芋を乗せてみては、針の動きから重さを量ろうとする子どもたちの姿があった。

見た目の大きさの違いで芋を分類したことから重さの違いに気づいた子どもたちの経験をより深いものにするために、あなたならどのような環境構成を行いますか？

事例②を読み解く　　"経験（認知）"の後押しをする

　日常の遊びや生活では数量や形などに触れる場面が多く見られる。自分たちで収穫したサツマイモに対しては親しみがあることから、大きさや形などから、「ねずみイモだー」「赤ちゃんイモだね」などといろいろなイメージで見立てて遊んでいる。そうした遊びの中で数量や形に対して関心を深めている。この事例では当初、子どもたちが収穫したサツマイモを大きさごとに分類していたところ、「鳥みたい」「ねずみイモだー」と形にも興味や関心を抱き「似ている形に見立ててみる」ことや、大きさの違う芋を両手に持ち、「重い〜」「軽い〜」などと重さを比べることを次々と行っていることにその様子が表れている。

　特に、最後に子どもたちが「重い〜」「軽〜い」と芋の重量の差異に気づき、重さを比べようとした言葉を受けて、保育者は秤を出している。そして、子どもたちの感覚的な「重さ」への気づきを数値で示す針の動きからより確かな気づきへと促そうとした。秤の登場で、子どもたちの体験はさらに豊かなものとなり、重さの概念を一層深めたであろう。

5章 子どもを取り巻く物的環境

事例③ 「針が6になったら」　　4歳

朝の会。保育者は「部屋で遊んでから、園庭で遊びましょうね」と子どもに一日の流れを話す。その際、模型の時計を用いて「今は、この時間（保育者は長針を指さす）ですよね。お片づけの時間は、ここの長い針が、ぐーんと回って、6。その時、短い針は、10と11の間」と説明した。そして、模型の時計は、実際の時計の下に立てかけておいた。

室内遊びが始まってしばらくした時、ハルキくんはミカちゃんに「あっちに行って遊ぼう」と誘いかける。ミカちゃんは模型の時計を見て「お片づけの時間は6だよね」と言うと、ハルキくんは「まだだね。4だもん」と時計を見てミカちゃんに言う。ミカちゃんも時計を見ると「あっち行こう」とハルキくんと手をつないでホールに向かう。

模型の時計を用いて片づけの時間を意識させていましたが、あなたならほかにどのような場面、方法で子どもたちに時間を意識させますか？

事例③を読み解く　生活の中の時間を知る

子どもにとって「時間」は、かなり漠然としたものである。しかし、一日の生活は、登園後に所持品の始末をして遊び、片づけをしたら昼食、そして降園と、時間の流れとともに繰り返され、園での生活の時間はみんなで共有されるものである。

この事例でも模型の時計を使って、長い針の数字から子どもたちに片づけの時間を意識させた。子どもたちは、「今、何時だから…」という感覚ではなく、「まだ、6ではなく、4だもん」と、会話するが、時計の読み方指導ではなく時間の長さや時刻の感覚を養うことが大事である。子どもの時間の感覚は、子ども自身の感情に左右されることがあり、遊びに没頭しているとあっという間に時間が経ち、「もう、お片づけの時間なの？もっと遊びたい」という様子が見られる時がある。子どもの生活の流れを毎日同じような時間の流れにしていくと、生活のリズムから時間の感覚が養われることになる。そして、事例のように時計を使って生活の時間を知らせるようにすると、時計は、子どもが自ら生活を進めるための手がかりとしての大切な道具になっていく。

事例③ 「お店屋さんチケットへの工夫」　　5歳

クラス全体で「お祭り」をしようということになった。お菓子屋、金魚釣り、たこ焼き屋、紙芝居屋など、様々な店ができ、準備も整って、いよいよ開店を迎えようという時、『チケットを作ってはどうか？』という話になった。それぞれの店ごとのチケットにする

4 数量や図形

か、それともどの店にも共通のチケットにするか、をクラスみんなで話し合う。結局、共通のチケットにすることにしたが、お菓子屋の子どもたちが「小さい組の子一人がお菓子をたくさん買っちゃうとすぐになくなっちゃう」という。一方で、紙芝居屋の子たちは、「紙芝居は一人何回でも見ていいよね」という。1枚のチケットにその区別をどのように表せばよいか、保育者も話し合いに参加

しながら、決めていった。結果、お菓子屋など一人1回までとした店ではチケットに○を書いて、その中にスタンプを押すことにし、紙芝居屋のように何回でもできる（使える）店では、チケットを見せればいいことにする。そして、「そのことをチケットカウンターで小さい子たち（お客さん）に言ってあげたらどうかな」ということになる。

> お店ごとのチケットではなく共通のチケットにしたようですが、このことについてあなたはどのように考えますか？

事例④を読み解く　概念を明確にする保育者の援助

　幼児は、実生活で自らお金を扱うことは通常ほとんどなく、実際にお金のようなもののやりとりをする「お店屋さんごっこ」に高い関心を示す。5歳前後ともなると簡単な足し算や引き算ができる子どもも増えてくる。

　この事例の5歳児はこれまでお店屋さんごっこの経験が積み重ねられているようで、チケットの使い方を巡って、先の見通しを考えて、お客さんになる小さい組の子の動きを予想し、用意した菓子が足りなくなるかもしれないと気づき、1枚のチケットの使い方を考えた様子がよく表れている。もしかしたら、小さい組の子どもたちがお菓子屋さんに何回も行ったり、菓子をたくさん買い占めたりするかもしれないと予想したようである。チケットはスタンプを押すことで解決し、さらにお客さんに説明するという丁寧な方法が選択された。保育者は子どもたちの話し合いに調整役となって参加し、子どもたちからの提案を出させていったのだろう。数や量についての興味や関心をさらに引き出すためには、関連する言葉が重要で、事例のような場面において、子どもたち同士で意見を言い合いながら、抽象的な数や量の概念を言葉で言い表すことが大切である。

4節のまとめ

　数量や図形に関しては、子どもの日常生活の中で必要に応じて指導していくことが望ましく、個人差も大きいので一人ひとりがもつ小さな疑問や関心を取り上げて的確に対応し、数量や図形に対する感覚を、環境を通した保育の中で無理なく培うようにすることが大事である。

　また、これらはその後の小学校での学習への円滑な接続のために大切なことであり、実際には各学校における教育の特性を重視して行うが、園においても、教科の前倒し学習ではないこ

とを踏まえつつ、幼児期における関わりのある姿をしっかり捉えた上で小学校の教育課程を見通して、接続を意識したカリキュラムを検討する必要がある。

特に、小学校1学年における数や図形の指導には「～量、図形及び数量の関係についての理解の基礎となる経験を重ね、数量や図形についての感覚を豊かにする～（一部抜粋）」という目標がおかれ、それらは幼児教育における様々な活動に結びつくものであり、下記に関連を示したい。

小学校学習指導要領　算数　1学年　目標		
（1）数の概念とその表し方及び計算の意味を理解し、量、図形及び数量の関係についての理解の基礎となる経験を重ね、数量や図形についての感覚を豊かにするとともに、加法及び減法の計算をしたり、形を構成したり、身の回りにある量の大きさを比べたり、簡単な絵や図などに表したりすることなどについての技能を身に付けるようにする。	（2）ものの数に着目し、具体物や図などを用いて数の数え方や計算の仕方を考える力、ものの形に着目して特徴を捉えたり、具体的な操作を通して形の構成について考えたりする力、身の回りにあるものの特徴を量に着目して捉え、量の大きさの比べ方を考える力、データの個数に着目して身の回りの事象の特徴を捉える力などを養う。	（3）数量や図形に親しみ、算数で学んだことのよさや楽しさを感じながら学ぶ態度を養う。

1学年　算数　内容	関連する幼児の姿
A　数と計算 （1）数の構成と表し方に関わる数学的活動を通して、次の事項を身に付けることができるよう指導する。 ア　次のような知識及び技能を身に付けること。 （ア）ものとものとを対応させることによって、ものの個数を比べること。 （イ）個数や順番を正しく数えたり表したりすること。 （ウ）数の大小や順序を考えることによって、数の系列を作ったり、数直線の上に表したりすること。 （エ）一つの数をほかの数の和や差としてみるなど、ほかの数と関係付けてみること。 （オ）2位数の表し方について理解すること。 （カ）簡単な場合について、3位数の表し方を知ること。 （キ）数を、十を単位としてみること。 （ク）具体物をまとめて数えたり等分したりして整理し、表すこと。 イ　次のような思考力、判断力、表現力等を身に付けること。 （ア）数のまとまりに着目し、数の大きさの比べ方や数え方を考え、それらを日常生活に生かすこと。	▶運動会の「玉入れ」で、赤玉と白玉どちらが多いかを数えたり、また、赤玉と白玉をそれぞれ列に並べて置き、どちらの列が長いか数が多いかを比べたりする。 ▶「オセロ」ゲームで、黒と白の大きな丸いカードを作り、並べておく。子どもたちは黒と白チームに分かれ、黒チームは白いオセロを黒にし、白チームは黒いオセロを白に裏返す。どちらが多く裏返せたかを比べるには、黒丸カードと白丸カードを1列に並べてどちらが長いか数が多いかを比べる。 ▶七夕の輪つなぎ作りでは友達同士どちらが長いかを競い、みんなの輪をつなげて廊下のここからここまでの長さになったなど、喜び合う。 ▶お菓子屋さんの品物作りでは、どんぐりの飴3個を100円で売りたいなどと、数字を言葉にしながら子どもたちが話し合う。
B　図形 （1）身の回りにあるものの形に関わる数学的活動を通して、次の事項を身に付けることができるよう指導する。 ア　次のような知識及び技能を身に付けること。 （ア）ものの形を認め、形の特徴を知ること。 （イ）具体物を用いて形を作ったり分解したりすること。 （ウ）前後、左右、上下など方向や位置についての言葉を用いて、ものの位置を表すこと。 イ　次のような思考力、判断力、表現力等を身に付けること。 （ア）ものの形に着目し、身の回りにあるものの特徴を捉えたり、具体的な操作を通して形の構成について考えたりすること。	▶A児は、草をすり鉢ですり、色水を作ってペットボトルに入れるが、なかなかいっぱいにならない。作っては入れながらその量を見つめて、「5回やったらいっぱいになった」と達成感を味わう。 ▶砂場で使う2つのたらいに水を貯めることになった。B児は少し大きめのバケツで水をくんでたらいに入れるが、C児は、小さいジョウロに水をくんで入れる。B児はすぐにいっぱいになるが、C児はなかなかいっぱいにならず焦っているようだ。 ▶片方のシーソーにタイヤを乗せたらシーソーが傾いた。そこにD児が砂を入れた少し大きめのバケツを反対側のシーソーに乗せると、タイヤ側のシーソーが少しだけ浮いた。興味をもったD児は、バケツの中に砂を入れ始めるとさらに少し浮き始め、とうとうシーソーは水平になった。

C 測定 (1) 身の回りのものの大きさに関わる数学的活動を通して、次の事項を身に付けることができるよう指導する。 ア 次のような知識及び技能を身に付けること。 (ア) 長さ、広さ、かさなどの量を、具体的な操作によって直接比べたり、他のものを用いて比べたりすること。 (イ) 身の回りにあるものの大きさを単位として、その幾つ分かで大きさを比べること。 イ 次のような思考力、判断力、表現力等を身に付けること。 (ア) 身の回りのものの特徴に着目し、量の大きさの比べ方を見いだすこと。 (2) 時刻に関わる数学的活動を通して、次の事項を身に付けることができるよう指導する。 ア 次のような知識及び技能を身に付けること。 (ア) 日常生活の中で時刻を読むこと。 イ 次のような思考力、判断力、表現力等を身に付けること。 (ア) 時刻の読み方を用いて、時刻と日常生活を関連付けること。	▶E児は、いろいろな形の落ち葉を集めてきて画用紙に並べている。丸い形の落ち葉にイチョウの三角の形の落ち葉を組み合わせて、「先生、スカートをはいた女の子になったよ」と言っている。 ▶大型積み木遊びをしているF児は、立方体の積み木の横に三角柱の積み木を斜面になるように置き、「すべり台になった」と喜ぶ。 ▶ホールにある積み木の片づけでは、床と壁に張られたビニールテープの枠の中に収まるように、積み木を組み合わせて片づけている。 ▶保育室の時計の横に針を動かすことのできる手作りの時計を置き、「片づけの時間は短い針が10で、長い針が0のところです」と示した。しばらくして遊んでいたG児とH児が時計を見に来て、「もうすぐ片づけの時間だね」と言っていた。
D データの活用 (1) 数量の整理に関わる数学的活動を通して、次の事項を身に付けることができるよう指導する。 ア 次のような知識及び技能を身に付けること。 (ア) ものの個数について、簡単な絵や図などに表したり、それらを読み取ったりすること。 イ 次のような思考力、判断力、表現力等を身に付けること。 (ア) データの個数に着目し、身の回りの事象の特徴を捉えること。	▶絵本の中の動物を種類ごとに何匹と数えながら展開を楽しんでいる。 ▶自分と友達の3人の絵を描き、「リンゴ1人1個だね」と言いながら3つのリンゴの絵を描く。 ▶テントウムシを捕まえて虫かごに入れながら、「背中の丸い模様が2つ星のテントウムシと7つ星のテントウムシがいるんだ」と友達に教えている。

　上図は、小学校学習指導要領1学年算数の目標と内容を基に、関わりのある幼児の姿を書き出したほんの一例である。決して数を教える、理解させるといったものではないが、遊びを通して数量や図形と関わりのある豊かな経験を積ませたい。幼児の身のまわりには様々な物があり、それは数量として存在し、また、多様な形を成している。幼児がこのような多様な数量や図形に触れたり気づいたりした時に、保育者は幼児の発達に応じて具体的に示しながら、数量や図形に関する感覚を養う体験を重ねさせることが大切である。表に示した関わりのある幼児の姿のように、数、量、形（図形）を子どもたちに気づかせる時には、保育者は子どもたちの遊びや生活の中での具体的な場面を通して繰り返し体験を重ねながら、幼児が生き生きと数量や図形などに親しむことができるような環境を工夫し、援助していく必要がある。また、子どもが物を数えたり、量の多少を比べたりする場面では数量を意識化させていくことが大切である。覚えたての数を単に数唱するだけでなく、おやつの皿の数と菓子の数など、多少を比べたり考えたりしながら数の意味や感覚が養われるように経験を積み重ねることが大切である。

5 文字・標識に対する感覚

　靴箱やロッカーのシール、誕生表の名前など、園の生活においてはたくさんの文字や標識が使われている。生活の中にある文字や標識に触れて、子どもたちは「読んでみたい」「知りたい」と興味や関心をもち、次第に文字や標識に対する感覚を養っていく。また、子どもたちは生活や遊びの中で様々な文字や標識を知ることで、それらが意味やメッセージをもっていることに気づくことになる。文字や標識は人が人に向けたメッセージであり、コミュニケーションの手段の一つであることを子どもが感じ取れるよう、保育者は環境を工夫していく必要がある。

　また、園内の部屋の表示、当番表、立ち入り禁止などの様々な文字や標識は、子どもたちの共通理解のためにも必要な環境といえる。それは、子どもが社会における交通標識などは自分の身を守るためや社会生活のルールとして必要であることに気づき、それらを守っていくことの意義を知るようになるとともに、規範意識をもつようになることにもつながるだろう。

　それでは子どもが文字・標識に対する感覚を豊かにするための保育者の関わりや環境の在り方とはどのようなものであろうか。事例を基にひもといていく。

事例① 「"一緒"でつながっていく」　　2歳

　自分の名前を覚えて嬉しくなったタカシくんは、話をするたびに「タカシくんね～」と言ってから話を始める。それを聞いていたタツヤくんも、応えるかのように「タツヤくんね～」と同じように話をするようになった。次第に、「タカシくんね～」「タツヤくんね～」と二人で言い合うようになった。近くで二人の様子を見ていた保育者も「タカシくんもタツヤくんも楽しそうね～」と声をかけた。ここで保育者は、二人の名前の冒頭文字である「た」の部分を少し強調するように話した。

　すると今度は、「た」の字（発音）が同じであること、名札の名前の最初の文字が同じ形であることに二人は気がついた。うれしくなった二人は楽しそうに、名札を見ながら「た」の字に力を込めて互いの名前を繰り返しながら言い、笑い合う。

　名前の発音から名札の最初の文字が同じと気づき、二人は文字に興味をもつようになりました。あなたなら、ほかにどのようなやり方をし、環境を整えますか？

5 文字・標識に対する感覚

事例①を読み解く　発音からの気づき

　子どもたちにとって関心が高く、最初に覚える言葉の多くは、自分の名前である。それだけ子どもたちにとって自分の名前の存在は大きいといえる。この事例では、名前を中心としてタカシとタツヤがつながっていった。二人は、思いがけず自分の名前にある「た」の文字が同じであることを保育者の言葉によって気がついた。そして一緒であることに心が躍り、楽しい気持ちを共有していった。

　このように子どもたちは、言葉（発音）による気づきが文字に結びつくことが多い。保育者には、子どもたちの言葉による気づきが促されるような関わりが求められる。この意味で、保育者は子どもたちにとって重要な人的環境といえ、保育者の関わり方によって子どもたちの学びや気づきに影響を与える。しかし、保育者にとって、常に「子どもたちの言葉や音声による気づき」を的確にキャッチすることは難しい。そこでまず保育者は、子どもたちが"嬉しい""楽しい"と感じている感情を共に味わうことからはじめたい。

事例②　「目で、耳で言葉が広がる園生活」　　3歳

　入園したばかりの4月、コウスケくんは初めてのことや知らない場所に慣れるのに時間がかかる。玄関から保育室、そしてトイレや水飲み場などを移動するたびに不安になり泣いていた。保育者が丁寧にこれからやることを知らせたり友達と一緒に行動するとよいことを伝えたりしたが、コウスケくんの不安は取り除けなかった。

　ある時、コウスケくんから「黄色の花の絵の（靴の）ところに行きたい」との言葉を聞いた保育者は初め何のことかわからず考えた。いろいろと聞いてみたが首を振り違うようである。泣きながら指さす方にコウスケくんを抱いたまま行ってみると、そこは、たんぽぽ組の靴箱だった。「そうか、黄色の花というのは、たんぽぽ組の絵だったのね」と保育者は納得した。まだ的確な言葉で表現できないコウスケくんの最大限の表現だったのである。

　それから保育者は、共同で使うおもちゃ箱やトイレなどをコウスケくんにマークで知らせて行動を促すようにした。

> 新しい環境になじみにくいコウスケに、あなたならどのように関わり、環境を整えますか？

事例②を読み解く　マークからつながる"もの"への認識

　初めての園生活で不安がいっぱいのコウスケはなかなか場所が認識できず、自分から動き始めるには時間がかかってしまうようである。コウスケは、「黄色の花の絵の（靴の）とこ

ろに行きたい」と行きたい場所を「黄色の花」というマーク（標識）で意思表示をした。言葉や文字で表現できないコウスケが、行きたいところを表現したのはマークであった。

　コウスケのように、子どもは"もの"を表す文字の意味を理解できない時には、絵やマーク、記号、標識などを通してその意味を理解する。入園当初の3歳児の靴箱やロッカー、タオル掛けなどに一人ひとり違った自分固有のマークを貼っておくのは、文字を理解できない子どもへの援助であり、すなわち、環境からの子どもたちへの関わり方である。そのマークを頼りに自分の物、自分の場所に対して、次第に安心感をもつようになる。そして、徐々にほかの友達のマークにも気がつき、このマークは誰々のマークだと興味をもち始めると同時に、マークの横に書かれている文字に対しても関心を示し、その必要性に気づくようになる。

　また、事例における保育者は、コウスケの気持ちを丸ごと受け止めるように抱きながら話を進めている。これは、思うように伝わらないもどかしさを抱えるコウスケにとって安心できる援助であっただろう。

事例③　「てがみをください」　　　　　　　　　　　　　　　　　　4歳

　3学期が始まって間もない頃、年長組には、子どもたちが赤く塗ったダンボールのポストが置かれ、自分たちで決めた郵便配達役の子どもが手紙を配る姿が見られた。年中組のサトルくんは、年長組がはがきに手紙を書く様子に興味をもったようである。
　「手紙を書きたい」と言うサトルくんに保育者は「誰に手紙を渡したいのかな」と聞くと、手紙の役割がわからないようで返事に困っている様子である。
　そこで保育者は、絵本『てがみをください』を読み聞かせた。

　　『主人公（ぼく）は、ポストに住みついていたかえるからどうしたら手紙が自分にくるのかと聞かれる。手紙が欲しいのなら自分から手紙を書くといいと教える。かえるは毎日毎日、自分宛ての手紙を待っているが手紙はなかなか来ない。ある日かえるはいなくなる。主人公がポストの中を見てみると、主人公に宛てた「てがみをください」と書かれた葉っぱの手紙がたくさんあった…』

　　　　　　　　　　　　　　　　　（山下明生 作・村上勉 絵『てがみをください』文研出版、1976より筆者要約）

　しばらくしてサトルくんは、画用紙に「さ・と・る」と覚えたての自分の名前をまず書き始めた。それから「先生、『てがみをください』って書いて」とサトルくんは言う。「誰に手紙を出すの」と聞くと「あきとくん」と、答える。保育者はサトルくんと一緒に保育室の片隅に貼りつけられた「あいうえお表」を見ながら一字一字、字を探していった。

5 文字・標識に対する感覚

> 事例の保育者は字を書きたいといってきたサトルに、一緒に「あいうえお表」で字を探していきますが、あなたならどのようにサトルに援助しますか？

事例③を読み解く　書きたい気持ちを育む

　4歳児にとって年長組が行っていることは憧れの対象であり、サトルは3学期に新しく始まった年長児の郵便配達ごっこに興味をひかれた。郵便ごっこでは手紙が必要だと思ったサトルは、保育者に「手紙を書きたい」というが、「誰に書くの？」と聞かれ返事に詰まる。そこで保育者は、手紙を欲しいと思っているかえるの気持ちが綴られた絵本『てがみをください』を読んだが、手紙の意味を理解するために絵本を用いたことは適切な援助だったといえる。そして絵本の話から、人が人に何かを伝える、あるいは人と人がつながり合うために手紙があり、その手紙を書くためには文字が必要だと感じることができたサトルは文字を書こうとする。そこで保育者は「あいうえお表」を用意し、文字を書こうとするサトルに対し一緒に字を探す。

　誰かに自分の気持ちを伝えたい時に文字を使って手紙を書くことを教えることは必要なことである。しかし、幼児教育において文字を教え込むことが最重要ではない。絵本を読むなど遊びを通して手紙や文字に対する感覚を身につけ、手紙ごっこを楽しむ中で自然に文字に触れられるような環境を構成し、文字が様々なことを豊かに表現するためのコミュニケーションの道具であることを次第に気づかせていくことが大切である。

5節のまとめ

　領域「環境」で取り扱う文字や標識とは、子どもが生活環境の中にあふれる文字や標識に触れて、「読んでみたい」「書いてみたい」という意欲と興味や関心をもち、文字などの感覚を豊かにすることである。文字や標識を通して人とつながること、新たな世界に触れる喜びを感じながら文字や標識の役割や、言葉の豊かさを子どもに体感させることが大切である。

（1）文字はコミュニケーションの道具

　園において、子どもは絵本の読み聞かせや手紙ごっこなどで遊ぶ中で自然に文字環境に出合い、言葉の楽しさや面白さを味わうことが多い。絵本を読むこと、手紙をやりとりすること、お店屋ごっこの看板を作ること、カルタ遊びをすることなど、文字を読んだり書いたりする遊びから子どもの世界は広がっていく。特に、手紙ごっこは友達に自分の思いを伝えるものであり、文字を書いて自分の意見を伝える経験となる。

　保育者は、文字が様々なことを豊かに表現するためのコミュニケーションの道具であることに子どもが気づくことができるよう、子どもの発達に沿って援助していく必要がある。

（2）標識の発するメッセージに気づく

　園の中には様々なマーク（標識）がある。廊下の壁に貼ってある走る子どものイラストに×をした標識を見れば、文字の読めない子どもであっても「廊下は走らない」の意味に気づくことができるだろう。そして、そのような標識に触れて生活経験を積んだ子どもたちは、やがてクラスのマークを自分たちで考えてつくったり、当番表を工夫してつくったりする。そこには、人に何かを伝えようと考えてマークをつくる子どもの成長した姿が見てとれる。

　さらに、園内のマークに興味や関心をもった子どもたちは、園外の日常生活における標識にも目を向けるようになり、その意味を知ろうとする。それはたとえば交通標識であったり、高齢の方や障害のある方などに配慮するマークだったりするだろう。それらの意味を知ることで、子どもたちは自分の身を守り快適に生活することができるとともに、社会のルールを知り規範意識をもつようになり、道徳性の芽生えにもつながるだろう。

（3）標識や記号は言葉と同じ

　標識や記号とは、"もの"や"こと"のもつ意味・内容を人に伝えるためのものである。言葉も人に自分の思いや気持ちを伝えるためのものであり、その意味でこれらは同じといえる。園生活において子どもの発達はそれぞれであり、保育者は標識や記号、言葉をうまく用いて"もの""こと"の意味を子どもたちにしっかりと伝えて多様な経験を積むことができるようにし、その感覚を豊かなものにしたい。

6 大切な物

　現代は「使い捨ての時代」ともいわれ、日常生活に物があふれる中で子どもたちは育っている。しかし、このような時代だからこそ、園生活で身近なものを大事に繰り返し使い、無駄にしない気持ちを育てることが大切である。物を大切にする経験は、その物に対して「愛着」の気持ちを育む。そしてこの「愛着」は、物に限らず、人やまわりの環境に対する関わり方の基となり、物への愛着は「みんなのものである」という意識や友達などまわりに目を向けていく姿勢を育み、公共心を育てることにもつながっていく。
　それでは、具体的にどのような視点をもって保育者が物の価値について子どもと関わっていくか、事例を基にして子どもの活動を見ていくことにする。

事例① 「だめ！　だめ！　カンちゃんの！」　2歳

　保育室では、毎朝ブロック遊びが行われていた。登園時間の早いカンタくんは、保育室にあるブロックがお気に入り。登園するとすぐにブロックのところに行き、ブロックを手元に集めて家を作ったり、車型のブロックを作り走らせたりして遊んでいる。しかし、ほかの子どもが次々に登園すると、ブロックで遊び出す子が多くなってきた。登園時間の遅いミトくんがブロック遊びを始めようと、ブロックのところに行くと、ブロックがほとんどない。そこで、机の上に置いてあったブロックを壊して何かを作ろうとすると、カンタくんが「だめ！」とミトくんを叩こうとする。保育者が慌てて止めに入るとカンタくんは「だめ！　だめ！　カンちゃんの！」と泣き叫ぶ。ミトくんは、理解できない表情でキョトンとしている。

> ブロックの取り合いで泣き叫ぶカンタに、キョトンとするミト。あなたは、このようなことを防ぐために、どう環境を構成しますか？

事例①を読み解く　友達の大切な物を知る

　朝、他児よりも登園時間の早いカンタは保育室のブロックを自由に使って遊ぶことを繰り返してきた。このことからミトよりもブロックに対し、強い愛着をもっていることが推察できる。ミトが机の上のブロックに手を出した際に、カンタが激しく反応したのはそのためであろう。
　このような場合、保育者は、まだまだ自分の気持ちを抑えきれない2歳児であることも踏まえ、たとえば十分な数のブロックを準備して、まずはカンタとミト双方の満足の

ゆく環境構成を行いたい。その後、ブロックを介在した二人の遊びを仲立ちし、友達とのブロック遊びの楽しさを味わわせ、その上でブロックはみんなの物という意識を芽生えさせるとよい。自分が大切に思うブロックは友達も大切に思っていることを知らせ、友達が大切にしている物も大切にしようと思う気持ちを育んでいきたい。

事例② 「年長さんからもらった宝物入れ」　3歳・5歳

入園式に年長さんからプレゼントされた宝物入れに、ユウタくんは、毎日の登降園時に公園で拾った葉っぱや花、どんぐりなどを入れて大切にしていた。アユミちゃんは、紙を切って自分で作ったお金を大事そうに貯めている。そこで、親子遠足では、親子でたくさんの宝物を集めることにした。宝物入れのひもが切れたら、ナオキくんは家庭で新しいひもにつけ替えて持ってきた。みんな宝物入れを通して年長さんが込めた思いを受け取っている。

あなたが年長組の担任だったら、事例のように大切に使ってもらえる年少組へのプレゼントをどのように考えますか？

事例②を読み解く　プレゼントがもたらす互いの育ち

3歳児にとって初めての集団生活となる園の入園式は、なじみの薄い環境であるため、不安がいっぱいである。そのような時に、思いがけなく年長組から手作りの宝物入れをプレゼントされたことは、3歳児にとって嬉しく、また、温かいやさしい気持ちが伝わるものだっただろう。年長組からの宝物入れは、3歳児の園での生活のよりどころとなったようで、それぞれの子どもは自分なりに使い方を考えた。ナオキのように、ひもが切れたら家庭で新しいひもにつけ替えて持ってきたことからも大切にしている様子がよくわかる。

プレゼントをした年長組の方でも、入園する3歳児のことを様々に想像しながら「きっと泣く子もいるかもしれない」「どんなことをして遊んだらよいかわからないかもしれない」など、自分たちの入園時の姿を思い出しながら、何かをプレゼントすれば喜んでくれるかもしれないということになったのだろう。年長児の3歳児のために役に立ちたいという気持ちは宝物入れという形になり、年長児の自己有用感や自己肯定感を育む活動となったであろう。

6 大切な物

事例③ 「朝顔の芽が出てる！」　4歳

　保育者が朝の園庭の清掃をしていると、先日子どもたちと種をまいた朝顔の芽が出ていることに気がついた。そこで保育者は、保育室の入口に朝顔のプランターを並べて置いた。

　登園時間になり、ユイちゃんが登園するとすぐ「あっ、出てる！」と嬉しそうに母親に話をする。ユイちゃんは保育者が近くにいることがわかると、挨拶するより前に「先生、朝顔出てる」と満面の笑顔で伝える。保育者が「どれどれ？」と言うと「ここ、ここ」と指をさして、種の殻をかぶった芽を指先でツンツンと愛おしそうにつつく。

> 保育者は保育室の入り口に朝顔のプランターを並べて置きましたが、あなたはそのねらいをどのようなものだと考えますか？

事例③を読み解く　愛着を抱かせる保育者の援助

　子どもにとって植物の種まきは、どのような花が咲くのかなどを想像しながら期待をふくらませて、大切に世話をしようとする心を育むものである。保育者は、子どもたちに一つひとつの草花の名前を知らせ、子どもたちが身近な植物に対する興味や関心、そして、親しみをもつようにしたい。

　保育者は、子どもたちが登園するとすぐに気づくように、保育室の入口に朝顔のプランターを移動しておいた。この環境構成は、芽生えの瞬間を見逃さないように配慮したものである。種まきの時点では、子どもは朝顔が生きて生長する植物であることを理解してはいないだろう。しかし、ユイのように芽生えの瞬間を見た子どもたちは、特別な意味をもった経験をする。小さなものにも生命が宿ることに気づき、温かい感情が芽生え、愛着をもって朝顔や動植物すべてを大切にしようと思う気持ちを育むこととなるだろう。

事例④ 「棚に飾られたスポーツカー」　5歳

　ナギヨシくんは物を作ることが好きだが、友達と共に関わることは少なかった。年長組になり、保育者が小型のブロックを環境として用意したことにより、ナギヨシくんは集中して遊んでいた。ナギヨシくんはブロックでスポーツカーを何日もかけて作った後も、改造しながら作品を作り変えて遊んでいた。今までは、作っている途中の作品を自分のロッカーに置いていたが、保育者は、作品が壊れないように、また、よく周囲

の友達からも見えた方が良いだろうと考え、飾り棚を作ってそこに置いた。すると、周囲の男児からナギヨシくんの作品に注目が集まるようになり、周囲の子どもとのやりとりも徐々に増えていった。

> 互いに興味をもつ物を通して子どもが友達関係をつくる時、あなたはどのように関わりますか？

事例④を読み解く　飾り棚がもたらす人間関係

　ナギヨシは友達との関わりが少ないものの、製作することが好きであったので没頭して遊ぶことができ、小型ブロックを心のよりどころにしていたようだ。保育者はナギヨシの作品への思いを大切にするために、破損を防ぎ、ナギヨシがよりどころとするブロックに友達が興味をもつことでナギヨシの友達との関わりが増えるようにとの配慮から飾り棚を作り、ナギヨシの製作物を飾った。この保育者の環境構成は、作品を通してナギヨシにより深く関わることにつながり、同時にナギヨシの周囲の友達との関わりを増やすことにつながった。

　製作の好きな子どもは次々と製作し、完成した作品を自分のロッカーの周囲に置くようなことが見られるが、この事例のように保育者が作品を置く棚を作り、作品を飾ったことは、ナギヨシへの保育者の配慮が表れている。ナギヨシはきっと嬉しかったことと思う。また、周囲の子どもたちはナギヨシの作品を改めてよく見られるようになり、ナギヨシとやりとりするきっかけにつながったようだ。このように、子どもが自分と物と他者とのつながりを自然に意識できるようにすることは保育者の役割であり、この事例のように作品を大事に取り扱っている様子をまわりの子どもに示すことも大切である。

6節のまとめ

　子どもは、自分の物を繰り返し使うことを通してその物に愛着をもち、次第に大切に使おうという気持ちが芽生えてくる。まずは子どもが物に愛着をもつことが大切なことで、そのために保育者はどのように援助すべきだろうか。以下にまとめてみよう。

（1）物との関わりを十分に楽しめる援助

　遊びの中で子どもが物との関わりを十分に楽しめるように援助することは大切であり、そのためには繰り返し遊ぶ楽しさを味わうことが必要である。また、その物が「足りない」という経験を知ることも必要である。入園当初は十分な遊具や素材を用意して、一人ひとりが安定して遊ぶことを優先するが、子どもの育ちや状況を見て数を調整し「今日はこれだけしかない」という物を提示すると大切に思って使うようになるだろう。また、保育者がまだ使えそうな画用紙の切れ端などをきれいに切ったり、折り紙などを伸ばしたりして引き出しに貯めて自由に使えるようにしておくと、子どもたちはそのような保育者の姿を見ていて、片づけや掃除の時に「まだ使える紙があった」と持ってきて

くれるようになる。

(2) 自分の手で育てる、つくる

　子どもは、自分で育てた生き物などに対していろいろな期待や愛着をもつ。事例にもある通り、自分がまいた種が殻をかぶった状態で芽を出したことに、驚きと不思議な気持ちをもったことと思うと同時にその姿に愛おしさの気持ちをもつだろう。たとえば、当番活動で世話をしていたチャボが産んだ卵を保育者が家に持ち帰らせたところ、食べずに抱いて温めていた子どももいるということも聞く。また、ブロックを組み合わせて車などを作った時、保育者は褒めてあげることが必要である。そのことで、子どもはそれを壊したくない、誰かに見せたいという気持ちをもち、製作物を大切に扱うことだろう。

(3) 子どもの気持ちを大切にする保育者の関わり

　子どもは自分で育てたり作ったりした物を大切にし、それを誰かに伝えたい、見せたいと思うものである。しかし、みんながその気持ちを上手に表に出せるわけではない。なかには反対の行動に出る子どももいるだろう。一人で苦労してやっと完成したプラレールにほかの子どもが来て遊ぼうとすると、とても嫌がり触らせないような行動をとる子どももいる。保育者は、日々子どもの活動内容を把握しながらその率直な気持ちを理解し、それを上手に表現できるような関わり方や環境構成ができるように心がけたい。

(4) ほかの人の気持ちを理解する

　子どもが自分で作った物を大切に思う気持ちは当然であるが、物との関わりを通してほかの人の思いを知ることも大切である。友達の作った製作物や憧れの年長児からの贈り物など、物を通して子どもが自分と物と他者のつながりを自然と意識できるように、保育者はそれぞれの状況に合わせて多様な関わり方をすることが大切である。

(5) 保育者の行動を正す

　物を大切に思う心を育てるためにも、保育者自らが教材・教具などをきちんと整理、整頓していくことが大切である。工夫次第で紙の切れ端や面白い形をした廃材などを活用したり、壊れた物を修理して再び使ったりするなど、保育者の日常のちょっとした姿勢が、子どもの物への関わりをより豊かにさせていくことができる。

演習ワーク②～ワークショップ1　「設計図を描いてみよう」

【ねらい】子どもの意欲を引き出す表現環境を準備する力を養う。

○次の例を参考に、身近にある素材で年齢に合った物的環境をグループで話し合いながら設計図を描き、発表・評価しましょう。

●設計図に必要な項目
①設計の目標例：子どもが自ら遊びたいと思える物的環境を保育者自身が創り出す。
②製作タイトル例：「ダンボールのお家」
③製作内容例：子どもは囲われたところが大好き。ダンボールで作る家をグループで設計する。
④身近な素材例：空き箱、牛乳パック、トレイ、発砲
　（使う素材）　　スチロール、新聞紙、ダンボール、
　　　　　　　　　紙袋、空き缶、ペットボトル等、
　　　　　　　　　家庭や園で不要になった廃材などを
　　　　　　　　　利用する。
⑤工夫した例：4歳児と仮定し、風呂場や台所を設置。
　　　　　　　玄関に空き箱でインターホンを付ける
　　　　　　　などより楽しくした。

※4つ切り画用紙や模造紙など、グループ発表の際に見えやすい大きさの紙に描きましょう。

演習方法

1、できるだけ、普段関わりの少ない人でグループ分けをする。あまり大人数でなく、意見が出やすく、また聞きやすい人数(4～6人程度)にする。(10分)

2、物的環境には戸外も自然物もあるが、ここでは「保育室内」とし、遊び道具や遊具のほか、保育室そのものの構造・レイアウトも対象とする。対象年齢をどうするか、何を設計するか、製作の目標をどうするかなど全員で相談して決める。記録表をコピーして相談内容を記録する。その際、決定事項だけでなく、決定に至る多様な意見も記録する。グループ発表の際、決定に至る経過も交えて発表するとよい。(15分)

3、設計内容は、メモ用紙を用いて、はじめに下描きする。それぞれの意見がほぼ出たところで、下描きを基に発表用紙に描く。(25分)

4、グループごとに設計図を基に全体で発表する。質疑応答を行う。(30分)

5、グループ発表の際の質疑応答なども参考にしながら、自分の考えや今回の取り組みについて、各自レポートにまとめる。その際、上記の【ねらい】や【設計の目標】などについても自己評価する。(10分)

ポイント　子どもに与えるものではなく、自ら楽しむ気持ちで発想をふくらませて考えてみましょう。

第6章

子どもを取り巻く社会的環境

　子ども・子育て支援新制度のスタートに伴って、すべての子どもの最善の利益を第一に考える社会をめざすことを基本に、子育てを保護者や子育て家庭だけではなく、社会全体で担い、支えていこうという時代の流れが生じてきている。そのような流れの中で、重要な役割が期待されているのが、幼稚園・保育所・認定こども園等の保育施設の働きである。さらに保育施設と連携・協力して子どもの育ちを支える地域社会の働きや関係機関の働きも注目されている。他方、子どもを取り巻く社会的環境は大きな変化を遂げている。具体的には、少子化、核家族化を背景に他者との関係の希薄化、いわゆる"つながり"を感じたり築いたりする機会が減少している。また、生活の多様化、簡便化の流れの中で子どもたちの経験不足が課題に挙げられ、直接体験を通した学びの機会の重要性が指摘されている。これらは、子どもたちだけの課題ではなく、地域社会に住む人々にとっても深刻な問題であり、世代間の人との関わりの希薄化、子どもを育てる営みへの無関心、伝統行事や子育て文化の継承の困難さ、さらには地域社会の存在の危機に表れている。

　本章では、時代の変化に応じて求められる子どもの育ちを支える社会的環境について考えていきたい。

6章 子どもを取り巻く社会的環境

1　園の働き

　幼稚園や保育所、認定こども園に求められる社会的役割の一つとして、地域における子育ての中核的存在となることが挙げられる。園には、各園を取り巻く状況に応じて、子どもの成長・発達を促進する場、遊びを伝え・広げる場、保護者が子育ての喜びを共感する場、子育ての本来の在り方を啓発する場、子育ての悩みを共有し、交流する場、地域の子育てネットワークづくりをする場等々、様々な役割が求められる。昨今、保護者のニーズや多様な価値観に対する園側の苦労や課題について指摘されることが多いが、そのような現代の保護者に合わせた支援の内容や取り組みの工夫はどのようにしていくことができるのだろうか。また、地域に住む人々に対して施設や機能を開放し、地域社会で子育てを応援し、支えていけるような環境づくりをどのように行っているのだろうか。具体的な取り組みを通して、それぞれの保護者や家庭に合わせた子育て支援の在り方、園の役割についてみていこう。

事例①　「お悩み、相談承ります（離乳食編）」　　　　0歳児の保護者

　園のホールにて、園主催「すくすく広場」という子育て支援の会が毎月定例で行われている。10月は、離乳食の紹介と試食会があった。10月の会開催の事前に、主に母親を中心とした保護者から離乳食に関する相談事のアンケート調査を行った。この調査内容に合わせて、栄養士を中心に当日の準備を進めた。園で0歳在園児に提供する給食4品を、離乳食移行期・完了期の2期に分けて展示した品を保護者に見ていただき、さらに、この移行期・完了期の8品を実際に調理した料理の試食会も行った。保護者からは、「出汁から手作りするのは大変で、とても家庭では無理です」「育児書には"薄味で"と書いてあるが、どの程度の味つけなのかがわからない」「昼食1回につき4種類も手作りできない。どうしたらよいのか」等の悩みや質問があった。それぞれの相談に、栄養士や看護師、保育者が「家庭で4品をすべて手作りするのはなかなか難しいので、レトルト食品や瓶詰等も利用してはどうか」「毎回同じ食事内容になると、赤ちゃんが飽きてしまうので気をつけてほしい」「家族みんなで食卓を囲む時間を、1日1回は意識してつくるとよい」等、親身になって答えた。

　子育てをする保護者にとって、離乳食の具体的な作り方や食事における大切な点を身近に感じられる機会はなかなかありません。あなたなら、どのように支援しますか？

(事例①を読み解く) **地域の保護者に合わせた具体的な子育て相談**

　地域に住んでいる子育て中の保護者に対して、園が行っている子育て相談の内容である。この事例で参考にしたい点は、事前に保護者へのアンケート調査を行い、保護者の悩みやニーズを把握している点、離乳食の展示や試食など実物を用意している点である。保護者のニーズに合わせた具体的な情報提示があったからこそ、参加した保護者から「どの程度の味つけなのか」「昼食1回に4種類も手作りできない」等、具体的な質問が出たり、悩みを打ち明けられたりする場となったのだろう。また、育児不安を感じている保護者の話を傾聴し、心情を捉えながら、理解・共感しようとする態度に職員の専門性が垣間見られる。そのような共感的態度を基に、子どもの発達に関する知識や経験、さらには子どもの育ちを総合的に捉えた上での具体的な助言を行っている点にも、職員間（栄養士・看護師・保育者）の連携と専門性が見られる。育児書やインターネットからの情報にあふれている現代の子育て事情において、より日常の子育てに即した形での具体的な支援が期待されている。

事例② 「お悩み、相談承ります（授乳編）」　　0歳・保護者

　園の保健室を随時開放し、園のそばを通りかかった母親がわが子に母乳をあげたり、哺乳瓶でミルクを飲ませたりできる場所にしてある。園門正面の壁にも『保健室は開放中です。いつでもお立ち寄り下さい』という看板が掲示してある。
　8月の暑い日、買い物途中の親子が授乳場所として保健室の利用を申し出た。暑いさなか、母子共に疲れて、一休みしたかったのだろう。もちろんすぐに保健室に招き入れ、ミルクを溶く適温の湯も提供した。母親は持っていたミルクの粉を湯で溶かし、哺乳瓶で赤ちゃんに飲ませた。その後、ベッドでおむつ替えも済ませた。母親は、わが子の体重が平均体重より増えないことや、ミルクの飲みが少なくて悩んでいることを打ち明けた。看護師は、夏場は汗をかく分、体重が増えない事実や、平均体重より小さくても普段活発で元気なら心配ない等のアドバイスをした。母親は安心した表情で御礼を述べて帰っていった。

> 幼稚園・保育所・認定こども園は、在園の子どもや保護者のためだけにあるわけではありません。地域に開かれた子育て専門機関の役割について、あなたならどのようなことを考えますか？

(事例②を読み解く) **気軽に利用できる子育て支援の場**

　この事例も地域に住んでいる子育て中の保護者に対する支援の事例であるが、事例①と異なるのは、個々の保護者が、必要とするタイミングで、また必要な時に、自ら園に立ち寄れ

るような環境がつくり出されていることである。事例の母親にとって、ただ授乳やおむつ替えを済ませる場となるばかりではなく、何げなく園に立ち寄ったことが契機となり、普段から抱いていた育児に関する悩み（体重が増えない、ミルクの飲みが少ない）を打ち明ける場ともなった。そこには、園の職員が親しみをもって応じ、細やかな心配りを行うなどの配慮があったものと思われる。そして、看護師から「夏場は汗をかく分、体重が増えない事実」や「体重が少なくても活発で元気なら大丈夫」などの助言を受け、母親は安心した表情で帰っていったという。このように、地域の子育て家庭の保護者が気軽に訪れ、子育てについて安心して相談できる場や体制づくりが、子育てを頑張っている保護者に対する心強い支援となる。

事例③　「親子で友達できた」　　2歳・保護者

ある日、2歳児のユウコちゃんと母親が園を訪ねてきた。最近、引っ越してきたばかりで知り合いもなく、ユウコちゃんの遊び相手もいなければ場所もないとの悩みだった。その話を聞いて、保育者は園で実施している未就園児の親子を対象とした活動を案内した。

その後、5月の活動日にユウコちゃんと母親が少し心配そうではあるが笑顔で参加していた。ユウコちゃんは友達と遊ぶことを楽しんでおり、母親も帰り際に「ユウコも友達ができたし、私も子育てについて話すことができました。また、来ます」と言って、朝とは違う晴れやかな顔で帰っていった。

> ユウコが友達と一緒に遊ぶ姿を見て、母親はどのような気持ちだったでしょう。親子で参加した活動の意味を、あなたはどのように考えますか？

事例③を読み解く　親子で参加できる活動の提供

引っ越してきたばかりというこの事例の母親は、地域や身近な人とのつながりのなさも重なり、想像できないほど大きな不安を抱えていたといえる。そのような母親の思いに寄り添い、受容的な態度で対応した園の職員の存在が、母親に安心感を与えたのではないだろうか。また、活動に参加する中で、友達と遊ぶユウコ自身が嬉しく、いろいろな経験ができただろう。それはユウコの母親にとっても嬉しく、安心できたことが母親の帰りの表情に表れていたのであろう。子育てをしている保護者は、子どもの楽しむ姿、嬉しそうな姿を見て、安心し、子育ての楽しさややりがいを感じる。つまり、子ども（ユウコ）と一心同体であるということである。だからこそ、保護者が子どもの姿を自分の目で見て、その育ちを実感する機会を設ける環境づくりが大きな意味をもち、保護者が安心して子育てを楽しむために重要な役割を果たしているといえよう。

1 園の働き

事例④　「毎日が参観日！」　　3歳・保護者

タクミくんは話すことが大好きで、保育者にも友達にもたくさん話をしてくれる。ある日、タクミくんの母親から「いつもタクミが幼稚園のことをいろいろ話してくれるんです。でも、友達と遊んでいるみたいだけどまだ誰なのかわからないし、遊んで楽しい様子を身振り手振りで教えてはくれるけど、まだ片言なのであまり想像できなくて会話にならないんです」との相談があった。

保育者は「それでは、保育参観にいつでもいらしてください」とタクミくんの母親に話した。さっそく保育を参観した母親は、タクミくんが遊ぶ様子を嬉しそうに見ていた。

タクミの母親からの相談に対して、あなたならどのように対応しますか？

事例④を読み解く　それぞれの保護者にふさわしい機会を設ける

　タクミの母親のような相談は、3歳児をもつ母親から寄せられることが多い内容である。タクミが自分のもてる言葉を精一杯に使いながら、一生懸命、母親に伝えようとするほほえましい姿を想像すると心が躍る。しかし、母親の気持ちに寄り添ってみると、タクミの一生懸命さが伝わるからこそ、理解したい、応えてあげたいという気持ちがあるにもかかわらず、想像できず理解できないもどかしさや不安も抱えているといえる。そのような母親に対して、事例の保育者は「いつでも参観にいらしてください」と快く応えた。このタイミングでの参観は、母親の不安を取り除き、安心できる機会となったといえる。それだけではなく、園でのタクミと保育者の関わりの様子や保育者の対応を実際に見ることで、母親自身、自らの子育てを振り返り、タクミとのやりとりに変化がもたらされたのではないだろうか。子どもの姿や育ちを保護者とどのように共有・共感していくかを考える時、ただ園側から一方向的に伝えるだけではなく、その情報を受け取り、理解する側（保護者）の視点に立って検討していく必要がある。個々の保護者によって受け取り方が異なるため、それぞれの保護者や子育てのありようを理解し、ふさわしい機会のもち方や方法について吟味していくことが求められている。

事例⑤　「タツヤくんのパパ、つよい」　　5歳・保護者

　2週間後に予定されている同じ法人同士の園対抗のドッジボール大会に向けて、うちゅう組はドッジボール活動に日々取り組んでいた。ちょうどその時期に保育参加があり、親子対抗ドッジボール対決を行った。タツヤくんの父親は元野球部で、投げるボールがとても速い。アンナちゃんは「タツヤくんのパパ、つよい！」と言って、目を丸くしている。ほかの子どもたちも、タツヤくんの父親がボールを持つと「逃げて、逃げて」と大きな声

で言ったり、表情をこわばらせたりする。それを見てタツヤくんはニッコリ笑い、自慢気な表情になる。タツヤくんチームの勝利で対決が終わると、男の子たちはみんなでタツヤくんの父親に飛びついたり引っ張ったりする。アンナちゃんは、タツヤくんに「タツヤくんのパパ、すごいんだね」と言うと、タツヤくんは、またニッコリ笑う。

> タツヤとタツヤの父親それぞれにとって、保育参加の意味はどのようなものだったのでしょうか？

事例⑤を読み解く　保護者が保育参加する意味を考える

　誇らしげな表情を見せたタツヤは、父親をアンナやまわりの友達に「すごいんだね」と認められて嬉しかったと共に、タツヤ自身、父親に対する憧れや信頼をさらに深めていくことになったと考えられる。また、まわりの子どもたちにとって、タツヤの父親と出会い、共に遊ぶことは、自分の親との関わりだけでは得られない世界を広げてくれる意味をもっていたといえる。さらに、タツヤの父親にとっても、若い頃の時の気持ちに戻って（童心に返って）思い切り体を動かす楽しさを味わったり、わが子と接するだけでは感じられない多様な子どもとの関わりの中で、子どもの理解を深めたりする機会となったといえる。事例の保育参加は、保護者にとっては、子どもの世界に触れる機会として、また子どもたちにとっても多様な人との多様な体験を通して世界を広げていく機会となっていた。子どもの姿や育ちを保護者と共有する際、事例のような保育参観や保育参加など、様々な機会を活用していくことが大切である。その際、どのようなことをどのように保護者と共有したいのか、また、関係するそれぞれの者にとってどのような意味をもつのかを考え、その在り方を検討していくことが重要である。

事例⑥　「チョコ会」（任意参加の保護者情報交換会）　5歳児の保護者

　保護者の有志が集まって、降園後1時間程度、育児の悩みなどを話せる場として企画している「チョコ会」。園の保護者全員を対象とした懇談会では、園側の思いを伝えることがメインになってしまうことから、「もっと保護者の生の声を聞きたい」「保護者同士の横のつながりやネットワークを広げる場を設けたい」「頭ではわかっていてもなかなか日々の中では実行できない悩みなどを気軽に話せるように」などの思いから、学期に1回程度不定期に開催している。話題は、

1 園の働き

事前に募る場合もあるが、基本的には集まった人たちが、悩みを打ち明けるところから始まっている。先輩保護者たちにも参加してもらうことで「大丈夫、私の一人目の時もそうだったよ」等、意見を聞くことができることで安心して帰っていく保護者たちの姿がある。参加者持ち寄りの菓子（チョコ）などで、雰囲気づくりも工夫して行っている。

> あなたなら保護者同士の交流の場をどのような目的にして設定しますか？

事例⑥を読み解く　気軽に参加し、悩みを話せる場づくり

　保育者は、日常的に保護者とのコミュニケーションを十分に図り、いつでも保護者が相談できるような雰囲気づくりを心がけ、保護者との信頼関係の構築をめざしていくことが大切である。また、この事例のように気軽に参加でき、育児に関する悩みをこぼせる場を提供することも子育て支援の方法の一つである。この園では、園側が率先して企画するというより、保護者が必要とするタイミングを見計らって開催し、参加した保護者の中から挙がった話題で懇談できるよう支援するというスタンスをとっている。また、保護者から出た質問や相談に対しても、全面的に保育者が答えるというよりも、参加しているほかの保護者に話を聞いたり、先輩保護者に意見を求めたりして保護者同士をつないでいく役割を保育者が担っている。このように、同じ園に子どもを通わせる保護者同士をどのようにつなぎ、その交流の場をどのように設けていくかは重要な課題である。交流の場を通して、保護者同士が子育ての楽しさや悩みを共有し、共に支え合うことでつながりを見いだし、子どもたちの育ちを支えられるようなネットワークへと発展していける支援体制について検討していく必要がある。

1節のまとめ

　本節では、子どもの育ちを支える園の働きとして、子どもの育ちや発達を促す保育の実践と共に、保護者に対する子育て支援の具体的な内容を中心に見てきた。現代の子育て支援において重要なことは、様々な生活スタイルや価値観を抱いている保護者や各家庭に合わせた支援の内容や方法、場や機会の設定を行うことである。園には、育児に関する情報を一方的に伝達するばかりではなく、情報の受け取り手である保護者の視点も考慮に入れた、受け入れやすい・参加しやすい場を提供すること、保護者が自主的に相談・支援を求めることができる雰囲気や空間を創り出していくことが求められている。また、保育活動に親子で一緒に参加する機会や場を用意することで、子どもの経験の幅が広がることはもとより、保護者が自らの子育てを振り返り、子育てを実践していく力の向上を図る機会、保護者相互の理解が深まる機会となるよう企図していくことが大切である。今後、地域の子育ての中核的存在としての保育施設の役割は、ますます大きくなっていくことであろう。各園には、地域の生活条件や環境、文化などの特徴を理解した上で、子育て専門機関としてできる働きを検討し、職員間の連携・協働を図りながら、具体的な実践を通してその役割を果たしていくことが求められている。

2　地域社会の働き

　地域社会の教育力の低下が指摘されてから久しい。今や、地域社会そのものが成立しなくなったともいわれ、地域社会における人々のつながりの希薄化は子どもにとってだけではなく、そこに住むすべての人々にとっても深刻な問題である。本来、子どもにとって地域社会とは、異年齢の子どもと遊んだり、高齢者を含む地域の人々と交流したりするなど、様々な年齢・世代の人との関わりを経験できる場である。また、地域で生活する人々の生活形態や職業に触れたり、地域で行われる行事に参加したりするなど、家庭や保育施設での生活とは異なる生活の多様性や伝統的に継承されている文化に触れることができる場である。そこで、本節では、子どもの健やかな成長・発達において、欠かせない場である地域社会の働きについて、現状にも触れつつ、検討していきたい。子どもの育ちにとって地域社会はどのような役割を担っているのか、また、担っていくべきなのか。さらに、園や保育者としてどのように地域社会と連携し、子どもの育ちを広げる環境づくりを企図していけるのか、以下の事例を通して検討する。

事例①　「団地自治会の盆踊り参加」　4歳

　「7月の団地自治会の夏祭りで盆踊りを踊ってください」と、普段からお世話になっている自治会長から幼稚園に依頼があった。自治会長と園で相談の上、地域の人たちと一緒に「東京音頭」を踊ることになり、民謡連盟の方々に園に来てもらい練習することになった。さらに、幼稚園と交流のある保育園にも声をかけ一緒に練習し、参加することになった。

　民謡連盟の方たちは浴衣姿で和太鼓を鳴らし、一節ずつ丁寧に教えてくれた。ハルカちゃんとミナミちゃんは、浴衣姿の民謡連盟の方々や保育園の友達の来園に興奮気味で、「東京音頭」を一生懸命に真似て踊った。民謡連盟の方が「もう覚えちゃったの？　覚えが早いね」と二人に声をかけてくれた。二人は「うん。だって、簡単だったよ」と保育園の友達と一緒に元気に返事をしていた。

　夏祭り当日は、地域の人たちが見守る中、ハルカちゃんとミナミちゃんは浴衣を着て少々恥ずかしそうだったが、盆踊りを上手に踊ることができた。地域の人たちからたくさんの拍手をもらい、二人は嬉しそうだった。

　ハルカとミナミ、また民謡連盟の方たちにとって、盆踊りを一緒に練習し、夏祭りに参加することの意味はどのようなものであったと考えますか？

2 地域社会の働き

事例①を読み解く　つながりが広がる機会

　この事例では、団地自治会の方から園に依頼が来ている。このように様々な契機で、園や子どもと地域社会とのつながりが生まれ、維持されていくことを心得ておくことが大切である。また、交流の依頼が来たからすぐに受けるということではなく、子どもの実態や生活経験に照らし合わせた上で、具体的にどのような交流ができるのかを検討し、連携を進めていくことが求められる。民謡連盟の方たちの浴衣姿や和太鼓の音色など、本物に触れ、伝統文化や行事への興味をもったハルカとミナミ。保育者は、日々の園生活においてもこれらと関わりのある道具などを準備し、ハルカとミナミの興味・関心をさらに深め、非日常体験と日常生活とのつながりが見いだせるような環境の工夫をするのもよいであろう。また、交流のある保育園との合同参加、民謡連盟の方々との練習は、二人にとって人との関わりの幅を広げる意味をもち、活動への意欲や楽しさにつながっていったといえる。"盆踊り"という活動を通して、二人は民謡連盟の方々、保育園の友達、地域の人々との交流を深め、地域の行事への関わりも広げていた。つまり、子どもは生活の場を地域社会へと広げることによって、様々な出来事や文化的な事物・事象、多様な人々との出会いや関わり合いを広げ、それを通して発達に必要な体験を積み重ねていくということである。ここに地域社会における子どもの学びの姿を読みとることができよう。

事例②　「まちぐるみの園児の受け入れ活動」　4歳

　園の近隣では、園児の園外活動を支えてくれるようまちぐるみで受け入れ活動が行われている。今日は園の七五三の行事のため、近隣の神社でお参りをすることにした。事前に園から連絡をすると、快く引き受けてくれた。子どもを連れて神社に行くと、宮司（ぐうじ）さんが「こちらにどうぞ」と境内に招き入れてくれた。子どもたちは声を上げることなく、宮司さんの話を聞いている。最後に宮司さんから千歳飴（あめ）をいただく。子どもたちは「わー」と歓声を上げると、大切に千歳飴を持って園まで帰る。園に残っていた保育者に「先生、飴もらったんだよ」「歩きながら食べちゃだめなんだよ」と口々に話す。

　近隣の神社にお参りをした子どもたちはどのようなことを感じ、学んだのでしょうか？　園内で七五三の行事を行った時との違いはどこにあるのでしょうか？

事例②を読み解く　大人の変容も促す地域交流

　神社という場所で、宮司という職についている人と出会い、七五三を経験した子どもたち。七五三の由来や千歳飴の起源等についても、保育者や親ではない人（宮司さん）からの話を

聞くことによって興味がもてたり、関心が広がったりする機会となったのではないか。また、神社という場のもつ神聖さを肌で感じ、言葉にできない感覚をそれぞれに感じる経験となったのではないだろうか。それらは、子どもが園から地域社会に出て、本物に触れ、実際にその場所に身を置くことで得られる重要な体験である。この事例のように、まちぐるみで園児を受け入れてくれる地域の存在は、子育てを地域社会で、地域に住む人々で協力し支援していこうという共通認識が得られているという点において心強い。もし、それほどの共通認識が生まれていない場合は、日常から、地域に住む関係者や協力者とコミュニケーションを図り、園や子どもたちの様子、特色ある活動などの情報を積極的に提供し、理解を得ていく必要がある。また、実際に受け入れをお願いする際には、その活動での子どもたちの経験内容をしっかりと把握し、協力者に具体的に説明し、理解や協力を得られるような働きかけが必要といえる。

事例③　「お仕事探検」　　5歳

11月、勤労感謝の日にちなんで、保育者が子どもたちに「お仕事探検」をしてみるのはどうかとクラスで提案すると、「行きたい」という声が上がる。どんな仕事を見たいか聞くと、「ペットショップ」「靴屋」「お菓子屋」「警察」…いろいろ出る。実際に見学可能かどうかを調整していくつかの職場の中から自分で行きたいところに見学に行くこととなった。病院のボイラー室を見学したチームは、機械やボタンだらけの部屋にジッと見入る。最初は言葉少なくぶっきらぼうに答えていたボイラー技士さんであったが、子どもたちが真剣なまなざしを向けて話を聞く様子に応えるかのように、次第に、真剣に、熱っぽく語るようになっていった。機械の機能や病院全体の仕組みについて、一つひとつ丁寧に説明してくれて、予定よりも長時間の見学となる。お菓子屋チームやほかのチームと違っていわゆるお土産（物）はなかったが、子どもたちにとっては、ボイラー技士さんの話が何よりのお土産になった。

　仕事探検に行くことで、あなたは子どもたちがどのようなことを得ることができると思いますか？

事例③を読み解く　本物に触れる体験の場

　この事例の興味深い点は、みんなで一つの仕事を見に行くのではなく、それぞれの子どもたちが興味をもち、自分で選んだ仕事の探検に行っている点である。そこには、世の中にいろいろある仕事への気づきを促す保育者の意図が込められている。また、子どもたちが見たい仕事が必ずしも見られるわけではないことも丁寧に説明し、仕事のもつ意味や重要性に気

2 地域社会の働き

づけるような過程を経験している。結果、12か所に分かれての見学となったが、引率した保育者は、園外に出る回数は多くなったが、少人数でお仕事探検（見学）に行くことで、子どもの個々の意欲が高まり、興味をもって観察する姿につながったという。少人数だからこそ、受け入れ先の職場の方々にとっても本業の邪魔になることがなく、また、子どもたちが緊張感や集中力をもって観察する時間や、職場の方と子どもたちとが落ち着いてやりとりできる場を保つことができたのではないか、と思われる。そのような場の共有によって、もたらされたボイラー技士の態度の変化は、この事例の魅力であり、子どもと地域の人々双方に、新たな関わりをもたらす地域交流の取り組みといえる。

2節のまとめ

　本節では、3つの事例から子どもたちが地域社会に身を置き、まさに全身でその生活、文化に触れ、そこで暮らす人々に出会いながらどのような学びを得ているのかを捉えてきた。そこでは、子どもが年齢や世代、職業や文化などが異なる様々な人と出会い、関わり合う体験が生まれていた。その体験は、子どもの直接的・具体的な体験を促し、様々な出来事や文化的事象に対する関わり合いを深め、子どもの生活体験を豊かにしていた。つまり、子どもの成長・発達にとっての地域社会の役割は、なおも大きく重要なものであるといえる。子ども・子育て支援新制度のもとでは、地域の特徴や実態に合わせた子育て（支援）を協力して推進していくことがうたわれており、研究・研修の分野においても、地域内の教育・保育施設間の連携や行政機関との連携を取りつつ、その地域ならではの子育ての仕組み・支援のありようを模索する取り組みに注目が集まっている。

　このような子どもと地域に住む人々との交流を通して、地域の人々同士のつながりも生み出されることが期待されている。要するに、子どもが地域の恩恵を受けるだけではなく、地域社会の人々にとっても子どもの育ちに触れたり、出会いを喜んだり、自身の生活や文化を振り返ったりする機会となることによって、地域社会の活性化にも寄与すると考えられている。そのような時代の流れの中で、保育者には、地域社会のもつ豊かな資源や人材の情報を意欲的に収集し、その時々の子どもにとって豊かな学びの機会となるような場や機会の設定を積極的に行うことが求められる。また、地域の人々と共に、子育ての喜びを分かち合い、子育てに関する知恵や知識を交換し、子育ての文化や子どもを大切にする価値観等を共に紡ぎ出していけるような役割を担うこと、さらには、地域の子どもや子育て家庭を巡る諸問題の発生を早期に予防し、解決に寄与できるような人々のネットワークづくりを進めていくことも重要な役割である。

3 関係機関の働き

　本節では、それぞれに専門性をもつ関係機関との連携について見ていく。登場する関係機関は小学校という園や子どもにとってなじみやすい機関から、ゴルフ場まで、様々である。園と関係機関との連携において興味深い点は、この多様性である。それぞれに担う社会的役割は異なり、本来の業務との兼ね合いもあり、園の教育・保育活動への協力を願い出ることの難しさもあるだろう。だからこそ、丁寧に対話を積み重ねていくことも必要である。しかしながら、教育・保育の営みとは異なる営みを日常としている関係機関との連携においては、教育・保育の枠組みを超える連携内容が生み出される可能性もある。その新奇性に保育者と関係者との連携の面白さが隠されており、その恩恵を受ける子どもたちにとっては、斬新で豊かな体験がもたらされる可能性がおおいにあるということになろう。

事例① 「交通安全教室」　　3～5歳・保護者

　交通安全について、日頃から子どもたちと絵本や紙芝居、ニュースなどを話題にして話し合っている。しかし、子どもたちだけではなかなか行き届かないので、保護者にも正しい知識を身につけてほしいとの思いから、園では、各市町村役所（場）の交通防犯課の交通安全指導員による専門指導を親子で受けている。

　この企画は保護者の会が主催であり、年間を通して普段の生活の中でも親子で交通ルールを守り、安全の確保をすることをねらいとしている。実施は年少組からの3年間で、年長児においては小学校での登下校の際の練習も実施している。

　交通安全について、子どもたちや保護者と考える機会をもちたいと考えた時、あなたならどのように関係機関との連携を図りますか？

事例①を読み解く　子どものモデルとなるように

　このように、各市町村役所の交通安全指導員や警察署の交通安全課の方と連携し、交通安全教育を行っている園は多くある。内容や方法は、園庭等での模擬道路での渡り方の指導やビデオ視聴、実地訓練等、様々な取り組みがなされている。事例の中で、保護者の意識に対する指導に着目したのはなぜだろうか。それは、子どもの日常生活を振り返れば容易にわかる。普段の生活の中で、子どもたちは保護者と一緒に、歩行者として、自転車乗車者として、自動車乗車者として道路を使っている。そのような日常生活を通して、意識として自然に受

3 関係機関の働き

け継がれていくのは身近にいる大人である保護者の意識や考え、交通安全に関する知識や実際の行動である。以前、交通安全教室の後に子どもたちに話をしていた時のこと「でもね、うちのお母さんはね、チカチカの時は渡るよ。いつも」という子どもの言葉があったことを筆者は思い出す。正しい安全知識を伝えるためには、子どもや保護者の身近な生活を捉えた上で、どのように理解を深めていけるのかという仕組みや工夫を園内で協議し、関係機関と共有していくことが重要である。

事例② 「起震車体験」　　4歳・小学生

併設の小学校とは日頃からいろいろな交流活動が行われている。この日は、地震を想定した小学校との合同避難訓練である。

地震発生の園内放送が入ると、子どもたちは保育者の話を聞いて、速やかに小学校の校庭へと避難した。子どもたちは校庭にある消防車や起震車を見て目を輝かせている。そのあと、消防隊の方から「震度5を体験してみましょう」と話があり、起震車が動き出す。すると、子どもたちは驚きと不安の表情を見せる。

消防隊の方から起震車の乗り方の話を受け、初めに小学6年生の代表2人が乗りこむと、子どもたちは真剣な表情で起震車の小学生の様子を見ている。そして、「先生、机の下に入って、こうやって持つんだよね？」「こうやればいいの？」などと保育者に確認していく。体験する学年が順に低学年になり、小学生の体験が終わる頃には、園の子どもたちからは、小学生に「どうだった？」と聞いたり「のってみたい」「できるよ」などと言ったりする声が上がる。

避難訓練を小学校と合同で行うことの意味を、あなたはどのように考えますか？

事例②を読み解く　両者にとって学びのある連携

小学校と消防署という2つの関係機関との連携事例である。子どもたちは、定期的に避難訓練に取り組む中で、地震や火事についての知識、自分の身を守る防災・安全への意識を、体験を通して積み重ねていっている。この事例では、実際に消防車や起震車を見て体験することで、普段の訓練とはまた異なる緊張感や興奮の下、防災に関する意識が生まれ、また消防車や消防団員との出会いの中での興味の広がりも見られる。さらに、子どもたちの真剣な態度を誘引しているのは、同じ場で起震車体験をしている小学生の姿である。小学生がモデルとなることで、園の子どもたちの興味や関心を誘い、真剣に訓練に取り組む態度や意識が伝わる空間が生み出されている。このような合同の場は、小学生にとっても自らの行動を見直し、年上の者としての自覚をもつことにつながり、双方にとって学びや経験の広がる機会

となるよう企図していく交流の大切さを学ばされる。

事例③ 「小学校との連携」　5歳

年長児の2学期頃から、少しずつ小学校の話題が子どもからも保護者からも出始める。子どもたちにあまり恐怖心をもたせないよう楽しみにできる内容での話を心がけているが、子どもたちにはまだ未知の世界なので想像もつかないのが現状である。

そこで、1月に実施された幼保小連携協議会の話し合いの中で、年長児が小学校の見学をできるように提案してみた。実施するとなると、受け入れ人数や時期、授業内容などの様々な問題があり簡単には決まらなかったが、1校だけ受け入れ可能な小学校があり見学が実現した。実際に小学校を見学した子どもたちは、学習を楽しみにしたり、ランドセルを背負った自分を想像したり、4月からの小学校入学に大きな期待をもてるようになった。

1月の提案ということで、できることが限られてしまったが、1年を通して幼保小で連絡を取り合っていくと多くの体験ができると思う。

> 就学を控えた子どもは、小学校をどのようにイメージしていると思いますか？ また、その子どもたちのためにできる小学校との連携は、どのようなことが考えられますか？

事例③を読み解く　子どもの視点から捉える幼保小の取り組み

最近、特に盛んに議論・研究されている幼稚園・保育所等と小学校における連携・接続の事例である。この事例の魅力は、あらかじめ連携ありきで考えているのではなく、あくまで目の前の子どもの姿や気持ちを捉えた上で、できることを考え、小学校側に園側から積極的に働きかけ、連携の機会を生み出しているところである。実際には、事例にも書かれているように、双方の合意が得られるには人数や時期、内容の調整などの、難しさもあるのが実態であるが、連携・交流が継続していけば、授業参加や交流運動会など、取り組みを広げていくことも可能となり、子どもの幼・保・小の滑らかな接続にもつながるであろう。しかしながら、どうしても例年通りで済ましてしまうことが多く、交流の内容や時期、細かな指導や援助の方向性まで踏み込んだ話し合いをもてずに形骸化していく現状もある。このような状況で保育者が見過ごしてはならないのは、連携・交流によって園の子ども、小学生双方に得られる学びや経験の内容である。そうした本来の連携・交流の要点を再認識し、常に見直しを続けながら進めていくことが大切である。

事例④　「フワフワだったおばあちゃんの手」　　5歳

園では、月に一度老人ホームを訪問し、子どもが発表をしたり、老人と共にゲームをしたりして交流している。

老人ホームとの交流の日。おじいさんやおばあさんに、運動会で行うダンスを見せたあと、勝ち抜きジャンケンゲームを行った時だった。モモちゃんは、ジャンケンの前に「よろしくお願いします」とおばあさんと握手をした。すると、握手をした途端にモモちゃんの顔が嬉しそうな笑顔に変わった。

園に帰ってくると、保育者が、「楽しかったね。おばあちゃんはジャンケン強かった？」と聞くと、モモちゃんは「おばあちゃんの手、フワフワだった」と嬉しそうに言う。ほかの子どもは「今度はジャンケンで、全員に勝つ」「悔しかったんだよな。いつもあのおじいちゃんに負けるから」と言う。ジャンケンを話題にする子どもたちだが、モモちゃんは「気持ちいいから、また握手する」と言った。

> モモの「おばあちゃんの手、フワフワだった」という言葉には、モモのどのような気持ちが込められていると思いますか？

事例④を読み解く　世代間の人間関係を構築する

　この園では、継続的に老人ホームとの交流が図られている。継続するということは、つながりが広がり、深まる機会があるということである。そのことがモモの言葉やエピソードに表れている。おじいさん、おばあさんとの交流は、嬉しく、楽しみに思う子どももいれば、緊張して、固まる子どももいる。モモは、交流の初めにはどのような姿だったのだろうか。ひょっとしたら、楽しみにしていたものの実際に握手をする時には急に緊張したのかもしれない。「おばあちゃんの手、フワフワだった」という一言からは、思ったよりもフワフワで驚いた気持ちや心地よさ、やっと握手できた喜びや感動などの感情を読み取ることができる。最近では、家庭生活における子ども自身の祖父・祖母との関わりが薄い実態も多く、高齢者との関わりの経験はそれぞれの子どもによって異なる。そのような中、月に一度の交流を通して、子どもは高齢者との関わりに徐々に慣れ、関わりの中で次第に理解を深めていく。また、交流を繰り返す中で、「あのおばあちゃん」「○○（名前）おじいさん」といった固有の関わりへと変化していく。事例においても、個々のおじいさん、おばあさんとの関わりの中で、次第に子どもが気づきを広げ、感受性を働かせながら交流を深めていく姿を読み取ることができ、交流プロセスの意義を考えさせられる。

事例⑤　「バンカーが砂場に変身」　　　5歳

　園で近隣の大学1・2年生2名をインターンシップとして受け入れた。その巡回指導のため園を訪れた大学教員から、ゴルフ場に園児を連れて遊びに行ってみないかという話があった。やはりインターンシップで学生がゴルフ場に行っており、学生の巡回指導に行った際、休業日に幼稚園児や保育園児に開放していることを知ったという。園児にゴルフを体験させるというわけではなく、起伏のある広々としたコースをはじめ、樹林帯や池など、ゴルフ場の豊かな自然の中で、園児たちに伸び伸びと遊んでほしいとの趣旨だという。

　その後、大学教員の仲介で話が進み、ゴルフ場から担当者が説明のために来園した。初めに、園児の安全面への配慮もあり休業日の開放であることが伝えられた。園以外の利用例には、避難場所の提供として近隣の市と災害協定を結んだり、地域の実業団駅伝チームのトレーニング用にコースを提供したりしているとのことで、いずれも地域貢献の一環で開放していることについて、ゴルフ場側の説明を受けた。園からも園長と主任保育者がゴルフ場を訪問し、子どもたちに開放するというコースや場内の自然環境、安全に注意する箇所を見て回った。数回の連絡や相互訪問の後、互いの連携の意図や、子どもたちにとっての環境としての意義等を確認し、園では、翌年の5月に年長児が、9月には全園児がゴルフ場を訪れた。

　当日、園児たちはゴルフ場の担当者と挨拶を交わした後、さっそく裸足になり、バンカーで砂遊びをしたり、芝生の上を元気に走り回ったり転げ回ったりして思い切り遊んだ。通常の公園や自然とは一味違った、ゴルフ場ならではの自然環境を堪能した一日となり、帰り際には、「ありがとう。面白かった」「また来ていい？」と多数の園児がゴルフ場担当者に声をかける姿が見られた。

　後日、大学教員に当日の園児の様子を伝えたところ、「園児さんたちに喜んでもらえてとても嬉しいし、今後も地域にある大学として人や地域をつなぐ役割が果たせていけたらと思う」との言葉が返ってきた。三者にとって実りある連携となった。

　近隣の大学教員の仲介で、子どもたちがゴルフ場という自然環境に触れる体験が実現しました。あなたは、三者が連携した一番の成果は何だと考えますか？

事例⑤を読み解く　多元的な連携

　ゴルフ場で園の子どもたちが遊ぶという、ユニークな事例である。実現への経緯を追ってみていくと、インターンの大学生と大学教員、インターンシップとして大学生を受け入れた園と園児、そしてゴルフ場の担当者、それぞれが双方向的にこれまでも関係・協力を図ってきたことがわかる。たとえば、園はインターンシップを受け入れたり、ゴルフ場は地域に開放したりしてきた。そうした双方向的な関係を多方向的に開いていったことにこの事例の面白さがある。今や、園だけではなく、保育者養成校としての大学、そして近隣の事業者（この場合、ゴルフ場）それぞれが地域の人々との交流や地域への貢献を図り、関係機関との連携に惜しみなく協力するような時代である。そのような時代の中で、園も、保育者養成校も、企業も、関係する機関と機関をつなぐ役割が求められており、それぞれの連携や企画に出合う場を設定することで、子どもたちにとって予想もしないような体験や経験を提供できる可能性が生まれてくるといえる。

3節のまとめ

　本節では、専門性をもつ関係機関の働きについて、様々な事例を挙げて見てきた。具体的には、子どもが自分の身を守るために必要な防災・安全のための体験、小学校の教育に連続するような交流・体験、人との多様な関わりを構築していくプロセス等、関係機関と連携することによって、子どもたちの保育・教育活動が日常とは異なる様々な方向へと切り開かれ、子どもの体験に多様な広がりが生まれていくことが捉えられた。一方で、関係機関の特徴や役割の理解を深め、子どもたちが経験する内容や活動計画を入念に話し合い、継続して取り組めるよう働きかけていくことの重要性にも気づくことができた。

　今や、保育施設に求められる社会的役割は、子育て支援、地域社会との連携、各専門機関との連携等、多種多様である。保育時間の長時間化、子育ての多様化による支援の多様性、発達や育ちに関する様々な見解が得られる情報化社会などの影響も受け、保育者が担うべき役割は多岐にわたっている。そのような状況の中で、保育者や保育施設に求められていることは、いかに子育てを巡る協力体制を生み出せるか、いかにそうした連携協力の拠点となり得るかということである。保育者は、乳幼児期の子どもの育ちに関する専門家としてその力を存分に発揮する。一方で、様々な専門家や関係機関、地域の資源等を積極的に捉え、活用しながら子どもの育ちや子育てを支えていく。その双方が保育者に求められている重要な社会的役割である。保育者にとって、様々な職種や立場の人々との対話や検討は、保育者にとっても重要な学びの機会である。各種研修機関や幼・保・小との交流等を通して、子どもの育ちを基点に、多様な対話を繰り返す中で、真に子どもを見つめ直したり、育ちのための環境づくりの視野を広げたりするなど、職員の資質の向上が期待されている。

演習ワーク③ ~ロールプレイ2 「社会的環境の理解へ導く」

【ねらい】生活の中で生じる子どもの疑問を、社会的環境への理解や探究へと導く力を養う。

○次の事例の状況に沿ってロールプレイを行いましょう。

「片づけからの気づき」 5歳	登場人物：ゴミの仕分けについて考えるトシオくん、ケイコちゃん。保育者。
	状況：まちのゴミ拾い活動を終えて、ゴミを仕分ける場面

集めたゴミの仕分けをする中で、子どもたちとゴミの素材や処分方法について話をする。
　トシオくん：先生、発泡スチロールは燃えるゴミ？
　マユミ先生：燃えるゴミじゃないから分けて捨ててね。
　トシオくん：発泡スチロールはどうするの？　ペットボトルとかはリサイクルでしょ。
　マユミ先生：資源ゴミと言って、同じ種類のものを集めてまた使えるようにするために
　　　　　　　工場に運ぶのよ。
　ケイコちゃん：なら、年長組のゴミ箱ももっとたくさんないといけないんじゃない？
　マユミ先生：＿＿＿＿＿＿＿＿＿＿①＿＿＿＿＿＿＿＿＿＿
先生の言葉を受けて、子どもたちは自分の考えを話し出す。
　ケイコちゃん：そうだね！　じゃあ、わたし＿＿＿＿②＿＿＿＿（~する）。
　トシオくん：ぼくも手伝うよ。でも、ほかにもパソコンとかの機械はどうするの？
　マユミ先生：ほかのゴミもいろいろな方法でリサイクルしているのよ。ね、ヨウコ先生。
　ヨウコ先生：そうよ、じゃあ今度＿＿＿＿＿＿＿③＿＿＿＿＿＿＿。
　トシオくん：うん。面白そう！
※ゴミの種類は地域によって異なります。

演習方法

1、6人程度のグループに分かれ、配役を決める。全員必ず誰かを演じること。演技中、残りの人は記録表をコピーして観察記録をとる。（10分）
2、演じる人は事例の人物になりきり演じて話すこと。セリフ①〜③は人物の気持ちになって考えて話すこと。
3、記録する人は、演じている様子をしっかり観察して、登場人物の行動や様子、推察される心情を記録表に書き込む。
4、役割を交代し、一巡するまで行う（時間配分による）。
5、すべてが終了したら、グループごとにそれぞれ記録した人物の心情の推察や演じた感想などを基にねらいに沿って話し合う。その際、できるだけいろいろな角度から話し合う。（10分）
6、最後にグループの意見をまとめ、クラスで発表し合う。（25分）
7、その後、各自レポートにまとめる。（10分）

ポイント　地域のゴミの分別の種類や方法、リサイクル方法、子どもにできる取り組みなどについて調べましょう。

第7章

子どもを取り巻く自然環境

　自然は、私たちの生活に様々な喜び・感動・気づきをもたらしてくれる。幼い子どもにとっても「うわぁーすごい！」という感動、「どういうこと？どうして？」という好奇心、「昨日と違う…」という発見、「どうなっていくのだろう？」という探究心など、たくさんの学びを与えてくれる存在である。しかしながら、子どもを取り巻く自然環境もめまぐるしい変化を遂げている。都会に住む子どもたちには、身近に関われる自然環境が少ないため、人工的に造られた公園で日常を過ごし、わざわざ自然あふれる機会を用意して体験するという事態が起きている。一方、自然に恵まれた環境で育つ子どもたちにも、身近にあるからこそ自然と触れる体験の重要性に気づきにくく、自然の壮大さを感じたり、畏敬の念を抱いたりする機会が減ってきている事態も生じている。そのような環境の中で大切なことは、いかに子ども自らが自然に関わり、身近なものとして感じられるような仕組みを用意できるかという視点である。本章では、季節との出合い、植物との出合い、動物との出合いについて具体的な事例を取り上げ、またそれらが総合的・複合的に含まれた自然環境について考えていくことにしよう。

1　子どもと季節

　子どもが自分の体を通して四季折々の季節の移り変わりを感じていく体験は、乳幼児期の子どもの育ちにおいてとても重要なものである。安定した日常の生活を送る中で、少しずつ生長していく草花、段々と変化していく木々の様子、暑い・寒いを感じさせてくれる気温・風・光の具合…、そうした微かな変化に気づき、五感を通してキャッチしていく子どもたち。まさに体を通して季節が移り行くことを体験し、その中で豊かな感性を育んでいく。子どもは、そうした感性を基に、自然を一日の時間や月日の流れで変化する環境として理解し、捉えていくのである。また、四季折々に恵みをもたらしてくれる様々な自然物と出合い、触れ、時に味わい、また遊びに取り入れながら、子どもは季節を楽しんでいく。そうした子どもならではの季節との関わりや季節の変化を体感していく様子を、以下の事例で読み取っていこう。

事例①　「真夏ならではの体験、水遊び！」　　1歳

　梅雨が明けた、真夏の暑さの7月下旬。1歳児保育室の前のテラスにビニールプールとたらいを各2個ずつ並べ、それぞれ中には水と湯を混ぜて1歳児にちょうど良い水温に調節して子どものひざ下の中程くらいの深さに張り、水遊びを準備した。

　子どもたちは午前のおやつを食べた後、水着に着替えてシャワーで身体を洗ってもらい、いよいよ水遊びが始まった。張ってあるぬるま湯の中に初めからどっぷり座り込んで遊び出す子どもがいれば、立ったままプールやたらいのまわりで遊び出す子どももいた。一人ずつ好きな水遊び用の遊具のバケツ・ジョウロ・シャベル・牛乳パック製のシャワー・ホースを切ったものなどを持って、それぞれ遊びを楽しんだ。両手ですくう、表面を手のひらや遊具で叩いてしぶきが上がるのを喜ぶ、バケツからほかのバケツに移し替える、ジョウロにくんでまく、保育者に肩やおなかの辺りにかけてもらう、水に照り返す太陽の光をまぶしそうに見るなど暑い夏ならではの遊びが展開した。

　子どもたちが夏ならではの水遊びを思う存分楽しめたのはなぜだと思いますか？
　あなたが環境を設定する際には、どのようなことを配慮したり考慮したりしますか？

事例①を読み解く　配慮を形にする

　夏真っ盛りの季節を存分に味わいながら、個々が水遊びをじっくり楽しめるよう、様々な

配慮がなされている。具体的に取り上げると、水着に着替えることで、濡れても気にせずに遊び続けることができるようになっている。また、保育室の目の前に水遊びの場が設定されていることで、登園時から子どもたちの水遊びへの期待感が高まるようになっている。水遊び場の細かな設定については、きっと子どもたちの動線や保育者の連携の動き・視野の確保などに合わせた配置、そして、楽しく遊ぶためには欠かせない安全管理についても考慮されていることだろう。さらに、水遊びの中で子どもがどのようなことを楽しむのかを想定した上で、様々な遊具や用具がそろえられており、子どもが自分の使いたい物を選び、手に取り、水の不思議さや心地よさを感じながら自分なりの楽しみ方を味わえる空間が創り出されている。このように様々な視点からの具体的な配慮や考慮を一つひとつ形にしていくことで、子どもの遊びを支える環境が整えられていくのである。

事例② 「ドジョウの水槽の中に」 3歳

「どんぐりころころ」の歌をみんなで歌うことを楽しんでいた10月。それとちょうど同じ時期に、金魚とドジョウを保育室内の水槽で飼い始めた。すると、ある日、水槽の中にどんぐりが数個入っていた。それに気づいたユウコちゃんが「どんぐりころころどんぶりこ〜」と歌い出す。気づいた保育者も一緒に水槽を見て歌う。

歌になぞらえて水槽の中にどんぐりを入れた子どもの姿を、あなたはどのように受けとめますか？

事例②を読み解く **自然物との連続した関わり**

もし、あなたのクラスの水槽にどんぐりが入っていたとしたら、あなたはどんな風に感じるだろうか。筆者なら、どんぐりを入れている子どもの姿を想像しただけで胸が躍り、子どものもつ豊かな感性に感動してしまうであろう。そのような感性をもつ子どもたちに育てたいと思わせる事例である。そのきっかけが、あの誰もが口ずさむ「どんぐりころころ」の歌であるというからまた驚きである。歌を歌うこと、歌の世界を共に楽しむことは、子どもの心の中に描かれるイメージが広がり、子どもの遊びや生活を豊かに広げる環境の一つといえる。このクラスでは、その後も「どんぐりころころ」の歌を通して、秋のお山の話、どんぐりの木の話、赤ちゃんどんぐりの話など、子どもたちと一緒に簡単な創作話を作ったり、どんぐりになって身体表現を楽しんだりしたという。そして、秋の深まる11月には公園や遠足でどんぐりや椎の実拾いを存分に楽しみ、子どもが実物に触れられるよう計画するなど、子どもの経験の連続性を考え、かつ多様につながりが生まれる場や機会のもち方を工夫したという点にたくさんのことを学ばされる。

7章　子どもを取り巻く自然環境

事例③　「鳥もあたたかい」　　4歳

春の陽気の中、にじ組は屋上テラスで『だるまさんが転んだ』をして過ごしている。カホちゃんは、いろいろな面白いポーズをとっていたが、そのうちテラスに転がってポーズを決めた。そのあと鬼が「だるまさんが転んだ」と言ってもカホちゃんは動こうとしない。それを見てマサキくんもテラスに転がってポーズをとる。するとマサキくんが「あったかい」と大きな声で言って、さらに顔をテラスにつけて横になる。ほかの友達も同じようにテラスに転がり「あったかーい」と言う。その中の一人が、ハトが日向で体を丸めているのを見て、「先生見て。鳥もあったかいんだね」と言う。

> だるまさんが転んだをしながら思わぬ形で出合った暖かさ。「鳥もあったかいんだね」という言葉にあなたならどのように応えますか？

事例③を読み解く　子どもの気づきに共鳴する

　子どもたちと遊びや生活を共にしていると、ふとこのような場面に出合う。自分がこの場にいる保育者だったら、だるまさんが転んだをしながら、思わぬ形で早春の暖かさに出合い、身体で季節の移り変わりを感じている子どもの姿を見逃さずに捉えられるだろうか。子どもはこんな風に遊びながら、そして生活しながら、何げなく、どことなく感覚を働かせ、変化や気づきを敏感にキャッチしていくのである。この事例の場合、ともすれば活動を中断しかねない動きを保育者が黙認し、一人の子どもの早春への気づきを受け止めることで、一人の子どもの発見がまわりの子どもたちにも伝わり、ハトへの興味と共に季節を感じる時間や空間を生み出すこととなったといえる。このように、常に子どもの感覚に敏感になり、子どもと同じような感覚で応えていくことは保育者にとって必要な力であり、そのような対応も豊かな環境の一つとなる。そのためには、日頃から保育者自身、様々なことに気づいたり興味をもったりしながら、生活そのものの楽しみ方を豊かに広げていけるよう心掛けたいものである。

事例④　「わー、雪山ができた！」　　4歳

　ユウトくんは冬になるのが楽しみだ。それは雪が降って雪遊びができるからである。「早く雪が降らないかなぁー」「雪がたくさん積もるかなぁ」と今年も楽しみにしている。この地域は年に1、2回しか降らず、降っても10cmほどの積雪で終わってしまう。それでもユウトくんは雪を楽しみにしている。

　ある日、ユウトくんの期待に応えるかのように雪が降った。降る雪を見てユウトくんは

1 子どもと季節

大喜びで「明日は雪遊びができるね」と笑顔で帰っていった。

この日は例年にない大雪で、翌日は休園になるほどの積雪だった。園庭は土部分とアスファルト部分に分かれている。土部分の方はそのまま雪を残し、アスファルト部分の方は固まってしまう前にショベルカーで除雪して雪を積み上げた。

休園になり雪遊びができずに少々がっかりしてユウトくんが登園したが、園庭を見てびっくりした。「わー、雪山ができてる！」と言い、さっそく、登ったり、滑ったりして冬ならではの遊びを楽しんだ。

> がっかりして登園したユウトを再び元気にした雪山。子どもの雪との体験をさらに広げるために、あなたならどのようなことに気をつけて環境を整えますか？

事例④を読み解く **体験を広げる素材や環境づくり**

雪遊びを心待ちにしていた気持ちに応えるかのように、ユウトを迎え入れた雪山。積もった雪山の上を登ったり滑ったりして、体を存分に動かし、喜々として遊ぶユウトの姿にあるように、雪は子どもにとって心躍る魅力的な存在である。かき氷や雪だるまを作ったり、雪合戦をしたり、雪を遊びの素材として様々に使いながら遊ぶ子どもの姿もある。また、雪を手や顔に乗せてみたり、水の中に入れるとなくなることや固くなることを発見したりして自然の面白さや不思議さに気づく姿もある。保育者は、そのような子どもと雪との触れ合い方、遊び方を想定し、展開できるよう環境を整えていくことが大切である。さらには事例のように、滑りやすくなることも予測した上での安全への配慮も欠かせない。雪などの自然事象は、予期せぬ時に思わぬ形でやってくることも多いため、チャンスを逃さず子どもが季節と十分に触れ合う機会がもてるよう整えていくことが重要である。

事例⑤ 「公園の桜」　　5歳

少し園から足を延ばしたところにある公園。月に一度程度散歩で行くことがあった。園には桜の木がない。4月初め、保育者は公園の桜が満開なことを知ると、帰りの会で子どもたちに「明日、晴れていたら公園に桜を見に行く？」と提案する。子どもたちは「イエーイ」「うん」「行こう」と口々に言い、公園に行くことが決まる。翌日、散歩で公園に行くと、一面、桜の花びらが広がっている。子どもたちは「キャー」「わー」「きれーい」と言いながら走っていく。風が吹いて舞い落ちる花びらを保育者が捕まえ「とった！」と言うと、「どれどれ」と花びらを見て「羽みたいだね」と言う。

> 身近に季節の移り変わりを感じられる環境が乏しかった場合、あなたならどのようにして子どもが季節を感じられるようにしますか？

事例⑤を読み解く　**自然環境に出合える工夫**

　これまでの事例の通り、季節はある日、突然に次の季節に切り替わるわけではなく、日々の生活の中で少しずつ移り変わり、子どもは敏感にその変化を感じていく。そのような変化に気づける身近な自然環境があることが重要なのは言うまでもない。しかし、身近にそのような自然環境がない場合、あるいは自然環境はあるが子どもがその変化に気づきにくい場合などは、この事例のように園外に出て、豊かな自然環境と思い切り触れ合えるような機会を設けることも一つの方策である。目の前一面に桜の花びらが広がっている中をさっそうと走り回る子どもたちは、園内では感じられない自然の壮大さや生き生きとした豊かさに触れることができたであろう。また、花びらが風に舞い上がり、舞い落ちる様子を目の当たりにしながら、心を動かし、驚きや喜びと共に感性を磨いていた子どもたちの姿も読み取れる。自然との触れ合いは、子どもの心を動かす体験である。保育者には、今、目の前にいる子どもたちを取り巻く環境を的確に捉えた上で、子どもたちが自然を味わう体験をどれだけつくり出していけるのかを考え、積極的な提案、選択、吟味等を行う環境の工夫が求められている。

1節のまとめ

　子どもの感性は素晴らしく、風の匂い、空の色や雲の形、木々の木漏れ日の温かさ、影の形や大きさ…など、季節と共に変化していく自然事象の微かな違いに気づき、子どもなりの発見を楽しんでいる。また、自分の体を通して季節に触れ、主体的に関わる体験の中で、自分の得た発見を確かめたり、表現したり、疑問に思ったり、探求したりする。子どもは、そのような身体感覚を伴う自然との触れ合いの中で、感覚を呼び覚ましたり、心を湧き立たせたりしながら経験を豊かにしていく。そこで重要となってくるのが保育者のつくり出す物的環境や人的環境としての役割である。保育者が、季節の変化を体感している子どもの姿に気づく感性をもち、驚きや楽しさに共感することで、子どものもっと自然に関わりたいという意欲や探究心が育まれていく。さらに、子どもだけでは気づくことのできない四季折々の変化を適時に、あるいは次第に感じていけるような環境の工夫が求められる。それは、春、夏、秋、冬を知識として教えるのではなく、子ども自らが日々の生活を充実させる営みの中に、心が動かされるような出合いや季節ごとの感覚や感触の違いに気づけるような機会をつくったりすることである。そのためには、子どもの多様な体験を積み重ねていけるような場のもち方や接する機会を増やしていくことが望まれる。また、かつて地域の人々の営みに根づいていた四季折々に応じた伝統行事に触れる機会をもつことも工夫の一つである。そのような伝統行事の中に息づく季節感を共に感じることによって、自然の変化に応じて人々の生活もまた変化させながら営まれてきたこと、自然と人間とのつながりを考える機会にもなろう。人的環境として重要な役割を担う保育者自身、自然と戯れ、その美しさ、不思議さを子どもと共に驚き、共感できる存在でありたいものである。

2 子どもと植物

　草、花、木などの植物は、子どもにとって最も身近な自然環境の一つといえる。どのような生活環境においても、比較的身近にあって子どもがすぐ手にすることができ、また自らの手を加えて遊ぶことができるという特徴をもっている。子どもは植物を見たり触れたりしながら、その感触やみずみずしさ、色の鮮やかさ、香りなどの様々な要素を感じ取り、興味や関心を広げていく。そのような興味・関心を子どもの学びへと意味づけていくためには、さいな変化や発見を楽しむ子どもの姿に敏感になり、保育者自身もまた、身近な植物に対する発見や探究を喜び、感性を豊かにもつことが必要であろう。また、植物は生長の様子が目に見えてわかりやすいものも多く、植物が育つプロセスやサイクルに気づく機会となる。その気づきの中で親しみや愛着をもって観察する姿、変化や発見を喜ぶ姿へと子どもたちを誘い、意味のある遊びや活動へとつなげていく。本節では、このような様々な学びの広がりの可能性を秘め、また子どもにとって身近な自然環境である植物との関わりについて見ていくことにしよう。

事例① 「初めての園庭、桜の木の陰で…」　4か月

　入園して20日余りがたち、園の生活に少しずつ慣れてきた生後4か月、0歳児クラスのタクトくんは、担当保育者に抱かれて初めて園庭に外気浴に出た。保育者は、タクトくんが一人でも外の気持ちよさが味わえるように、日差しを避けて桜の木の下にござを広げ、そこにバスタオルを敷いてそっとその場に寝かせた。桜の葉っぱの木陰で、春らしいそよ風や春の光を、じっと身じろぎせず全身を使って感じようとしていたタクトくんだった。時折、桜の葉が揺れるとその合間から陽が差して、まぶしそうに眼を閉じていた。

　その後、大きいクラスの子どもたちの歓声や歌声が聞こえてきて、タクトくんはその度に声の方に頭や顔を向けた。桜の木の下に寝ていながらも、五感を最大限に働かせて様々なことを感じ取ろうとするタクトくんの姿が見られた。保育者は、まだ発語がない4か月児のタクトくんにも「お外は気持ちいいねー」「葉っぱが揺れてるねー」「大きい組さんが歌ってるねー」と声をかけ、気持ちを通じ合わせ、15分程の外気浴の時間を終えた。

　生後4か月の子どもに対して、あなたなら植物に触れる機会をどのように考え提供しますか？

7章　子どもを取り巻く自然環境

(事例①を読み解く)　**乳児期から自然に触れる体験を**

　生後わずか4か月であったとしても、保育者のきめ細かな配慮（時刻・時間・場所等）に基づいた環境を設定することによって、自然と触れ合う体験ができるということを学べる事例である。心地よい春のうららの中、園庭の桜の木の下で寝転がるタクトの姿やその表情を想像しただけで心が安らぐのは私だけであろうか。生後4か月の子どもなりに五感を最大限に働かせ、この時期にしか感じられない春の風や木漏れ日の光を存分に満喫するタクト。そして、タクトの気持ちを察して柔らかな言葉で交わされる保育者とのやりとりも穏やかで心地よい。自然との出合いを通して、子どもの心は安定し、安らぎを取り戻す。そして、自然に繰り返し関わることによって、落ち着いた気持ちの中から自然への不思議さや自然と交わる喜びの感情が湧き上がってくる。この事例のように、様々な配慮に基づいた環境設定がどの年齢の子どもにとっても大きな意味をもち、乳児期から自然に触れる体験を繰り返し経験できるようにしていくことが重要である。

事例②　「たんぽぽに囲まれて」　　3歳

　園の隣にはグラウンドがある。4月になるとグラウンド一面に黄色いたんぽぽが咲く。ユミちゃんは、たんぽぽいっぱいのグラウンドで遊ぶのが好きである。登園の際に毎日グラウンドを眺め、「まだ咲いてないよ」「少し咲いてきたよ」「もういっぱい咲いているよ」と保育者に教えてくれていた。保育者は、ユミちゃんからたんぽぽの話が出た日から保育室に花の図鑑を置き自由に見られるようにしていた。

　ある日、保育者がユミちゃんにグラウンドへ行って遊ぶことを知らせるととても喜んだ。グラウンドでたんぽぽを摘み花束にしたり、指輪にしたりして遊んでいた。すると「あれ？　この白い汁なんだろう」とユミちゃんがつぶやき「ベタベタしてる」と指先で触っていた。「あれ？　たんぽぽの形が違うよ」とまた発見があった。保育者も一緒に観察しながら「お部屋に行ったらたんぽぽの本で見てみようよ」と調べてみることにした。

> ユミがたんぽぽに対して興味や関心をもっていると気づいた保育者があなただとしたら、どのように環境を整えますか？

(事例②を読み解く)　**探究心を満たすための資源の提供**

　普段のユミはどのような生活環境にいるのであろうか。もしかしたら、自然と思い切り触れ合える場所にはなかなか出合えないのではないだろうか。だからこそ、ユミにとって、たんぽぽがいっぱいに咲くグラウンドはとても魅力的な場所であるのであろう。毎日、グラウ

ンドに咲くたんぽぽの様子を観察しているユミの姿から、たんぽぽという植物への興味や関心がふくらんでいく様子がよくわかる。その姿を的確に捉え、図鑑等を用意しながらユミの探究心を満たしていけるよう環境を整えていく保育者。ユミはグラウンドで、実際にたんぽぽを手に取り、触れ、心を動かしながら、遊ぶことを楽しんでいた。その中で、たんぽぽという植物に対する愛着が増すと共に「どうして？」「なぜ？」という探究心を抱いていった。この事例に出てくる環境づくりのポイントは、子どもに調べさせるために図鑑を用意しておくのではなく、あくまでも子どもが「知りたい！　調べたい！」と思った時に、ふと手に取れる場所に自由に使える資源（リソース）として、図鑑等の環境が整えられていることである。両者の違いを十分に理解しながら自らの環境構成を行っていくことが、子どもの主体的な遊びや活動を支える保育者の専門性といえるであろう。

事例③　「ピザぐすりつくる！」　　4歳

夏野菜の苗を植えてからしばらく経ったある日、ミニトマトの生長の様子を見ていたマナちゃん。ふと隣に植えてあったバジルの葉に触ってみている。その様子を捉えた保育者が「マナちゃんの手貸して」と声をかけるとマナちゃんはその手を差し出し、保育者はマナちゃんの手のにおいを嗅いで「うーん、いいにおい」と言う。マナちゃんもすかさず自分の手を鼻に近づけて「うん、いいにおい」と言う。

そんなやりとりを聞いたシゲルくんが「何？　何？」と近づいてくる。マナちゃんの手のにおいを嗅いだシゲルくんは「あっ、これ！　ピザみたい」と言って、マナちゃんとやりとりをしている。保育者は、近くのテーブルにすり鉢とすりこぎを用意し、おもむろにバジルの葉を2、3枚取ってすり潰し始める。マナちゃんは「何しているの？」、シゲルくんも「何つくっているの？」と聞くが、保育者が答える間もなく、すぐに保育者の見よう見まねで、すり潰し始める。「ねーこれさー。何になるんだろうね」とシゲルくん。水を入れたマナちゃんは「お薬みたい」と言う。「そうだね、ピザぐすりみたいだね」とシゲルくんが言うと2人で「ピザぐすり〜！」と笑い合っている。

> もしあなたが保育者なら、バジルという植物と子どもたちをどのように出合わせますか？

事例③を読み解く　香りとの出合い

植物の綺麗さ・美しさの一つに、香りという要素がある。この事例はその香りを遊びに取り入れたいという保育者の意図が環境の工夫の基盤になっている。においや香りは、記憶に残りやすいこともあるのか、子どもにとって印象深いようである。この事例の後にも、シゲルやほかの子どもたちの間で「またピザぐすり作りたい」と言って繰り返し作ることを楽し

む姿が見られたという。バジルという植物に出合い、触れ、香りに誘われて遊び出した子どもたち。それを支えていたのは、隣で共に遊びながら見守る保育者の姿であり、近くに設定されたテーブルの場であったといえる。子どもは目だけではなく、耳で音を聴いて、鼻で香りを嗅いで、時には口に入れて味を確かめて（口に入れても害のないもの）…とまさに五感を使って植物に触れ、自然を感じ取っていく。また、子どもは心地よい香りだけではなく、時には不快なにおいも巧みに遊びに取り入れ、遊びの素材にしてしまう。そのような子どもならではの関わりの中で、さらに植物や自然への知的好奇心や興味を深め、広げていくこと、それが幼児期の遊びにおける学びの姿であろう。

2節のまとめ

　本節では、子どもたちの生活に比較的身近な環境として存在している植物との関わりについて見てきた。身近であるからこそ、その存在に気づけるような、また存分に触れ合えるような環境づくりの大切さを読み取ることができたといえる。また、子どもが何げなく植物に触れる姿を見逃さずに捉え、子どもがそこでどのような経験をしているのか、その内容をきちんと意味づけていくことの重要性にも気づくことができた。具体的にいうと、子どもが植物と触れる体験を通して、愛着を感じたり、植物の性質や仕組みについて不思議に感じたりする経験であり、また、遊びに取り入れる中で、形状の変化や特性に気づいたり、それぞれの植物の特徴を生かした遊び方を発見していく経験でもある。保育者には、そのような様々な角度からの学びへと誘うような環境の工夫が期待される。

　事例の中では大きく取り上げられなかったが、園庭にプランターなどを置いて、自分たちで野菜や花を育てる取り組みをしている園もたくさんある。そのような取り組みの中では、子どもは植物の生長過程を予想し、心をワクワクさせながら観察することで、新たな変化に気づく姿を見せたり、さらなる探究心を生んだり、自らの発見を友達や保育者と共有する喜びを感じたりするなど、様々な関わりを体験することができる。具体的な体験の積み重ねだけではなく、生命あるものを大切にしようという気持ちやみんなと一緒に育てたから大事にしたいという思いなど、子どもの心の内での育ちも期待できる環境の工夫といえよう。さらに、四季折々の自然物、身近な植物を何げなく環境構成に取り入れる工夫の重要性にも触れておきたい。たとえば、毎朝登園時に子どもが拾ってくる木の実や木の葉の土産の一つひとつをどのように受け取り、どのような形で環境としていくのかが大切である。「みんなで育てている植物を登園時に親子で見られるように全員が通る場所に置いておこう」「お月見の季節には、絵本や団子と共にススキをさりげなく子どもたちの目につく場所に飾りたい」など、毎日の園生活の中に工夫する余地はたくさんある。そのように植物を子どもにとって身近なものにする工夫を多様に多彩に考えていくことが、子どもの自然に対するまなざしや関わり方を誘っていくのであろう。

3 子どもと動物

　本節では、子どもと動物（生き物）との関わりを見ていく。代表的に取り挙げられるのは、保育者が意図的に準備した環境としての飼育体験や身近な生き物との関わりである。近年、犬や猫が飼えないマンションに住む子どもたちも多く、園での飼育体験の重要性がますます問われている。それは、動物を飼育する中で、生命の温かさや大切さに触れ、世話をすることの楽しさや難しさを経験するからであり、その意義については誰もが承知している通りである。しかし、そのような大切な経験を積む前に、まず子どもは動物と出合い、自らの身体を使って触れ合い、共に生活する仲間として捉えながら関わりを重ねていく。つまり、子どもが日々の生活を動物と一緒に過ごす中で、様々な生活時間帯の動物の姿を捉えたり、話しかけたり、自分と重ね合わせたりしながら、次第に親しみをもち、興味深く観察する姿や関心をもって関わりを広げる姿が見られるようになっていくのである。そういう子どもなりの関わりのプロセスを想定し、動物と触れ合い、関われる環境づくりをめざしていきたいものである。以下の事例では、園での飼育体験や身近な生き物との関わりを中心に、子どもと動物（生き物）との出合いをどのように企図し、環境を整えていくのかを見ていくことにしよう。

事例① 「散歩の途中でいつも会う猫ちゃん」　　1歳

　園からいつも散歩に出かける公園までの決まった道のりの途中で、毎回のように出会う首輪をした飼い猫が1匹いた。園を出て、最初の角を曲がってしばらく歩くと、一軒の家の塀のへりにその猫は座っており、その道を通れば会えることがわかった1歳児クラスの子どもたち。リナちゃんは、猫の姿を見つける前から「ねこ、いる」「ねこ、すき」と独り言を言っていた。
　その時、"予定通り？"そのネコに出会うと、リナちゃんは体をかがめて猫の顔をのぞく。怖がる様子もまったくない。猫も慣れたもので、子どもたちが大きな声で「あ、ねこ、いた」「すわってるよ」などと言ったり、何度も話しかけたりしても、平然としたままであった。保育者が「公園で遊んで、帰りにまたネコちゃんに会おうね」と声かけすると、リナちゃんはじめ1歳児クラスのみんなが納得して、その場を離れた。

　園で動物を飼えない状況にあった場合、あなたならどのようにして生き物と関わる機会を生み出していきますか？

7章 子どもを取り巻く自然環境

事例①を読み解く 子どもと生活を共にする機会

　本来なら、園内という子どもたちの生活に近いところで、動物と触れ合える環境を用意することが望ましい。しかし、昨今では様々な事情からなかなかそのような環境に恵まれない園や子どもがいる状況がある。そのような場合、あなたが保育者であったらどのように生き物との触れ合いを保育の中に計画していくであろうか。この事例は、たまたま散歩の途中で出会う飼い猫との関わりが繰り返されることにより、子どもたちの猫への興味や関心を引き出すものとなったことが描かれている。子どもたちも散歩のコースに猫の存在を位置づけ、会えることを楽しみにする。一方の猫も子どもたちの大声の関わりにも慣れたものという態度で、子どもたちとの不思議な関係性が見てとれる。そして、その姿を逃さずに捉え、意味づけていこうとする保育者の意図も垣間見られる。しかし、いくら継続的な関わりができるといっても、あくまでもこの猫は見る対象としての存在である。直接触れたり、世話をしたり、様々な時間帯の猫の様子を見たり…といった関わりの広がりはなかなか望めない。そのような場合には、動物に限らず、昆虫等の生き物の飼育や植物の栽培を保育の中に取り入れて生活を共にすることによって、子どもが親しみをもったり、いたわったり、大切にしたりする気持ちを育んでいけるよう環境を整えていくことが大切である。子どもたちの日常生活に身近な環境として存在する生き物の意義を改めて考えさせられる事例である。

事例② 「ドジョウが死んじゃった」　　　3歳

　保育室の水槽で飼っていた2匹のドジョウのうち、1匹の異変に気づいたタクヤくん。「先生ちょっと来て―ドジョウが変なの」。見ると、水槽に動きが止まっているドジョウがいる。水槽を叩いても動かない様子を見て、網ですくい出す。手に乗せてみるが、動かない。「死んじゃった?」とタクヤくん。うなずく保育者。「大変だー」とタクヤくんが言うと、みんなが集まってくる。

ティッシュペーパーの上のドジョウを触る子、見ている子、それぞれの反応を示す。
　誰からともなく「なんで死んじゃったんだろう?」という話になる。「金魚とぶつかって痛かったのかな?」「変なもの食べておなか痛くなっちゃったのかな?」「疲れて寝ちゃったのかな」等々、その言葉は自分たちのことのよう。お墓を作ろうということになり、園庭へ。「どこがいいかな?」といろいろな場所を検討した結果、門の近くに埋めてあげることになる。するとナオキくんが、「ここなら、朝、来た時にナムナムってしてあげられるね」と真剣な表情で保育者に言う。

　子どもたちが生き物の生や死と向き合えるよう、あなたならどのような配慮をしますか?

事例②を読み解く　生命の営みを知る

　生き物の死に対する子どもたちの関わりを描いた事例である。生き物を飼うことは、必ずその生き物の死に直面することになる。その時、子どもたちにどのようなことを経験してほしいと願うのか。ドジョウの異変に気づいたタクヤの一言から始まるこの事例では、子どもたちが水槽からすくい出されるドジョウの姿にくぎづけになる様子が描かれている。死んでしまった事実がわかりにくいこともあるのか、ドジョウの動きを注意深く見る子どもや手で触って確かめる子ども、その子どもなりにドジョウの死をわかろうとする子どもの姿がある。それは、まさに「生命」を感じる瞬間であるともいえる。これまで動いていたものが動かなくなることを通して、子どもたちは生と死、つまり命に触れるのである。そして、話題は原因追求へ。ここで子どもたちの挙げた理由には、ドジョウに自分を重ねているものが多く、ドジョウという生き物に対して、友達として関わってきたこれまでのプロセスを垣間見ることができる。そのようなドジョウと子どもたちとの関係性を捉えた保育者は、子どもたちのドジョウへの親しみや慈しみの気持ちを引き出しながら、お墓作りへと話題を移していく。生き物の死と向き合い、丁寧に関わる一連のプロセスを、子どものそばでリードしつつ、支える保育者の役割について考えさせられる事例である。

事例③　「ぼくがお世話するよ」　5歳

　園には、2匹のウサギがいる。ケンタくんはウサギが好きで、毎日時間があれば眺めている。ある日の朝、ウサギを見に行ったケンタくんが保育室に戻って来て、保育者に「ウサギのおうちが汚れてたよ」「えさもなかったよ」と言った。実はこの日、保育者は行事の準備に追われ、朝のうちにウサギの世話をする時間がとれなかったのである。保育者が「ごめんね。今日は時間がなくてお世話ができなかったの」と言った。その言葉を聞いてケンタくんは「えっ、先生たちがお世話してたの？　えさもあげてたの？」と初めて知ったというように言った。
　少し考えてからケンタくんは「ぼくが、これからはお掃除もするしえさもあげるよ」と言った。それからは毎日、世話をするようになり、ウサギにより一層の親しみをもった。

> ウサギの世話が必要だと知ったケンタ。あなたなら、その機会をどのように捉えて援助しますか？

事例③を読み解く　動物の世話で得られるもの

　この事例では、たまたま保育者にウサギの世話をする時間がなかったことをきっかけに、いつも保育者がウサギの世話をしていたことを知り、自ら進んで世話をしようとする意欲的

なケンタが描かれている。おそらく、保育・指導計画の中にも、「いつ頃から子どもたちと一緒にウサギの世話を進めていこう」「いずれ子どもたちに任せていこう」などという構想があったのではないかと思われる。このように、動物を飼育することに世話はつきものである。ただ単に触れ合い、共に遊んでいる中で芽生える「かわいい」や「好き」などという肯定的な感情とは異なる「汚い」「面倒臭い」などの負の感情を感じられることも、現代の子どもの飼育体験における大切な経験である。それはまさに「生きる」営みに寄り添うということを体感するからである。その中で、初めからシステマチックに掃除当番を決め、子どもたちが交代で世話をする方法を採るのか、それとも親しみや愛着が湧いたこの事例のケンタのような子どもから徐々に世話の大切さに気づいていけるようなプロセスを用意するのかは、重要な分岐点である。保育者の意図やねらいの組み立て、それに応じた環境づくりの検討と共に、園内の状況を鑑みながら保育者同士で議論していくことが望まれる。

3節のまとめ

　子どもと動物（生き物）との関わりについて見てきた本節では、子どもの生活のすぐ傍らでの飼育体験の重要性や、生き物が身近に感じられるような働きかけの重要性について、事例を通して学ぶことができた。事例に登場した子どもたちは、動物や生き物に出合い、日々の生活の折々に見たり、触れ合ったりすることを通して、自分が生き物になったつもりで生き物の気持ちを想像したり、自分と動物を重ね合わせて考えたりしていた。そのような関わりの姿こそが、子どもの生活の中に共にいる動物や生き物の意義を示しているのであろう。子どもと動物（生き物）との関係性は、"友達"のように対等で相互的・互恵的なものであり、互いにケアし合う関係といえる。つまり、子どもは動物や生き物の世話を通して、生命の営みに触れたり、親しみや畏敬の念を感じたり、自分とは違う生命をもった存在としての意義を理解したりしていく。また、飼育体験は生き物を大切にする気持ちを育み、生命のすばらしさに心を動かされ、その感動を友達や保育者と共に味わうこともできる。一方で、動物飼育の機会になかなか恵まれず、身近な環境として整えることが難しいという現状も捉えることができた。そのような場合、保育者には、身近に生息する生き物にも目を向けたり、遠足や散歩、場合によっては移動動物園等の機会を巧みに利用したりしながら、保育・指導計画の中に、子どもと生き物との関わりをどのように位置づけていくのか、模索していくことが求められている。

4　子どもと身近な自然

　本章の最後には、これまで取り上げてきた季節、植物、動物（生き物）との関わりを総合的に捉えながら、子どもにとって身近な自然環境とはどのようなものか、また、自然環境と関わる中での子どもの体験や学びについて考えていきたい。ここでは、その季節・時期、その瞬間でしか体験できない自然との触れ合い、植物や生き物との出合いと関わり、それらを有機的に関連づけながら自然環境を整えていく過程について、事例を通して具体的に見ていく。また、子どもにとって身近な自然事象についての気づきや発見を学びとして意味づけていく過程についても触れ、学びの機会としてどのように捉えていけるのかということや、環境の活用の工夫について検討してみたい。それぞれの園の保育環境における様々な取り組みや工夫を知ることで、自分自身の自然環境についての理解を広げ、また自らつくる環境の見直しや振り返りにつながるような学びが得られるものとしたい。

事例①　「"sense of wonder"」　　3歳

　ある雨の日に、テラスで色水遊びを楽しんでいたココちゃん。遊んでいるうちにボウルからあふれた水が机の上に広がり、机の下に滴り落ちていた。それに気づいたココちゃんは、滴り落ちる様子をしばらくジーッと見つめる。そして、色水遊びで使っていたボウルをその雫の先に置いて、水をキャッチ！　雫に触れてみたり…手のひらを差し出してみたり…しばらくそれを繰り返していた。次の瞬間、ココちゃんは後ろを振り返って空を見上げ、今度はテラスの上にある庇（ひさし）から落ちる雨水をジーッと見る。すると、ボウルをそうっと庇の下へ置く。ボウルに「ポツリポツリ」と滴り落ちる雨水をしばらく見て、振り返ったココちゃんは保育者にニコッと満面の笑みを向け、保育室に戻っていった。

> あなたがもしこの場面に出合っていたら、どのような気持ち、感性でココのセンスを受け止めますか？

事例①を読み解く　**言葉より感性で受け止める**

　その後、この事例に登場する保育者は次のようなコメントをつけた。「一体、その子が何を思い、何を感じていたのか私にはわかりません。それでも私はこの名前をつけることさえももったいないと感じる程の、この上ない豊かな瞬間に立ち会えたことに幸せを噛み締め、しばらく動けずにいました」と。この事例におけるココの経験した内容を説明すると、「水

と雨という自然事象との関連性に自ら気づき、主体的に自然と関わりながら遊び、学んでいた」という言葉で解説することもできよう。しかし、この場に立ち会った保育者は、言葉で説明できること以上の驚きと感動を得ており、むしろ言葉にすることそのものに躊躇さえしていた。それは、大人がわかったつもりで、子どもの経験した内容を必要以上の言葉で語ることによって、その経験や感動が味気ないものになるからである。だからこそ、理屈ではなく、言葉の世界ではなく、心の世界で子どもの豊かな感性に目を向け、価値を置き、共に分かち合おうとしているのである。当たり前に身のまわりにある環境の一つひとつ、事象に関心を寄せ、親しみを感じながら丁寧に関わっていく、そんな子どもの姿を目の前に私たち保育者（大人）は、どのような学びの支えができるのであろうか。

事例②　「これモグラのおうちだったんだ」　5歳

　A園は、比較的自然に恵まれている。しかし、保育者の多くが子どもにとって自然は大切と捉えながら、保育の中でどう進めたらよいか迷い、十分に環境を活用していないというのが実情であった。そこで、ネイチャーゲーム[1]を取り入れてみようということになり、初めは専門家に依頼し、子どもたちと「フィールドビンゴ」[2]をすることとなり保育者も共に楽しんだ。この日はいつも遊ぶ園庭で行った。

　専門家からユーモアたっぷりの話を聞いた後、子どもたちは園庭中に散らばっていった。仲良しのミサちゃんとミウちゃんは、心細いのか、手をつなぎながら恐る恐る花のにおいを嗅いでいる。エミちゃんとケンくんは「先生と一緒に探したい」と、保育者の手をしっかり握り、二人とも保育者にピタリと寄り添っている。一方で、タカくんたち三人は木をどかしてその下をのぞき込み、「アッ！　やっぱりいた！」「こういうのが、本日のスペシャルだね」と何かを見つけたような声を上げる。しばらくして集合の合図が園庭に響く。ダックコールだ。アヒルの鳴き声を模したユーモラスな笛の音である。その音色にみんな笑いながら集まり、専門家のリードで、何が見つかったか、互いに見つけたものを紹介し合った。

　後日、園庭で、子どもたちが小さな土の盛り上がりを取り囲んでいた。タカくんが大き

---

1) ネイチャーゲーム……ジョセフ・コーネル（Joseph Bharat Cornell）が提唱する自然体験型環境教育プログラムのこと。人間の五感を用いた様々な自然体験活動（約160のアクティビティー）を通し、自然の不思議や仕組みを学び、自然と自分が一体であることに気づくことなどを目的としている。

2) フィールドビンゴ……ビンゴゲーム風にカードに書かれた対象を、「見る」「聴く」「触る」「嗅ぐ」「味わう」五感を用いながら自然観察を行うことで、自然の美しさや新しい発見などを体感することができる活動のこと。

4 子どもと身近な自然

な声で「これ絶対モグラの穴だよ」と言う。エミちゃんも「そうか、これ、モグラのおうちだったんだ」と納得したように言う。「どっかに棒ないかなあ。穴掘ってみるからさあ」とタカくんが再び大きな声を出す。その時、「あっ、こっちにもある」とエミちゃんが土の盛り上がりを指さす。「どれどれ、あっホントだ」と子どもたちがドッと新しい土の盛り上がりに移動する。

園庭のモグラの穴はこの日初めて見つけたものだ。最近園庭に出ると、子どもたちはよく自然物に興味や関心を寄せるようになった。「フィールドビンゴ」の後、いくつかのアクティビティーを体験するうちに、子どもたちには確実に変化が見られるようになった。

> あなたは、エミが「そうか、これ、モグラのおうちだったんだ」と言った背景として、これまでにどのような体験や気づきがあったと考えますか？

事例②を読み解く　保育者も共に学ぶ

　この園は比較的自然に恵まれている。それにもかかわらず、十分に生かされていないという実態であったことから事例がスタートしている。そこで、取り入れたのがネイチャーゲームという活動であり、子どもにとって、身近な自然を捉え直し、気づきや発見を促すきっかけとなったことが描かれている。エミをはじめとする子どもたちの姿から、初めは新しいゲームに少し心細い気持ちを感じつつも、保育者や友達とのつながりを支えに、また興味をひきつけるダックコールや専門家のユーモアたっぷりの話によって、次第にゲームに親しんでいく様子が読み取れる。そのようなネイチャーゲームをきっかけに、子どもたちは、自分たちの身近な環境であった園庭を新たな目で見るようになり、今の時期でしか出合うことのできない自然環境や自然事象に気づき、発見を意欲的に楽しむようになっていった。このように身近に自然はあるものの、なかなか生かしきれないという保育の実態は、実は多くあるのではないだろうか。この事例の面白いところは、ネイチャーゲームを取り入れるにあたり、最初は専門家の力を借りながら、保育者も一緒に楽しんだということである。その分野の専門家の話や子どもへの関わりは、子どもにとっても多様な人との関わりを広げ、自身のもつ自然への興味や関心を深める機会となったことは間違いない。それだけではなく、保育者を刺激し、保育者自身の学びや楽しみ、自然への関わりや理解を深め、保育の質の向上につながるのではないだろうか。

事例③　「秋の土手で見つけたよ」　　5歳

　園の近くの土手に、5歳児年長クラスの11名と担任、主任保育者が一緒に、各自の虫捕り網と自作の虫かごを持って探検に出かけた。秋の土手は、年長児の背丈よりも大きいススキが生い茂り、赤トンボやイトトンボ、体長10cm以上もあるバッタ、コオロギ、ケ

ラ（おけら）などがそこここにいる。子どもたちにとっては異次元の不思議な世界だった。それぞれが3〜4人毎の仲良しグループに分かれて、一緒に虫を捕えようと意気込んでいたものの、虫を触ることさえも怖がる子どもや、せっかく捕まえたのに自分のかごに入れられず逃がしてしまう子ども、捕まえた虫を友達や保育者に見せる子どもなどがいて大騒ぎとなった。ススキの背が高いた
め、グループの声は聞こえても互いの姿が見えない状況で、園庭で遊ぶのとは全く違う雰囲気の環境を、子どもたちは十分に味わうことができた。園に戻ってから、捕まえた虫や見つけた植物について、図鑑でいろいろ調べたことも大切な経験になった。

　5歳児の子どもたちが夢中で虫を追いかけ、存分に楽しめたのは、どのような環境の準備や保育者の配慮に支えられていたからだと思いますか？

事例③を読み解く **綿密な保育・指導計画のもとで**

　園から徒歩圏内にある土手への園外保育の様子である。秋ならではの自然を満喫できる土手という環境、特に豊富な昆虫の種類や子どもたちの背丈よりも高い植物がある異次元の世界が魅力的な事例である。そのような世界の中で、子どもたちが自ら製作した"マイ虫かご"と"マイ虫捕り網"を手に、喜々として昆虫を追いかける情景を想像するだけで心が躍る。子どもたちはきっと、土手がどんな場所なのか、どんな出合いが待っているのか、虫かごを作りながら、保育者の話を聞きながら期待に胸をふくらませていたことであろう。そのような活動の展開を支えていたのは、事例には書かれていないが、事前に保育者が土手の実踏をし、そこに生息している昆虫や植物について把握し、理解を深める過程であったといえる。この事例から学べることは、園の外に出て、豊かな自然環境にただ出合わせるだけでなく、事前に入念な環境の把握があったこと、その上で年長クラスの子どもたちにどのような経験を期待して行くのか保育者間で話し合い、計画に盛り込み、そこに子どもたちの期待や意欲が織り交ぜられながら進められた取り組みであったことである。そのような綿密な計画とねらいや活動の意図を保育者間で共有すること、そして環境についての理解を深めていくことは、保育の基本的な営みであり、子どもの確かな経験を確保していくために忘れてはならない重要な事項である。

4節のまとめ

　本節では、それぞれの保育環境における様々な活用の工夫や身近な自然環境の見直しについて見てきた。季節は流れ日々刻々と変化をしていく。それが自然環境の大きな特徴である。そうした特徴を踏まえ、子どもがその季節や時期ならではの体験を逃さずできるようにしていくためには、年間を通した保育計画の作成とそれを保育者間で共有していくことが大切である。しかし、そうはいっても自然事象は突然変化することもあり、急に子どもたちの生活

に飛び込んでくることも多い。そのような自然環境の偶然性を受け止め、柔軟に取り入れながら、子どもたちと共に関わりを楽しんでいきたいものである。また、園内に豊かな自然環境がない場合には、園外の環境を積極的に利用していくことも一つの方策であろう。それと共に、併せて検討していきたいことは、日常の園環境の見直しや十分に活用されているかという振り返りである。わざわざ園外に出かけていかずとも、子どもは身近な自然に触れ、身のまわりの自然事象に出合い、生活する中で様々な気づきや発見をしている。そんな学びの姿を保育者が見逃してしまってはいないだろうか。身近な自然環境、身のまわりで起きている当たり前の事象に、驚き、気づき、学びを生み出せる感性を保育者自身も磨いていきたいものである。

　自然との出合いは、子どもだけではなく、人間にとって安らぎや落ち着いた気持ちを与えてくれる。情緒が安定していく中で、子どもは自然の不思議さ、自然と交わる喜びを感じ、また、好奇心や探究心をもちながら科学的な見方やものの考え方を体験していく。さらに、自分の感覚や発見を様々な形で表現し、他者と共有することを楽しんでいく。自然との関わりにおけるこの一連のプロセスは、豊かな感情を育む基盤となる。保育者は、そのような自然と子どもとの関わりをつぶさに観察し、共に喜び共に驚きながら、子どもの体験が豊かな経験となるような環境を整え、見守っていく必要がある。

演習ワーク④〜ディベート1 「遠足の行き先は？」

【ねらい】子どもの最善の利益に関わる事柄について判断する力を養う。
保育を改善するために求められる思考・判断・表現力を養う。

○次の設定に沿ってグループに分かれてディベートを行いましょう。

> **論題：遠足に行くなら、「山」と「川（海・湖）」のどちらがよいか？**
>
> **条件設定**
> ・遠足の行き先を「山」と「川（海・湖）」として、それぞれのよさを討論する。遠足の季節はそれぞれの目的にあった時期を設定してよい。基本的に保護者同伴とする。
> ・それぞれへの経路・時間は討論対象にしない。
>
> **進め方（時間は目安）**
> ・各グループの資料調べや主張まとめは、授業時間内に十分な討論、事後評価を行うために、事前にグループ分けを行い時間をかけて準備することが望ましい。
> ・討論の発言の流れは次のように行う（合計40分）。
>
> 　①Ａグループの主張　　②Ｂグループからの質疑　　③Ｂグループの主張
> 　④Ａグループからの質疑　⑤Ｂグループからの反論　　⑥Ａグループからの反論
> 　⑦Ｂグループの最終主張　⑧Ａグループの最終主張　　⑨投票（挙手など）
>
> ・結果を受けて事後評価をクラスで行う（20分）
> ・各自で感想をまとめる（20分）

演習方法

1、司会進行役を決め、２つのグループに分かれ、どちらの側で主張するかを決める。
2、グループごとに上記の設定に沿ってどのような主張をするか、必要なことを調べて相談しまとめる。代表して発表する人を選び、順番を決める。司会進行役は、どのような流れで討論を進め、それぞれの項目においてどのような発言を促すことができるか想定し、時間がきたら討論を開始するよう促す。
3、司会進行役の指示に従い、実際に討論を始める。参加者は、記録表をコピーして討論の内容、気づきのメモをとる。
4、司会進行役の指示に従い、実際に討論を始める。司会は論点を明確にし、各グループに発言を求める。
5、項目に沿って討論が終了したら、全員でどちらの主張に賛成するか投票する。
6、投票の結果を踏まえて、どのような発言、資料の提示の仕方が良かったか、また改善するところは何かを全員で話し合う。
7、最後にディベートを終えた感想を一人ひとりまとめる。

ポイント　自分の主張する事柄について、良いことも悪いこともしっかり下調べをしましょう。

第 8 章

子どもの生きる力を育む環境

　本章で取り上げられる自立する心、道徳性・規範意識の芽生えなどは、保育内容「人間関係」で、また表現する心は保育内容「表現」において学ぶ内容と深く関連する。乳幼児が身近な社会や自然界の様々な事柄・事物との出合いと関わりを深めていく中で、心がどのように育まれていくかその過程を「生きる力を育む」と捉え、本章では保育内容「環境」の視点から心の様々な側面に焦点を当てつつ考えてみる。子どもたちが生活する環境に込められた保育者の配慮と工夫が、子どもたちが心を十分に使って生活することを支えている様子を事例の中で確認していこう。

　1節では自立する心、2節では好奇心・探究心、3節では思考する心・判断する心、4節では表現する心、5節では道徳性の芽生えに焦点を当てる。子どもの心を育む保育内容としての環境には、保育者自身が身のまわりの環境につきぬ興味・関心をもっていることが欠かせないことも見ていこう。

1 自立する心を育む環境

　自立する心は、ある時期になって芽生えてくるものというより、すでに誕生の時から子どもの成長の原動力となっていると考えることができる。乳児期において、身辺のことすべてを大人の世話に頼っている生活の中であっても、実は子どもは文字通り自分の足で歩むことを一心にめざす。しかし、大人はあやされたり世話をされたりして嬉しそうに笑う子どもの顔を見て、この子は大人の腕の中に抱かれていることが心地よいのだと、大人の方が勘違いしてしまうのかもしれない。人肌の心地よさや不安を消してもらえる安心感、人とのやりとりの格別な面白さに、人生の最初の段階でたっぷり身を浸しておくことは、子どもが世界に対して確固とした希望と信頼を抱くためには必須である。そして、子どもは希望と信頼を抱いた世界だからこそ、その中へ出ていきたい、自分の行きたい方角に自分の足で行きたいと願う。

　保育者は、この世界を自分の活躍の舞台と信じている子どもに対し、自分を取り巻く世界をしっかり見て理解していくことを助け、子ども自身が身体を使って試してみる機会を提供していこう。この世界は子どもが信じている通り、「あなたの活躍する舞台である」と示していくことが、自立する心を育む環境となる。

事例①　「お兄ちゃんハンガー」　　　3歳

　2月、園に着てきたコートはハンガーにかけることとなっている。3歳児にとって、チャックの上げ下げやボタンのかけはずしを自分でするには、難しさもあるため、最初はハンガーに洗濯バサミをつけ、首元の部分を挟んでしまえるようにしていた。慣れてきた頃に保育者が「そろそろお兄ちゃんハンガーにしたいなって子はしようかな」と子どもたちに話をする。「洗濯バサミがついていないハンガーは、お兄ちゃんハンガーだよ。少し難しくても頑張れそうって時はそっちでやってみよう」と促す。自分で選べるように「お兄ちゃんハンガー」と「(洗濯バサミつき)ハンガー」とを分けて置いておく。「僕、自分でできた。お兄ちゃんだよね」と嬉しそうなヨシトくん。「昨日はできたけど、今日は難しいから、こっちの(洗濯バサミつき)ハンガーにしよう」というソウタロウくん。その子のペースで、少しずつステップアップしていく環境がある。

　自分のペースでハンガーを使う子どもたち。あなたは、このハンガーが子どもたちに何をもたらしていると考えますか？

1　自立する心を育む環境

事例①を読み解く　**生活力を高める工夫**

　服をハンガーにかけることなどは、大人は無意識に行っている動作であるが、子どもにとってはそうではない。衣服の着脱ならば、身体ごと取り組んで何とか扱えても、身体から衣服が離れてある時、自分の手が触れるたびに形が変わるこの布製の物体は子どもには何とも扱いにくい。一枚の布地が立体的に構成されていることを理解し、空間的に捉える想像力を駆使しながら、ハンガーという道具を理解して初めて使えるようになる。たたむ場合は逆に、立体だったものを平面のイメージに収めていく過程である。生活の中で人が物や道具を手にする時には、このようにそれらの物事を多様な視点で認識する力を駆使している。目と手の協応が訓練され、ほとんど無意識で取り扱えるようになるまで、幼児期には物とじっくり出合い、物の性質や仕組みを知り、試行や探索を繰り返す機会を保障したい。そのためにも、保育者は幼児のペースに合わせてゆったりとした生活時間を想定しよう。

　また、衣服は自分の身体を覆うプライベートな専有物であり、共同生活の場で自分の衣服を自分で管理することは、共同生活を主体的に送ろうとする者にとって必要な態度である。面倒であっても衣服の扱いをおろそかにしないよう、その都度子どもたちを励ましていこう。事例のヨシトやソウタロウのような行きつ戻りつがあることを認めながら、物を扱う方法を子どもの発達に応じて進めていく視点をもちつつ、集団における生活力を高めていく工夫を保育環境に備えていきたい。

事例②　「動線をつくる」　　　3歳

　コウジくんは朝の身支度の時、保育室の入り口で座り込み、コップを出したり、タオルを床に置いたりして、カバンの中に入っている物を出し入れしている。しばらくして、タオルを持ったかと思うと、友達が遊んでいるところに近づき、タオルを置いて話し出す。それを見て保育者が「コウジくん、朝の支度はできたの？」と声をかけることが毎日続いていた。

　そこで保育者は、保育室の入口に、タオルかけ、次にコップ置場、連絡帳入れ、シール帳と順番に置き場を並べ、最終的にロッカーの前にたどり着くよう環境設定を工夫した。そしてコウジくんが登園したあと、保育者が「ここにタオル、次はコップ」と伝えながら一緒に朝の支度をした。

　翌日、コウジくんは「タオル、次はコップ」と言いながら、自分ですべての身支度を終わらせると「先生、できた」と嬉しそうに保育者に伝えに来る。

　　コウジが身支度できるようになったのは、工夫した環境設定がコウジにどのように働きかけたからだとあなたは思いますか？

事例②を読み解く　子どもにとって機能的な環境をつくる

　朝、登園してきて園生活を始める時の子どもの行動のテンポには個人差がある。それぞれのテンポを考慮しつつ子どもの行動をよく観察すると、固有のテンポというよりは不要な混乱やもたつきが混入していることもある。そのような場合は、子どもにとってより合理的で機能的な環境を構成してみよう。このような配慮がなされ、事例のコウジは、自然な動線に誘われるようにしてスムーズに身支度を終え、園生活を心地よくスタートさせている。

　大人が望ましいと考える子どもの行動がある場合、大人の言葉の指示によって獲得させるのではなく、子ども自身がその行動をしようと思うことが肝要である。子ども自身がその環境の中に行動の意味を見いだしていけるよう、保育者は子どもたちの生活空間を構成していきたい。

事例③　「見えるようにすることで」　　4歳・保育者

　個々のペースで楽しめるよう、個人持ちのコマを用意した。そこで、どこにどんなふうにコマを収納しようか、コマ置き場を学年会議で検討した。通常は、牛乳パックなどでコマ入れを作ることが多いが、子どもにとって見えて、すぐ手にできることを優先すると「ビニールのウォールポケットもいいかも」という若手の保育者の意見が出される。「透明だと、その子のコマの色や模様も見えていいし、やりたい気持ちにもなるね」と中堅保育者がそれに応える。「それに、子どもたちだけでなく、こちら（保育者）も誰のコマがない・あるとチェックしやすいしね」と主任保育者の意見も出て、話し合いで決定する。環境設定後、子どもたちがコマを扱う様子を見ながら、見えるようにする環境のもつ力の大きさを実感し、細かな環境について保育者間で話し合うことの大事さを感じた。

　　あなたは、壁に備え付けられた透明のウォールポケットが子どもの心にどのような
　　働きかけをすると考えますか？

事例③を読み解く　心が動いた時にすぐできる環境

　園での生活が家庭の生活と異なる点は、"公共"という性質を基本にしていることである。公共、という日本語の印象はやや限定的かもしれないが、幼児にとっては「みんなの」という形容詞が示すところのもの、と考えることができるだろう。社会に参与していく人間として、公共の感覚が幼児期から健やかに育まれていく重要性については、保育内容「人間関係」の領域でも示されている。ここでは、幼児の生活が「公共」の感覚を心地よいもの、合理的なものとして経験する場になるための保育者の配慮や工夫に注目したい。

1　自立する心を育む環境

　クラスや学年で共通の個人持ちの教材・教具は、子どもたちの公私が交差する点となる。個々の専有物でありながら、使用の目的や方法は共有されており、それを持っていること自体が集団を意識させるものである。子どもにとって集団を意識させる物（たとえば制服、制帽、そろいのカバンなど）が、園生活の中でどのような目的で、どのように用いられているかについては、むしろ保育者の側が自覚的でない場合が多いかもしれない。保育者は、保育環境の一要因として、どのようなねらいのもとで使用するものであるかを、改めて見直す機会をもとう。

　事例では、個人持ちのコマを子どもがどのように収納するかについて保育者たちが工夫をしている。保育者たちはまず、収納のポイントを子どもが「見える」「すぐ手に取れる」ことと明確にしている。保育者たちの「見える」ようにする工夫は、情報の共有を図ることと考えられる。ウォールポケットは壁面に設置され、子どもたちの生活環境の中で大きな存在感をもつであろう。個々のポケットが透明であることで、「見える」と「見せる」が同時に起こる。子どもは自分のコマをウォールポケットに入れておきさえすれば、自分もみんなと共にコマの活動に参加している（一員である）ことを示すことができる。コマにあまり関心がなくても、それぞれに色や模様をつけたコマを、みんなが互いに見てコマに寄せる個々の思いを感じることができる。当然、コマの活動に対する意欲や関心の濃淡がそれぞれの子どもの間にはある。それはそのまま受け止められることが大切で、たとえば製作物など、個々が一覧に示されるような場合に留意したいのは、比較や評価、また目標達成への催促をもたらすものにならない配慮である。

　「すぐ手に取れる」工夫は、子どもが「やりたい」と少しでも思ったら、そのタイミングで、自分のコマとひもが確実に手に取れて、行動できる状況をつくっている。コマに限らず、保育者はいつでも、子どもの心が動いた時に、子どもの身体も動くことを念頭に、願いを実現できるように援助したいものである。そのためには環境自体に援助力を備えておくのである。

事例④　「年少さんのお世話は任せて！」　　　5歳

　年長組になり、初めての始業式を迎えた子どもたちに、保育者が、年長学年としての役割について話し合う場をもたせた。様々な発言の中で特に多かったのが年少組のお世話であった。そんな中、コウキくんが浮かない顔をしている。子どもたちとの話し合い後、保育者がコウキくんに「どうしたの？」と声をかけてみた。コウキくんは「だって、ぼくお世話できないから。やったことないし」とのことだった。
　コウキくんは、家では2人の姉が何でもやってくれて何も言わなくても用が足りてしまう。お世話されることに慣れているコウキくんは年少組のお世話をすることが不安であった。保育者は、コウキくんに年少さんと一緒にいてあげるだけでも

いいことや、できなくて困っていることを手伝ってあげればいいことなど話してみた。それを聞いてコウキくんは「ぼくにも、できるかなぁ」と言う。保育者は「明日は先生と一緒にやってみようか」と話して翌日を迎えた。

年少組の初めての登園日に保育者と年長児が玄関で待ち受けていた。その中にコウキくんもいた。コウキくんは何日か保育者と一緒にお世話をした。だんだん慣れてきて、保育者がいなくても自分からお世話ができるようになってきた。

ある日、年少児がコウキくんに「ありがとう」と言い、にっこりした。コウキくんも、にっこりした。

> 年長学年としての役割について話し合い、それを果たせるような環境を整えることで、あなたは子どもたちがどのようなことに気づくと思いますか？

事例④を読み解く　自分の力に気づく

コウキにとって"お世話"は、母親や姉たちが自分に向けてすることであって、自分が行うこととしては全く考えたこともなかったであろう。それなのに、クラスメイトが"年少組のお世話をしよう"と話した時には、コウキはどんなに戸惑ったであろうか。しかし、このように戸惑ったりたじろいだりする時にこそ、保育者は、子どもが落ち着いて自分と自分を取り巻く状況を正確に理解していくことができるよう援助していこう。

実際には、この時点で年長組のコウキは、入園したばかりの年少組の子どもとは段違いに自立的に園生活を送ることができるようになっているはずである。しかし、身支度ひとつをとってみても、自分でできることと、他人ができるように助けることとは違う。今自分に求められている行動は、自分が使ったことのない力を使うものだ、と直感しているコウキの姿がある。自分で身支度できるだけでなく、「その人ができるように助ける」ためには、相手の身になって、相手の力量を観察した上でどこを補えばよいかを判断することが必要になってくる。もちろん多くの場合、子どもであれば最初はそこまで考えずに代わってやってしまうだろう。これは考え進めていくと、対人援助とは何かという大きなテーマにつながる事柄でもある。しかし、ここでは異年齢の子ども同士の関わり合いのある環境において、コウキが自分の力に気づき、自ら年少児のお世話ができるようになっていく心の育ちに焦点を当てて考えてみたい。

保育者は、コウキに「年少さんと一緒にいてあげるだけでもいい」と伝えている。これは自分のための行動ではなく、相手のために一緒にいることが核心であることを示している。相手のために自分の時間を使う、という経験は、他者との関係の中に自分を置くことであり、自分の側に他者とつながる接点を意識的につくることになる。この段階では、お世話をすることを"思いやり"や"優しさ""親切"といった心の問題と結びつけるよりも、生活の場で自覚的に他者とともに過ごすことで、子どもが具体的に経験する内容を重視していきたい。おそらく最初、コウキは年少児と一緒にいるだけで、お世話は保育者だけがしていたであろう。コウキは安心して保育者の姿を眺めながら、年少の子どもたちをゆっくり観察していくうちに、この状況の中で自分にできることや、わかることがあるのを発見していったのだろう。子どもが自分の力に気づき、何をしてあげられるのかがわかってくると、自分からお世話ができるようになっていく。こうしていつもお世話される側だったコウキが、自信をもってお世話する側の人

になった。そのような頃に年少児から「ありがとう」と言われ、感謝の気持ちを受け止めることができるコウキになっていたのではないだろうか。

1節のまとめ

冒頭に記したように、自立する心は子どもの成長の原動力そのものであり、子どもに本来的に備わっていると考えるのが自然であろう。むしろ、大人が子どもに関わりすぎることで子どもの成長を抑えてしまっていることがあるので気をつけたい。保育者は子どもが自分から動き出すのを待ちきれなかったり、うまくやれるように手助けし過ぎたりしていないだろうか。それでは、保育者はどのように関わればよいのだろうか。以下みていこう。

（1）焦らず落ち着いて関わっていく

事例④でコウキが年少さんのお世話にすぐには気持ちが向かなかった時、「一緒にいるだけでいい」と声をかけた保育者は、急がなかった。このような保育者の存在自体が、子どもにとって重要な環境であり、時にはペースメーカー的な役割を果たす。混乱や戸惑いの中にあっても、子どもが自分のペースを取り戻せるよう、保育者自身がそれぞれの子どもにとって必要な環境となろう。

（2）子どもを認める・見守る

事例①では、お兄ちゃんハンガーという一段階進んだ選択肢を用意しておきつつ、洗濯バサミつきのものも選べるようにしてある意味を考えておきたい。子どもが先に進むだけではなく、同じことを繰り返す、あるいは戻ることも可能な環境で、選択を委ねられていることが子どもの自立の気持ちを支えることになる。子どもの自立への歩みは、ささやかであっても常に失敗や挫折の経験を伴うものである。毎日の生活の時空間が、子どもにとって安心して挑戦できる場となっているか、細やかな配慮を欠かさないようにしていきたい。

（3）情報の共有を意識する

子どもたちが主体的に生活するためには、子どもが自分で必要な情報をキャッチできるように工夫されている環境が必要である。事例③における保育者の工夫は、単に保育者の管理しやすさだけではなく、わかりやすさが、自分らしく行動したい時に役に立つことを子どもに経験させてくれる。この場合のわかりやすさは、一緒に生活する者同士の情報共有であり、集団生活において自分で判断することや、主体的に行動することを助けてくれる要因となる。個人持ちのコマをどのように収納するかという、このような事柄は、つい保育者の管理のしやすさという点から考えられやすいが、子ども自身の裁量の幅を広げることも視野に入れて工夫してみたい。

(4) 環境の点検・改善を行う

　事例②で見たように、子どもにとって不要な混乱を引き起こしている環境要因に気づき改善することは保育者の責務である。ねらいをもってひとたび環境構成を行った(plan do)後も、実際の子どもたちの姿をよく観察して、子どもの自発性・主体性がスムーズに発揮される適切な環境となっているかを点検する（check）ことは欠かせない。不要な行動が引き起こされている環境要因が発見されれば、保育室内の物の置き方や子どもの動線のつくり方などを再考し、環境の再構成に取り組もう（action）。

2 好奇心・探究心を育む環境

人間は古来、その好奇心と探究心に突き動かされて、自分の手と足だけで、地球上くまなく出かけていき、探索してきた。それらは、人間の健やかな生命力が自然に生み出すものであるといえるだろう。子どもたちの好奇心や探究心は、身のまわりの小さな物事や、身近な自然、自分自身や友達、一緒に過ごす大人、また日常の生活そのものに向けられる。園は、静かでありふれた物事の中に子どもたちが驚きと感動を見いだすことのできる環境を備えているだろうか。まずは保育者自身が驚きと感動に対して鋭敏であり、世界の魅力に強くひかれる心とアンテナをもっている必要がある。

事例① 「氷を溶かす方法を発見～冬の不思議」　3歳

2月の寒い日、園庭の池に氷が張っていた。登園後、カバンをロッカーにかけるとすぐ園庭に遊びに出たサトちゃんは、池の氷を素手でつかんでそばに置いてあるバケツのお湯の中に入れると、氷が溶けることに気がついた。このお湯は、子どもたちが外遊びの後で手を洗う時に寒いので保育者が準備したものだった。

しかしサトちゃんは、お湯に氷を入れると溶けてしまうことが不思議なのか、何度も氷を取ってはお湯に入れて溶ける様子を確認し繰り返し試した。保育者は、お湯が冷たくなるからと止めることなく、サトちゃんの様子を見守った。次にサトちゃんは、砂場で使うスコップを両手で握って振り下ろして氷を割り、氷がバラバラになることも発見し、驚いた表情になった。

あなたなら、サトのような"冬ならでは"の経験ができるように、どのようなものを用意しますか？

事例①を読み解く　好奇心・探究心が生み出す行動を見守る

物の性質に興味をもったら、実際に対象に手で触れ、全身の感覚を研ぎ澄ませて直接感じていくことが子どもにとって何より大切である。自分の身体を使ってできるいろいろな方法で何度も繰り返し確かめていくことで、幼児の好奇心・探究心は満たされる。事例では、たまたま用意してあった湯の用途と、サトの使い方は保育者の意図したこととは異なるが、子どもの思いを大切にして見守ったことで、氷の性質に気づいたサトにとっては、一層興味を増すことになった。子どもたちの好奇心・探究心がおもむくところに沿って、保育者も自在に環境を活用していきたい。

事例② 「水で絵が描けるよ」　　3歳

ある日の雨上がりに、保育者が空のバケツに絵筆だけを何本か入れて園庭の側溝のところに置いた。園庭の半分は土、残り半分はアスファルトでできているため、時々乾いたアスファルトに保育者がジョウロの水で円を描いたりくねくねを描いたりしてゲームや運動遊びをしていたことがある。この日も、保育者がジョウロを使っていつものようにアスファルトに描いて数人と遊んでいた。

すると、ミツルくんが側溝のところにある小さいバケツと絵筆を持って、アスファルトの園庭にできた水たまりの水を使い、地面に線を描きだした。「黒い色で絵が描けたよ」「すごいよ、いっぱい描けたよ」と目の前の発見に大満足だった。実は何日か前に、この同じバケツに絵の具を入れて絵筆を使い、紙に絵を描いたことをミツルくんは思い出したのだった。

> 子どもが興味や関心をもって取り組むことができる「描く」活動として、あなたならほかにどのような活動を用意しますか？

事例②を読み解く　経験をつなげていく

子どもたちの好奇心や探究心は、子どもたちを様々な物事に向かわせて次々に多様な経験をもたらすだろう。それらの知識や経験が互いに関連をもってつながりあうように保育者が配慮することで、子どもの理解や認識は意味や文脈を得て深まり、根づく。事例のミツルは、絵の具と絵筆を用いて紙の上で描く活動を経験した後に、同じ道具で、しかし今度はアスファルトに対して水で描く経験を重ねている。様々な関連の中で展開するこの経験が加わったことで、ミツルの中ではいくつもの発見がつながったであろう。「画用紙とアスファルトでは描いている手に伝わってくる感触は大きく異なるが、絵筆独自の繊細な筆致があること」「無色の水が、アスファルトの上で絵の具のように黒い色を示すこと」などの発見である。同じことと異なること、新しいことを複雑に感じ分けながら描き続けた探究の結果、目の前の発見に大満足している。

子どもたちの経験に関連性をもたらし、つなげていくためには、それぞれの子どもがどのように経験をしているか、興味や関心はどのような点にあるのかなども、保育者は細やかに捉えていく必要がある。

2 好奇心・探究心を育む環境

| 事例③ | 「おいしいケーキが作りたい！」 | 5歳 |

　ユウコちゃんはお店屋さんごっこが好きで、特にケーキ屋さんがお気に入り。砂場や保育室で毎日のように「いらっしゃいませ」「どれにしますかー」と大はりきり。ユウコちゃんに限らず、子どもたちはお店屋さんごっこが好きなので、年に一度、行事として"お店屋さんごっこ"を実施している。

　今年も、子どもたちはなりたい店の品物を作ったり、看板を作ったりして、当日に向けた準備を進めていた。ユウコちゃんはもちろんケーキ屋さんを準備していたが、砂や粘土とは違って紙や絵の具を使って作るとなると、あまりうまくできずに四苦八苦していた。

　そんなある日、ユウコちゃんは、年中組の前を通りかかってふと足を止めた。「先生、これどうやって作ったの？」おいしそうなケーキが何個も作られていた。ゆり組の保育者が、どんな材料を使ったか、どのように作ったかなどをユウコちゃんに教えると、ユウコちゃんは教えてもらうこと一つひとつを興味津々な様子で聞き入っていた。その後、さっそくクラスに戻って保育者に欲しい材料を伝えたり、次の日には家にある物を持って来たりして、自分の思い通りのケーキをたくさん作り、ケーキ屋さんの開店を楽しみにしている姿があった。

> **あなたなら、お店屋さんごっこのようなごっこ遊びのために、保育室にどのような物・素材を用意しますか？**

事例③を読み解く　思い描くイメージを形にする

　子どもは思い描くイメージを、見て、触ることができるものとして創りたいと思うようになる。自分の頭の中にあるイメージを細部まで正確に再現したくてならないが、残念ながら手の技が追いつかない。イメージに形を与えることは、まさに人間の本質に迫る願いでもあり、芸術的創造の活動を生み出している。すべての人が生涯かけて追求していく課題でもあるといえよう。幼児期に必要なのは、この活動から深い満足と納得、達成感を得ることであり、必ずしも作品としての完成度とは関わりがない。

　イメージを形にしようとする時、人は物質・素材と、自分の手で向き合っていくことになる。自分の手ができることの限界を越えようとすれば、道具の力を借りることができる。幼児は、様々な物質の性質を知り、探り、自分の手がどんなことをできるのかを確かめていく。そうして形を与えた物を通して、思い描いていたイメージを身近な人に伝えられた時、表現する喜びと共感を得る喜びを味わうだろう。3歳児は、砂場で砂を器に載せただけのものを「はい、カレーです」「ラーメンです」とレストランを開く。3歳児同士ではそのイメージを受け取るのは難しいが、保育者が「わぁ、おいしそう！　いただきます！」と受け取ることで、差し出した子どもは満足する。しかし、5歳児のユウコは四苦八苦の労もいとわないほどに、形にしたいケーキのイメージにこだわりを見せている。

保育者は、その子どもがどんなイメージに心躍らせているのかに注目し、その子どもが扱える材料や道具、適した方法を提供できるよう備えよう。

事例④　「あんな川を作りたい！」　　4・5歳

前日、5歳児たちが砂場の水道に樋（とい）をつなげて豪勢に川つくりをしていたのを見ていた4歳児。今日は5歳児の姿がない砂場で、自分もそのイメージで遊びたい。5歳児たちが水道から直接水を受けていたこと、水の流れの勢いがよかったこと、樋をつなげていたこと、砂場のどのあたりまで樋がつながっていたかなどをよく覚えている。しかし、実際に樋をどのように組んでいくとああなるのかはわからず、途方に暮れる。保育者は、この子どもが試行錯誤を諦めない程度に助けながら、納得のいく程度の川があまり時間をかけすぎず実現するよう配慮している。

しかしそこに、別の4歳児のグループがやってきて、同じ水道から自分たちも樋をつなげたいという。昨日の5歳児たちは同じ水道から2本の樋に同時に水を受けるようにしていたが、4歳児は水源を独占しなければならないと考えているので、後からの参入を受け入れられない。

先に水道を使っていた子どもは、後から来た子どもたちの樋を怒ってどけてしまう。それに対して後から来た子どもたちも怒る。双方が樋を手にしながら言い争いになる。保育者は「この水道を両方の人たちが使いたいのね。どうしたらいいかしらねぇ」と間に入る。しかし、見ていたはずの5歳児の方法については4歳の子どもからは出てこない。そこで5歳児のしていた水の分け方は保育者からはあえて教えないことにして、後から来た子どもたちを別の水場に誘う。

　あなたは、4歳児に水の分け方をあえて教えない保育者の配慮には、子どもにどのような力を育てるねらいがあると考えますか？

事例④を読み解く　自ら学び、自ら考える

年長児が存分に力を発揮して、協力して遊び込む姿はエネルギーに満ちていて、大人が見ていても大変魅力的である。前日、4歳児がどんなに憧れてその姿を見ていたかが想像できる。それは、その時の川のイメージを一晩抱き続けて、翌日勇んで登園してくるほどである。あんなふうに遊びたいというイメージを再現しようとする4歳児だが、断片的に捉えられている部分はあるものの、遊びを実現するための具体的な仕組みの理解にはまだ届かない。同じように遊べるようになるには、4歳児の子どもたち自身が樋遊びを試行錯誤する経験の一つひとつが必要である。失敗も子どもたちにとって貴重な学びとなることを心に留めて、保育者は手を貸したり教えたりしたくなる気持ちを抑えて見守りたい。

2 好奇心・探究心を育む環境

　こうして子どもの探究心は、理解力や技術力の向上と経験に支えられて強まっていく。保育者はそれらを考慮して、遊具・教材・空間・環境を用意し、子どもたちの活動が継続し、発展するよう支えていきたい。砂場には、樋のほかにどのような物や道具があるとよいだろうか。水場にはどのような工夫ができるだろうか。年少児から年長児まで、それぞれにとって十分挑戦しがいのある環境になっているだろうか。保育者自身の遊びに関する経験と知識、そして技術が豊富であることが必要なのはいうまでもない。あなたは樋を使って水遊びをしたことがあるだろうか？

2節のまとめ

　事例からも感じられることであるが、子どもの好奇心や探究心は、しばしば自然界や物質に向けられる。「なぜ？」と不思議に思い、「もしかしたら」、と仮説を立て、「こうすれば」と実験をして確かめる。あるいはひたすら観察する。あるいはまた、その物をずっと触り続けたり、ほかの物と混ぜ合わせてみたり、加工したりする。そのような子どもの姿を考えると、子どもの好奇心や探究心を育むためには、保育者はどのような環境構成を行えばよいのかが見えてくるのではないだろうか。

(1) 身近な自然の環境を用意する

　子どもの興味や関心は、園環境の中で自然物にたっぷり触れることで刺激される。たとえば、園内に樹木や草花、野菜などが育てられていて、子どもたちが四季折々の植物の姿に触れられることである。また、小動物が飼育されていて、子どもたちが世話をしたりじっくり見たりすることで動物に親しみ、理解を深めていくことができるとよい。近隣に自然公園や小動物の飼育施設などがあれば、それらも積極的に園環境に取り入れて考えていくことができる。

(2) 五感で素材に親しむ

　子どもたちが多様な物質・素材に出合い、十分な時間をかけ、自身の五感を使ってそれらに取り組むことができる機会が大切である。日々の遊びの中で、物の性質と可塑性に気づけるよう、活動を工夫しよう。たとえば、新聞紙はクシャクシャと手の中で丸めればボールを作れる。何枚か重ねてそろえて、端から丸めていくと丈夫な棒になる。細かくちぎったものを集めれば羽毛のように柔らかい。このように様々な展開が可能な活動を行う際には、計画時から適切な段取りと十分な時間配分を検討し、いろいろな子どもがいる中で各自がそれぞれの気づきや興味・関心の高まりにいたれるようにするとよい。

（3）活動を支える、広げる道具の準備

　適切な道具を使うことで、様々な素材を扱う活動に際して、子どもの興味や関心を一層深めることができる。素材の性質に即したいろいろな道具の中で、子どもが扱うことのできる道具にはどのようなものがあるだろうか。また、画一的な道具のみを用意するのではなく、子どもの身近にあるもので応用できるもの（たとえば粘土の型抜きに使えるペットボトルのキャップなど）を加えたり、いろいろな大きさや素材の絵筆を用意したりするなど、子どもの活動の幅を広げるような配慮も必要である。

　ただし、道具の使用には目と手の協応力など前提となる能力の発達もあるため、子どもの経験や育ちも配慮していく必要がある。

（4）モデルとなり共感をもつ

　環境を構成するためには、何よりも保育者自身が自然科学に対する興味や関心と知識をもっていることが欠かせない。たとえば、身近な草花や樹木、昆虫についてであり、気象や宇宙についてであったりする。

　また、子どもが取り組めるような実験的な遊びの知識も蓄えておきたい。たとえば、自然物を使った色水遊びであったり、事例①のような氷や霜柱などについての知識であったりする。

　子どもたちと共に過ごす生活の中で、保育者自身の感動が子どもの興味や関心を刺激する。そのために子どもと共鳴し合う感覚を有することが何より大切である。

3 思考する心・判断する心を育む環境

　子どもの経験や知識は少なく、また語彙もまだまだ少ないが、それでも子どもはもてるものすべてを駆使して思考し、判断しようとする。しかし、思考や判断は主体的な行動であり、それは子どもが自信をもって生活していて初めて可能になる。また、自分の興味や関心の中からだけでは考えたり判断したりすることには限界があるため、ほかの人の意見を聞いたり、自分とは違う考え方を受け入れたりすることも時には必要である。そして、そのための時間を十分にかけられることも欠かせない。それらの条件が整うと、子どももまた喜んで「考える」。保育者は、園の生活の中で出合う様々な機会を捉えて、子どもたちと一緒に考えることを大切にする環境を用意していきたい。

事例① 「片づけする場所はここだね」　1歳10か月

　給食前の片づけの時間帯になった。1歳児保育室のおもちゃの棚では、箱ごとにそれぞれ、ままごと用の皿・カップ・スプーン・フォーク・ナイフ・なべ・フライパン・野菜や果物・まな板・包丁等や、絵本・ブロック・プラレール・エプロン・スカート・バッグ等の写真またはイラストが貼ってあった。保育者が「そろそろ片づけて給食を食べましょう」と声かけすると、子どもたちはその表示を見ておもちゃを分類し、手際よく片づけ始めた。遊んだ後にたくさん遊具が出ていても、すぐに保育者と一緒に片づけを終えた。

　子どもが遊んだおもちゃを片づけしやすくするために、あなたならどのような方法を考えますか？

事例①を読み解く　物を意識して扱う片づけ

　片づけは一般に、散らかしたならその人の責任で行うべきこと、と理解されているかもしれない。しかし片づけとは、活動の区切りに自分が活動している環境を点検し、積極的に再構成する行為であることに注目したい。事例のように、場面を換えていくために片づけることもその一つである。この時に重要なのは、子どもたちにとって活動に自然な区切りがついていることである。十分遊んだ後、腹が空いて食事に向かう日常の流れの中など、子どもたちは納得のいく収束の段階で初めて活動そのものから気持ちを離して、活動の舞台であったそれまでの環境に目を向けることができる。

　また、事例では子どもたちが使ったものを分類していく様子が描かれているが、それまで

自分が使っていた物を、活動の中での意味合いから切り離し、その物単体として捉え直すと、その物がもつ様々な性質や特徴が浮かび上がるのも、片づけにおいて重要な点である。片づける物のどの側面に焦点を当てて仲間分けしていくかは、その物が使われる場面や使う子どもたちの興味や発達の段階によって考慮していくことが必要であろう。

低年齢の子どもにとっては、色や形状は理解しやすい手がかりであろう。しかし、生活の経験を積み、物の用途や機能を理解するようになると、物への視点も変わってくる。年長児がままごとの棚の前で、考えながら置き場所を変えている姿に出会ったことがある。聞いてみると、(ままごとで)ピクニックに持っていくものを同じ場所に置きたいのだという。

物と関わりながら生活していく人間にとって、物の性質を熟知していくこともとても重要である。様々な形になっていた粘土片が、まとめられ、こね直されて形を解き、子どもたちが手に取りやすい大きさにそろえられて粘土ケースに収まっていく時、再びこの物質の可塑性が前面に現れる。

子どもは使ったものを片づけていく時に、自分の遊びを支えていた場所や物を改めて意識していくことができる。片づけのタイミングが悪かったり、片づけ方が子どもにとって複雑すぎたりすると、環境をつくっていく主体的な行動として発展していきにくい。保育者は、子どもたちの様子に応じる繊細な配慮と、物を多面的に捉える視点から柔軟な発想で片づけを捉えていきたい。

事例② 「リレーの順番を決める」　　　4歳

年中組の時に、運動会で年長組の白熱したリレーを見ていた子どもたち。運動会が終わった後、年長組に混ざってリレーを楽しみ始めていた。いよいよ自分たちが年長組に進級した4月からは、担任保育者たちは時々みんなでリレーを楽しむ機会をつくってきた。夏休みが明けると、クラス対抗の形で勝ち星を記録し競うなどチームプレイの楽しさや、一人ひとりが自分の技に磨きをかけることに気持ちを向けられるように保育者は関わっていく。運動会のほかのプログラムへの取り組みも始まる頃には、保育者は、リレーという競技の行い方を説明する中で、走る順番も重要であることを子どもたちと確認する。そして、「運動会で走る順番をみんなで決めよう」と子どもたちに投げかけたところ、最初に走る人と、アンカーに複数の子どもが手を挙げる。「じゃんけんだ！」という声が上がると、「それじゃだめだよ、一番速い人じゃなきゃ」という意見が出る。手を挙げた人の中で速い人を決めるために、かけっこをすることになる。子どもたちは「○○ちゃんも速いよ」と、手を挙げなかった人の中にも候補者がいることを主張し、その子も含めてかけっこ勝負を行い、第一走者とアンカーを決める。

3 思考する心・判断する心を育む環境

> リレーの順番を決める子どもたちの話し合いの際、あなたならどのような点に配慮しますか？

事例②を読み解く　**事実の受け入れ方を学ぶ**

　走ることが得意な、あるいは好きな子どもにとって、リレーは文句なく夢中になれる活動であり、活躍の舞台でもあるだろう。一方、そうではない子どもにとってはプレッシャーや恥ずかしさを経験する場となるかもしれない。自分の意志や自尊感情とは別に、自分が外側から計られて序列がつけられることに対して、子どもはどう受け止めることができるだろうか。しかし、リレーは一人が走って終わるものではなく、全員分の「走る」を一つにつなげていく競技であるため、勝敗の経験を重ねながら、保育者の配慮をもって繰り返し取り組んでいくうちに、個々の得意・不得意を越えてそれぞれに自分の参加場所があることを、子どもたちみんなが納得していくことのできる活動である。

　葛藤に満ちた思考と判断を、子どももまた迫られることがあることを保育者は理解して、子どもの考える機会や環境を整えたい。

事例③　「勤労感謝」　5歳

　年長組で担任保育者が、11月のカレンダーについて話している中で『勤労感謝の日』というものがあると触れると、「キンロウカンシャって何？」という質問が出る。保育者が説明すると、子どもたちは自分たちもキンロウカンシャをするものだ、しなくては、と考えている様子。こういう話を聴く態度が4歳児の時とは違ってきている。保育者はしばらく様子を見るつもりでいると、子どもたちは職員室にいる先生たちの仕事を調べ始める。バスの運転手さんに、「バスに乗ってない時は何してるの？」、園長に「いつもしょるい書いてるの？　しょるいって何？」など尋ねに来る。
　そして勤労感謝の日の前日、年長組の子どもたちから職員室に手作りのカードが届く。
「いつもぼくたちのために　しょるいかいてくれて　ありがとう。」

> 勤労感謝の日の意味を子どもたちと共に考えられるように、あなたならどのように関わりますか？

事例③を読み解く　**全部はわからなくても**

　幼児期の後半になると、子どもは自分（たち）を取り巻く大きな世界の存在を、次第に身近に、具体的に考えることができるようになってくる。毎日の生活の中に"○○の日"というような習わしがあることを知ると、そこに自分たちも参加していこうと思うようになっ

ている。子どもたちにおいて、「身のまわりのことは他人ごとではなく、自分も一員であり、当事者である」という主体的参加の意識は、日常の園生活の中で育まれていく。そして、園の外にも社会があり、自分たちはそこにも連なるものだと気づいていくには、保育者が機会を捉えて園の子どもたちの生活と外の社会とのつながりを意識的に示していくことが大切である。

子どもたちの園生活と外の社会との接点は様々な場面において想定できるが、事例では、それが「勤労感謝の日」であった。子どもが興味を示したことを受け、保育者がその習わしの意味を伝えたことで、子どもたちが園の教職員という身近な大人の姿を、新たな視点で見ていることがわかる。その後、担任はしばらく子どもたちの様子を見ることにしたというが、どのようなことを考えて見守っていたのだろうか。「勤労感謝の日」とは、内閣府によれば「勤労をたっとび、生産を祝い、国民たがいに感謝しあう」とある。もちろん、幼児がこの意味のすべてを理解することはかなわない。また、子どもたちがどのような点に関心をもつかは、保育者の説明の仕方に影響を受けるだろう。子どもたちの理解を越えると思われる事柄に関して大人が子どもの思考の道筋をつけてしまうことは、やむを得ない部分もあるが、型通りの理解を性急に求めるのではなく、子どもたち自身が考え、行動するための余地を十分慎重に残したい。

3節のまとめ

子どもの権利条約では子どもの意見表明権が保障されているが、それは同時に、大人には子どもたちの思考する心・判断する心を育む責務があることを意味している。子どもが身のまわりのことから始めて、ほかの人と共に生活をしていく中で社会を正しく理解し、主体的に思考し判断する経験を積んでいけるように、保育者はどのような環境を整えておくことができるか、まとめておこう。

(1) 子どもが意見をもつことのできる環境

子どもは「あなたはどう思う?」と問われ、その答えが尊重される経験を積んで初めて意見をもつ態度を身につけていく。自分の身近な事柄に関心をもち、自らが選択したり判断したりする機会のあることが重要である。ただし、思考や判断には正確な知識及び適切な理解が必要であり、その点でも大人の援助が欠かせない。大人は子どもの意見を基本的に尊重する態度をもちつつ、子どもが必要とする知識や理解を得られるよう適切な教材を用意するなどして環境を整えておきたい。

(2) 子どもが考える機会のある環境

事例②の「リレーの順番を決める」のような場面は、子どもにとって集団のメンバーとしての自分に出会う機会である。勝敗の結果や、それぞれの走る速さが速い、遅いという事実を前に、保育者はどのような態度でいるべきか考えてみよう。保育者は、子どもが自己認識

に関わるような経験をする場において、人的環境として子どもたちの情緒が安定するようしっかりと支える役割を担うことが重要である。また、子どもたちが葛藤を経験しながらも、より広い視野や別の視点で考えることができるようなアドバイスが保育者の重要な役割である。

(3) 物と丁寧に関わる環境

　私たちの生活の中で、物との関わりは意識している以上に重要であるが、意外にも十分には重視されていない。幼児期の子どもたちは、物を使い扱う中でその物を知り認識を深める。また、そのプロセス自体が子どもの思考力を育むのであるから、子どもが十分に時間をかけ、考えながら物と丁寧に関わることができる生活環境を用意しよう。

4　表現する心を育む環境

　子どもの表現は、まず何よりも感動や喜びの心の動きから生まれてくる。心が動くと身体は自然にそれを表現している。その自分の心の動きをキャッチする人がいて、その人の心が自分の感動に共鳴するのを感じて、子どもは一層表すことが面白くなる。子どもの感動や喜びを細やかにキャッチし、共鳴を示していく環境とはどのようなものであるか考えてみよう。

事例①　「もう1回読んで」　1歳8か月

　保育室の絵本の棚にある写真絵本がお気に入りのコウタロウくんは、毎回同じ電車の写真絵本を保育者に持ってきて、それぞれの写真を指しては「これはー？」と聞く。保育者は「山手線」「京浜東北線」「埼京線」「京成線」「東京メトロ」等、一つずつ丁寧に答えた。コウタロウくんは保育者に答えてもらうことが嬉しくてしかたない様子で、そのたびにニコニコ笑顔になる。最後のページまでくるとまた最初のページに戻って、保育者に読んでとせがんだ。4度繰り返して同じ絵本を見ると、それを棚に戻し、また違う電車の写真絵本を取ってきて、保育者に「読んで」という素振りを見せ差し出す。コウタロウくんは機嫌が悪い時や他児とトラブルがあって立ち直れない時なども、保育者がこのお気に入りの絵本を見せると、いつもの笑顔になった。

　子どもが電車を楽しむことができる方法を思いつく限り挙げてみましょう。

事例①を読み解く　子どもの表現する心に応える

　子どもは身近な世界の中で、心を捉えてやまぬものに出合い、それを自分の力に応じて認識し始める。ちょうどその発達段階で可能な限りのコミュニケーションの手段を使って、自分の知っているものについて、大人を相手に繰り返し確かめる。何度も「これはー？」と尋ねるそのたびに、コウタロウの世界が確かなものだという応答が大人から返ってくれば、さらに自信と喜びを深めていくだろう。また、このやりとりの中で、その都度コウタロウは自分の感動が相手に伝わり、相手が応答してくることを経験している。それはコウタロウのコミュニケーション能力を一層豊かにするだろう。このように、表現する心は、自分の感動が相手に共有され、相手を動かすことを知ることで育まれていく。大人には単調な繰り返しに思えるかもしれないが、保育者は大人として子どもが確かめようとしている世界を代表する立場にいること（子どもにとって人的環境であること）を心にとどめ、子どもの問いには何度でも気持ちを込めて丁寧に応じていこう。

4 表現する心を育む環境

　コウタロウが同じ写真絵本を4度、さらにまた別の電車の写真絵本でも繰り返し読む姿からは、大好きな電車を扱っている媒体が複数あることを子どもも知って楽しんでいることがわかる。2冊の写真絵本には電車の描き方/取り上げ方に（微妙な）違いがあり、コウタロウはおそらくその違いを知った上で絵本を手にしているのではないだろうか。
　子どもが物に出合うことのできる媒体は、写真絵本に限るものではない。模型やタブレットで見ることのできる画像、また園外活動で実物を見るように配慮することもできるだろう。さらには、コウタロウ自身が電車の絵を描く、積み木や箱を電車に見立てて遊ぶ、身近な素材で電車を作るなどの積極的な表現をも生み出すことが予想される。それらを想定しつつ、子どもが好きなものに多様な媒体（表現方法）で出合える環境を用意しておきたい。

事例② 「マントひとつで大変身！」　3歳

　ハルナちゃんは、エプロンをつけておままごとをしたり、カチューシャをしてプリンセスになったり、いつも何か1つあれば本物になりきって遊んでいる。ある日、保育者は白い平ゴムを輪にし、不織布を1枚つけただけのマントを2、3枚置いておいた。
　朝、登園してきたハルナちゃんは、すぐにマントに気づき手にとった。そして首にかけ「見て、プリンセスになったよ」と言う。そして、その横ではナツキくんが「ぼくは○○レンジャー」と言い、数人と戦いごっこを始めた。マントは立派な遊びの衣装となり、次の日は花嫁になったハルナちゃんがいた。

> 本物になりきって遊ぶハルナの姿から、平ゴムに不織布を1枚つけただけのマントを用意した保育者の意図を、あなたならどう考えますか？

事例②を読み解く　共通のイメージをもつ

　見立て遊びのキー・アイテムには、子どもたちが抱く共通のイメージを喚起する要素があることが必須である。さらに、それはなるべく不要なものを削ぎ落としたシンプルなものがよい。見立て遊びのキー・アイテムを活用しつつ、子どもたちは目に見えるものに邪魔されずに自分のイメージに納得し、心の中で友達とイメージを重ねていくことができるようになる。そして、どのようなイメージをふくらませているのか、いきたいのか、子どもたちの仕草や言葉、表情などの表現から、保育者も想像力を働かせて受け止めていきたい。子どもたちが納得するポイントを見いだし、それをどのような形（物）で子どもたちの前に置いておけるかが、保育者の力量の見せどころである。

事例③　「OHPでお話」　　5歳

　発表会の背景をOHPで投影した経験の後、自由遊びでもOHPが扱えるように、OHPシート、紙、油性カラーペン、ハサミを置いたコーナーを設定した。ユイちゃんとサユリちゃんは、紙に花や女の子、家、星、ロケットなどを描いて、油性カラーペンでOHPシートの上からなぞっている。保育者が「何ができるのかな？」と聞くと「ないしょ」「ないしょだよねー」と二人は言いながら、黙々と描き出す。一通り描き終わると「先生、先生、これつけて」とOHPの電源を入れてほしいと言ってくる。保育者が電源を入れると、OHPシートで作った女の子や星をOHPで映し出し、「ちょっとー」「こっちこっち」「あっ」と言いながら、作ったものを動かしたり、何かを足したりして映し出しながら大笑いしている。

　しばらくすると「みんな集まってくださ〜い。お話が始まるから来て〜」と大きな声で友達や保育者を呼び集める。OHPのまわりに並べたイスに友達を座らせ「こっちに来て」「いくいく」とOHPシートで作った女の子を動かし、ロケットで宇宙に飛んでいくお話を見せて聞かせた。二人とも「また来てくださーい」と言って二人で片づけを始める。

　事例のほかに、幼児の表現を豊かにすることを助けるためには、どのようなICT[1)]機器の活用法があるでしょう？

事例③を読み解く　自分で生み出す楽しみ・喜び

　自分たちが手元で描いたものがスクリーンに映し出されると、そこには独特の表現世界があることに子どもたちが気づいている。近年はスマートフォン、パソコンやタブレットなどが広く家庭に普及し、各種ICT[1)]教具も教育現場に積極的に導入されているため、子どもたちが映像で遊ぶことに親しむことができる機会は増えているだろう。事例では、映像を作るプロセスを子どもが理解できていることに留意しておきたい。透明のシートに油性カラーペンで絵を描く。それに光を通し、スクリーンに映し出すことで映像が現れる。光源の上で動かすことで映像も動いたり大きさが変わったりする。ユイもサユリも仕組みがある程度わかっているので、自分たちで映像を作り出している実感と面白さが強いのだろう。二人の間で楽しみながらお話をつくり上げ、さらにはほかの人に見せる活動にまで仕上げている。簡単に映像を扱うことのできるOHPに加え、幼児自身が表現活動に取り入れて扱うことのできるICT教具も視野に入れておくとよいだろう。

---

1) ICT……情報処理および情報通信に関わる技術・産業・設備・サービスなどの総称のこと。

4　表現する心を育む環境

4節のまとめ

　レイチェル・カーソンは『センス・オブ・ワンダー』の中で、美しいもの、畏敬すべきものに対する子どもたちの直感力を育むためには、自然界の神秘さや不思議さに目を見はる感性を保ち続ける必要があり、そのためには子どもと一緒にそれらを再発見し、感動を分かち合う大人の役割が欠かせないと述べている。この大人の役割を、計画的に環境を構成するという視点で捉えると、保育者には、感動が満ちている生活と、そこで生まれた感動に対して共鳴する力を備えていくことが、子どもたちの表現する心を育む上で欠かせないといえるだろう。

（1）イメージを引き出す

　人の身体の五感は外界の情報を取り入れるだけでなく、その人独自の感覚の経験として、イメージを蓄えていく。イメージは想像力を豊かにし、表現を生み出す。事例②でハルナには、腰にエプロンをきりっとまとって働くお母さんのイメージもあれば、たおやかにベールをまとうプリンセスや花嫁のイメージもあり、それらは一枚の布を手掛かりに生き生きと表現されている。同様に、マントをなびかせて颯爽と現れるヒーローのイメージを、同じ布で表現しているナツキの姿もある。

　事例①で、コウタロウは実際の電車を間近で見る経験も重ねていると考えられる。電車の振動、大きさや車体の色・模様、あるいは駅や車内アナウンスの音など、コウタロウが電車を巡って取り込んでいるイメージは多様であることが予想される。電車の絵本が好き、とだけ捉えてしまうとコウタロウが感動している世界の全容には迫れない。

　子どもたちが取り込んでいる様々なイメージを引き出すためには、どのようなものが手掛かりとなるだろうか。保育者も自身のイメージをおおいに活用して、保育の環境に工夫をしてみてほしい。

（2）ICT機器を含む媒体の活用

　"自然の大きさ、美しさ、不思議さ"は無限大といってもよいものであり、保育環境の中で子どもが直接触れられる範囲には限度がある。しかし、今日のICT機器を活用することで、クラスで共有できるものが広がるだろう。生き物の生態や自然界の現象など、その場にいるように伝えられる媒体の性能は拡大し続けている。子どもが触れて扱うことのできる媒体が多様になっている今日、それぞれの媒体のもつ特長と課題を意識して保育環境に取り入れていきたい。その媒体が強く伝える側面はどのようなものか、伝わりにくくなる側面はどのようなものか。幼児とその媒体との関わり方にはどのような特色があるか。子どものどのような面が支援されるのか。子どもが十分に受け取れる情報の量と質、またリスクにも留意したい。

（3）表現の受け手

　子どもたちが何らかの表現活動をしている時、表現を子どもたちの発信として受け止めて、理解し、共感や共鳴を返信する受け手の存在もまた重要である。事例①で、保育者がコウタロウの問い一つひとつに丁寧に答えていくのも、事例②で、ごっこ遊びの展開を見守りながらマントを新たに複数用意したのも、子どもたちの表現を受けて保育者が応答していく環境である。事例③で、ユイやサユリの"上映会"では、OHPやスクリーンの設置場所、観客席を想定したスペースの確保などを、二人の表現を受け止めるために保育者が配慮していることが考えられる。子どもの表現への共鳴・共感を反映した環境をその場に応じてつくる、具体的な工夫が大切となる。

5　道徳心を育む環境

　「道徳」「規範意識」という語の印象からか、それらについても精神の問題として言葉（標語）や観念で捉えがちではないだろうか。しかしそれを、他者をはじめとするこの世界の多様な存在を顧みつつ、共に生きていくことを志す人間の人格特性と考えれば、それはやはり具体的な経験を積んで子どもたちのうちに育まれていくことが理解できるだろう。子どもたちが身近な人、生き物、物事に親しみ、関心を寄せ、よりよく生きるために何ができるだろう、どうすればよいだろうと考える、そのような場面で道徳性や規範意識は芽生えていく。

事例①　「順番は大事」　　　3歳

　入園当初、ホールに設置しておいた巧技台の上から飛び降りる遊びに、3歳児たちの人気が集まっていた。新入園3歳児は、初めは並ぶことがわからず、押し合いへし合いして大混雑になってしまい、とても危なかった。この状態に気づいた保育者は、床にビニールテープでウサギの顔1つと丸（○）を9個貼った。保育者が「台からジャンプしたいお友達は、ウサギの顔のところに並んでね」と言うと、子どもたちは最後尾のウサギの顔の場所に行き、その中に立って待った。そこから次々と順番に丸に移って巧技台までたどりつくと、無事ジャンプができた。「並ぶの上手だね」「並んで順番に飛べば、危なくないね」と保育者が話すと、子どもたちも納得し、次第に子どもの方から「順番」「並んで」等とまわりの友達に言う言葉も出てきた。

年少児の押し合いの大混雑が起きたら、あなたならどのようにして解決しますか？

事例①を読み解く　遊びの充実から学ぶ

　保育者は、子どもたちのやりたい遊び（ジャンプ）をする流れに、「待つ」という手順を具体化して挿入した。子どもたちはウサギの顔マークに始まり、巧技台に至る○印に順に導かれていくことを楽しんでいると、そのうちに先ほどまでの混雑が解消していることに気がつく。遊び全体が、一人ひとりの子どもにも見通しがよくなり落ち着いて遊べるので、楽しみが増すことを知る。そこで保育者がさらに言葉をかけて、子どもたちが気づいているであろうことを確認している。

　集団生活や遊びの中では、子どもたちに順番などの「きまり」を守れるようになることを性急に求めてしまいやすいが、その前に子どもたちの遊びの充実をめざして、適切な環境を構成することは保育者の重要な役割である。この時、保育者が何に注目し（この場合、混雑

が危険の原因になっているという点）、どのように環境を整えて（マークなどで並ぶことをわかりやすく示す）、遊びの状況を改善しているかということを子どもたちは体験として学んでいく。遊びの充実やみんなの満足がもたらされるために、今ここで何ができるか。保育者のねらいが反映された環境で活動する体験を通して、子どもたちは人と共に生きるための具体的な知恵と工夫に気づき、道徳性はそこから育まれていくことに注目したい。

事例② 「地域の図書館へ本を借りに」　　4〜5歳

園の近くには図書館があり、幼児向きの絵本や紙芝居の蔵書が充実している。毎月、曜日を決めて、園の子どもたちと共にこの図書館に行き、好きな絵本を3冊借りることになっていた。

絵本は、園文庫の貸し出しもあったが、図書館の蔵書の方が数も種類も多く、子どもたちは図書館に借りに行く日を楽しみにしていた。

当日図書館で、子どもが何を借りようかと絵本選びに迷った時は、保育者や図書館司書の方がアドバイスして、その子どもの好きなジャンルの絵本が置いてある場所を知らせたり、絵本の最初2、3ページを読み聞かせしたりした。子どもたちは、借りた絵本を園や自宅に持ち帰った後、保育者や保護者に読み聞かせてもらったり自分で読んだりと、毎回図書館の絵本を楽しんだ。また、園文庫の貸し出しも、図書館に通うようになってから一層盛んになった。そのような中、担任保育者は、その絵本は自分で持っている絵本とは違う物として、「みんなが見るから大事にしなくちゃね」と声をかけた。すると、「やぶけちゃったら大変だよね」と子どもの気づきの言葉が聞かれるようになった。

子どもたちが公共の意味に気づくことができた図書館。園の活動の範囲で、子どもが公共の意味に気づくことができる施設や場所には、どのようなものがありますか？

事例②を読み解く　"みんなの"という豊かさを経験する

子どもは園で「みんなの」という言葉に出合い、最初は困惑することも多いだろう。幼稚園にある積み木やぬいぐるみ、イスやすべり台は「わたしの」ではないらしい。でも「わたし」も望む時に使えるし、ひとときなら独占することもできる。「みんなの」の「みんな」とは何か。ここには公共の感覚や共同体の意識につながる手がかりがある。そのためにも子どもたちにとって「みんなの」が、我慢を伴う窮屈な規範意識ではなく、自分一人の世界を越える豊かな可能性として経験していけるよう配慮したい。

事例は、園文庫で経験している本の楽しみを、地域の図書館という場に広げている。園が子どもたちの等身大の社会であるとすると、大人たちの社会にも園文庫と同様の場があるという発見は、どんなに子どもたちに社会を身近に感じさせることだろう。そして社会には

「みんなの」ためのよきものが一層豊かにあり、図書館司書の助言を受け、自分で選んだ本を借りて帰る自分たちは、まさにその「みんな」なのだ。「みんな」でよきものを共有していることを実感する時、「みんなの」ものを大切にしようという気持ちが自然と育まれていく。

事例③　「みんなでお話しましょう」　　　5歳

　年長組が保育室で弁当の支度をしている。ダイくんたちが集まっているテーブルでワイワイと声が上がっている。担任保育者が目を向けると、ダイくんの「ちがう！」と言う声と共に、テーブルの上を飛ぶ雑巾が見える。担任がダイくんたちのテーブルに到着する前にもう一度雑巾が空を飛び、続いて「あー！！」と驚く数人の声がする。見ると、レンくんの弁当箱の上に雑巾が乗っている。幸いフタは閉じていて弁当の中身は無事だったが、テーブルの子どもたちはみんな表情をこわばらせている。担任はレンくんの弁当箱を注意深く清潔にぬぐいながら「雑巾を触った人」は手洗いをし直すことなどを指示する。神妙な顔で何人かが手を洗い直し、レンくんも安心した様子で着席したのを確認し、クラスでいただきますの挨拶をする。

　食べ始めたところで、担任はダイくんたちに「さっきのことは、お弁当が済んだらこのグループの人たちみんなで、ちゃんとお話しましょう。お弁当を片づけたら遊びに行かずに待っていてね」と伝える。

　食事が済んだ後、担任が子どもたちのところにやってきて座る。「さっき、雑巾がレンくんのお弁当の上に乗ってしまったけれど、何があったの？」と担任が話の口火を切ると、子どもたちが少し緊張した面持ちで、口々に話し始める。

　このような時、子どもたちが事実としっかり向き合えるように、あなたならどのような関わり方をしますか？

事例③を読み解く　事実に向き合う

　事例は弁当前、テーブルの上に雑巾があり、誰が片づけるべきかを巡って、子どもたちが雑巾を投げ合ってしまった場面である。担任保育者は日頃から、みんなと一緒の生活の中でそれぞれが衛生面に注意を払うことは、子どもたちに身につけてもらいたいことの一つと考えている。勢いに乗ってしまい、雑巾を投げ合ってふざけたことが、レンの弁当を台無しにしてしまいかねなかった危機一髪の結果に、そこにいた誰もが息を呑んでいる様子がある。その姿や神妙な顔で手を洗い直してきた様子などから、衛生面への注意の必要性は、基本的には年長組の子どもたちに理解されていると考えてよいだろう。

　その上で担任がこの時注目したのは、小さな騒ぎと不注意がどのように連鎖していったかの経緯をみんなで確認しておくことであった。それは関わっていたそれぞれの子どもが、自分はどの時点で何ができたかを考える機会が大切だと考えたからである。集団生活において

は、トラブルに際してともすれば人を責めたくなったり、保身に回りたくなったりする気持ちをもちやすい。保育者は子どもたちの発言を注意深く聴き、誰が悪いのかという視点からではなく、物事がなぜ、どのように推移したかを各自がしっかり見つめるよう励ましていくことが大切である。事実に向き合い、みんなで考えることのできる環境を備えておきたい。

5節のまとめ

　人と一緒に過ごすのは楽しい。人といると、一人の時とはまた違う過ごし方ができる。人とはいろいろなトラブルも起きるが、「怖れなくてよい、関わりあってわかり合うことができる」ということを幼児期から繰り返し経験しながら、人に対する信頼感が築かれていく。人と共に生きることは自然な選択となり、自分のことも相手のことも認め合いつつ暮らしていこうと、長く険しい道のりが始まる。幼児期はそのスタート地点にあるからこそ、身近な人々との様々な関わり合いを丁寧に過ごしていくことができるよう支えていこう。

(1) 事実を受け取る力

　互いを尊重しながら共に生きていこうとする姿勢は、しばしばトラブルによって試されることになる。トラブルは当事者たちの受け止め方次第で貴重な学びや成長・前進の機会となる。幼児が園生活の中で出合う小さなトラブルには、その後も繰り返し出合っていくことになる課題と同じものが含まれていることも多い。保育者は、子どもたちが問題と向き合い事実を正確に受け止める機会をもてるよう配慮していこう。

(2) ルールを活用する力

　子どもは他者と共に生活する中で、自らの思いを主張しながら他者と折り合いをつける経験を積んでいく。互いの思いを調整し合う過程には、幼児期だからこそたっぷりと時間をかけていきたい。その経験から、きまりやルールが互いの調整を助けてくれたりする際に役立つことを知っていく時、ルールは守らされるものではなく、自分たちが活用するものとなる。

(3) 「公共」という感覚を培う

　幼児期の後半になると、家族や園などのごく身近な所属集団の外に社会という存在があることを、子どもは少しずつ理解するようになる。家族や園に自分がしっかりとつながっているように、社会に対しても自分がその一員であるという意識を保育者は育んでいこう。それは事例に見たように、子どもたちが様々な社会教育資源に触れたり、行事に参加したりなどの方法が考えられる。自分たちの生活や経験がより豊かに広がっていく場が家庭や園を取り巻く社会にあり、その場を自分も含めた"みんなの"ものとして主体的に参加していく公共の感覚を育んでいくことが、幼児期後期の課題の一つである。

演習ワーク⑤〜ワークショップ2　「子どもの気持ちになって遊ぼう」

【ねらい】子ども理解を深め、子どもの心を育むための環境（遊び）づくりを考える力を養う。

○次の例を参考に、実際に体を動かして遊ぶことを通して、子どもの嬉しい、困ったなどの気持ちを体験し、子どもの心を育む環境について考えたことをグループで発表・評価しましょう。

●グループ活動での確認項目（一部は参考例）
①集団遊びの目標例：子どもの心はどのような時に揺さぶられるか、実際の体験から子どもの心が育つための環境について考えを深める。
②集団遊びを決める（例）：どろけい（けいどろ）
③この遊びで経験すること：子どもの気持ちになり「追う・追われる」「助ける・助けられる」を体験する。
④遊びの概要：2チームに別れ、一方の捕まえるチームが相手の逃げるチームを全員捕まえたら勝ち。
⑤準備するもの：陣地を決めるチョークや三角コーンなど。
⑥ルールを決める：適当な人数でチーム分け（捕まえる/逃げる）をする。逃げることのできる範囲を決める。捕まえるほうが陣地を決める。逃げるほうは体のどこかにタッチされたら陣地に閉じ込められ手をつないでいく。逃げる側の人が捕まった人に触れるか、つないだ手を切れば切ったところから先の人は再び逃げることができる。捕まえる側が全員捕まえたら勝ち。
⑦実際に遊ぶ：必ず子どもの気持ちになって遊びに取り組むようにする。
⑧遊びを終えて：工夫したこと、うまくいかなかったこと、遊びの改善点、心を育む環境などをグループで話し合い、発表できるようにまとめる。

演習方法
1、普段関わりの少ない人で、また、活動に適した人数でグループ分けする。（10分）
2、基本的に戸外（体育館）で体を動かす活動とする。できるだけ多くの人が知っている集団での遊びを選び、スムーズに始められるように相談する。遊びの人数に応じてグループ同士で活動を行うようにしてもよい。対象年齢をどうするか、どこで行うか、遊びのルールをどうするか、全員で相談・確認する。相談・確認内容を記録する。その際、決定事項だけでなく、決定に至る多様な意見も記録する。グループ発表の際、決定に至る経過も交えて発表するとよい。（15分）
3、2のルールに従ってみんなで遊ぶ。遊びそのものを十分楽しむ。最後に5〜10分ほど時間をとり、遊びを通して「心を育む環境」について、グループごとに自分が率直に感じたことや、遊びの工夫・改善点などを話し合いまとめる。（25分）
4、グループごとに遊びの説明と、遊びのどのような場面で何を感じたか等、子どもの「心を育む環境」について考えたことを全体で発表する。質疑応答を行う。（30分）
5、発表の際の質疑応答なども参考にし、自分の考えや今回の取り組みについて、レポートにまとめる。その際、上記の【ねらい】や【活動の目標】などについても自己評価する。（10分）

ポイント　子どもによっては、その遊びがうまくできないことに留意しましょう。

演習ワーク⑥〜ディベート2 「子どもに与えたい絵本は？」

【ねらい】子どもの感性、表現力を豊かに育むための環境を構成する力を養う。

○次の設定に沿ってグループに分かれてディベートを行いましょう。

論題：子どもに与えたいのは「紙絵本」と「電子絵本」のどちらがよいか？

条件設定
- 園における保育者、家庭における保護者のいずれかの場面（両グループとも同じ設定）を決めて討論する。
- 絵本の内容、大きさ、かさ（体積）や重さ、費用、使用の仕方、通信状況等、幅広い視点でそれぞれの特性について下調べを行い、「読み聞かせる」「子どもが読む」「一緒に読む」などいろいろな場面でのそれぞれの特性を考慮すること。

進め方（時間は目安）
- 各グループの資料調べや、主張まとめは、授業時間内に十分な討論、事後評価を行うために、事前にグループ分けを行い時間をかけて準備することが望ましい。
- 討論の発言の流れは次のように行う（合計40分）。

　①Ａグループの主張　　　②Ｂグループからの質疑　　　③Ｂグループの主張
　④Ａグループからの質疑　⑤Ｂグループからの反論　　　⑥Ａグループからの反論
　⑦Ｂグループの最終主張　⑧Ａグループの最終主張　　　⑨投票（挙手など）

- 結果を受けて事後評価をクラスで行う（20分）
- 各自で感想をまとめる（20分）

演習方法

1、司会進行役を決め、２つのグループに分かれ、どちらの側で主張するかを決める。
2、グループごとに上記の設定に沿ってどのような主張をするか、必要なことを調べて相談しまとめる。代表して発表する人を選び、順番を決める。司会進行役は、どのような流れで討論を進め、それぞれの項目においてどのような発言を促すことができるか想定し、時間がきたら討論を開始するよう促す。
3、司会進行役の指示に従い、実際に討論を始める。参加者は、記録表をコピーして討論の内容、気づきのメモをとる。
4、司会進行役の指示に従い、実際に討論を始める。司会は論点を明確にし、各グループに発言を求める。
5、項目に沿って討論が終了したら、全員でどちらの主張に賛成するか投票する。
6、投票の結果を踏まえて、どのような発言、資料の提示の仕方がよかったか、また改善するところは何かを全員で話し合う。
7、最後にディベートを終えた感想を一人ひとりまとめる。

ポイント　デジタル絵本ならではの効果音や幅広い再現性と、人間の読む声や間の取り方など、それぞれのよさを多角的に検討してみましょう。

第 9 章

子どもを守り育てる環境

　本章で取り上げる「子どもを守り育てる環境」とは、保育内容「健康」で学ぶ内容とも深く関連する。1節で生命の保持として、食物アレルギーや避難訓練の問題、2節で情緒の安定をもたらす環境としてストレスへの対応について見ていくが、いずれも大人が管理的な視点で関わりやすい事柄であることに留意しておきたい。災害対応に備えるにしても、アレルギーなど身体の問題にしても、乳幼児の理解が及ばない事柄について、大人の責任で確実に行う必要があるという認識は欠かせない。しかし、いずれの場合にも基本は、子どもが「自ら健康で安全な生活をつくり出す力を養う」（保育内容健康のねらいより）ことをめざすものであり、保育内容「環境」においては、そのねらいを一人ひとりの子どもに応じたきめ細かな工夫として具体的に実現してくことが重要である。その視点こそが、子どもを守り育てる環境づくりに欠かせない。

1 生命の保持

"生命を保持する力を育む"という視点から保育の環境について考えてみよう。普段、我々は健康で安全・順調に日々を過ごしている時には、それをほとんど意識しないでいる。それは、生命が保持されていることを大前提として生活しているからである。生命の保持は、マクロな視点では現代社会の様々な問題とつながることでもあり、保育を仕事とする者として積極的に関心をもっていきたい。そして、子どもたちと過ごす具体的な日常生活の中でどのようなことが生命の保持に関わっているのか、また、子どもたちが自身の生命を保持していく力を育むことにつながるのかということを意識して環境を整えていきたい。

事例① 「ぼくの給食はトレイにのっているもの」　2歳

大豆アレルギーのあるヨシフミくんは、給食でも大豆製品はすべて除去と指定されている。0歳児クラスから入園しているため、保護者と看護師、栄養士、担当保育者の4者で給食の献立・食材の確認等を毎月確実に行っており、これまでアレルギー反応は出ていなかった。しかし2歳になった前後から、まわりの友達が食べている品と同じものを食べたい気持ちが出始め、保育室で時々「なんで○○の（自分の名前）は××ちゃんと違うの？」と聞く姿があった。その度に保育者は「ヨシフミくんの命を守るための大切な約束なの。トレイにのった給食を食べようね」と伝えた。

0歳児クラスの時から、"自分の給食のトレイにのった分だけ食べる"という習慣づけがされており、ほかの子どものトレイにのった給食に興味はあるものの、それを食べたりはしなかった。また、誤食を防ぐ対策として、給食作り担当の調理師・栄養士、及び給食を配膳した保育者に加え、食事時間に対応した保育者の計4名が、確実に除去食の提供ができたかチェック表を使い、常に注意を払っている。

あなたは、事例の中で食物アレルギーのある子どもへの配慮を、誰が、どのように行っていると考えますか？

事例①を読み解く　子どもの安全を守る連携

子どもの「食べたい」という気持ちを制限するのは難しく、またそれは大人にとってもつらいものである。しかし、事例のように子どもに食物アレルギーがある場合、「命を守るための約束」として明確な態度で、確実に行動していく責任が保育者に課せられている。ヨシ

1 生命の保持

　フミ自身がアレルギーについて理解できるようになるには、まだしばらく時間が必要である。しかしその前に、日々の生活の中で自分の命を自分で守る方法を、「自分のトレイ」のように具体的に理解できる方法で学べる工夫をしていこう。そして、子どもが自己コントロール力をつけていくまでは、誤食を防ぐための大人の十分な注意を行き届かせる工夫と環境の整備が必須となる。保育現場での対応者によるチェック機能の確立や、専門家・保護者を交えての定期的な情報交換会、保育者たちのアレルギー対応研修などもそれに含まれる。

　また食物アレルギーがある場合、どうしてもその子どもの食生活にばかり注意が向きがちになるため、意識して食生活以外で、子どもの生活全般が充実しているよう配慮することも、子どもを支える上で大切な視点である。

事例② 「楽しい食卓を用意する」　5歳

　発表会を前に、練習が数日続いている。練習に飽きて十分遊べずモヤモヤしたり、練習に一生懸命に参加しない友達にイライラしたり、保育者の緊張を感じ取って頑張っていたり、クラスの空気にピリピリした雰囲気が漂い始めている。

　そんな中、一人の子どもが、「今日はいい天気だから、外でお弁当を食べたい！」と言う。それぞれが園庭の好きなところで食事、というのは子どもたちのお気に入りである。好きな場所にシートを広げて遠足みたいに食べるのも楽しい。しかし担任保育者は<u>ちょっと考え</u>て、保育室のテーブルとイスを全部ウッドデッキに運んで、「今日はひまわり組レストランにしよう」とアイデアを出す。年長組の3学期、テーブルとイスの移動くらい、その気になれば子どもたちであっという間にできる。とはいえ、いつもの支度や片づけよりは確実に時間がかかることも考え、保育者は午後もそのままゆっくり過ごすことに決める。

　子どもたちは"ひまわり組レストラン"をイメージしてテーブルやイスをどんどん運びだし、てきぱきと適当な位置においていく。そんな単純な作業が、子どもたちの気分を変えていくのが表情からわかる。保育者は、テーブル同士の間隔が広すぎず狭すぎないよう、また互いの向きなどに気をつけて微調整をしていく。そして保育室にあった花の活けてある花瓶をひとつのテーブルに置くと、ほかの子どもたちはほかのテーブルにも飾りたいという。保育者が「保育室にほかの花瓶がないのでどうしようか？」と相談すると、「職員室から借りて来よう」、「ついでに職員室の先生もご一緒にいかがですかって誘っちゃえばいいよ」という案が子どもたちから出て、その通りに。その後、バスの運転手さんと園長先生が来てくれる。お花は、園長先生が事情を察して、テーブルの数の分を用意して持ってきてくれた。

　担任保育者が「ちょっと考え」たとありますが、あなたは保育者がどのようなことを意図してアイデアを出したと思いますか？

事例②を読み解く　心身を支えて学びの場ともなる食事

　食事は生命の保持に必要な栄養とエネルギーを摂取することであるが、人間は食卓を親しい人と共にすることで、くつろぎや気分転換の場ともしてきた。食事の場の演出は、生活全体を支える力をもっている。事例では、保育者がこの日の食事を、園生活全体の流れの中で、子どもたちの気分を解きほぐし、活気を回復させる貴重な機会として活用していることがわかる。

　保育者は子どもたちの気持ちを受け止めつつ、それぞれ"好きなところで"とするのではなく、あえて「ひまわり組レストランにしよう」とアイデアを出す。このような状況だからこそ、これまでの園生活における様々な場作りの経験が生かされると考えてのことである。保育者の提案を受けて子どもたちは意気揚々と、楽しいレストランになるよう創意工夫を凝らす。卓上の花の手配やバスの運転手さん、園長先生の招待などのアイデアからも、年長児がこの時期（秋）には自分たちで園の生活を考え進めていく力をもつようになっていることがわかる。保育者は子どもたちの様子を見守りつつ、時間や空間に気を配り、子どもたちのアイデアを生かそうと臨機応変の対応をしている。

　この事例のような場合、単に気分転換ということだけを考えれば、みんなでゲームをして楽しむなどの方法もあっただろう。しかしここでは、保育者が日常生活の食卓という場で心身のバランスを回復し、安心で健やかな生活をおくる工夫を子どもたちが経験していけるよう配慮している点に注目したい。

事例③　「大切な命を守る避難訓練」　5歳

　園では毎月避難訓練を行っている。火災や地震など災害の種類や発生場所について、その月ごとに内容を変えている。11月下旬の避難訓練の日のことである。いつもなら子どもたちと前日に話をしてどのようにすればよいかを話し合うが、この日はあえて子どもたちには話をせずに過ごした。

　年長児のユウスケくんは登園後、身支度を終えいつも通り友達と園庭で遊んでいた。午前10時30分にサイレンが鳴り、地震が発生したとの放送が流れる。遊んでいたユウスケくんは一瞬動きが止まり放送に耳を傾けた。その後、遊具を手放し園舎内に向かい、ユウスケくんのクラスと担任保育者の方に走って行こうとしたが、すぐに引き返し、これまでの訓練の時のように園庭にいた保育者のところに向かった。その時、近くにいた年中児や泣いている年少児にも「こっちに、おいで」と誘い避難をした。

> 子どもを安全に避難させるために、あなたなら日常的にどのようなことについて留意しますか？

事例③を読み解く　よりどころを増やしていく

　災害など、子どもたちの理解を越えた非常事態への備えは大人の責任であり、穏やかな日常を過ごしている時であっても、保育者は常にその発生を想定しておく必要がある。事例①の食物アレルギーの場合や、避難訓練も命を守るための約束として、行動の仕方を子どもたちが習得することをねらいとする。地震の最中にはまず自分の身を守ること、避難が必要になった場合、一番近いところにいる保育者のもとに集まることなどである。そして、そのような行動を子どもに求めると同時に、保育環境の地震対策を含む安全対策が十分にとられていることや、保育中に常に子どもたちの避難に必要な動線とスペースが確保されるよう配慮されていることはもちろん必須である。また、子どもたちは誰よりも担任保育者を頼りにするのが当然であるが、非常時には担任保育者以外にもよりどころにすべき人がいることを、訓練を繰り返すことで学んでいく。"非常事態"は、訓練であっても子どもを怯えさせるかもしれない。しかし、園にいる大人を信頼する気持ちがあることと、どうすればよいかを知っていることが子どもにとって安心の手がかりとなる。事例のユウスケには、怯えて泣く年少の子どもに配慮する姿さえ見られるが、これは日常の園生活の全体を通して育まれているものであることに留意しておこう。また避難訓練は、幼児がとることのできる行動の仕方を保育者たちが見究め、保育者間で適切な連携をとりつつ、子どもたちに明確な指示を出せるようにするための保育者にとっての訓練であることも忘れてはならない。

1節のまとめ

　保育現場において、子どもと保育者の生命を保持することは園生活の基盤である。園児の安全を確保するためには、子どもの自主性を尊重することとは別の基準で考え、大人が管理することが必要な場合がある。しかしその場合でも、子どもが自分自身の生命の保持のために行えることに注目し、保育者はその力を育んでいくことを考えていこう。生命の保持を意識するのは、しばしば子どもの理解を越える事態であるが、子どもがそのような場合にとるべき行動を確実に学び、また保育者からの適切な指示と援助を得て対処できるように保育者は日頃から備えておこう。

（1）日常生活において

　日常生活の中で、子どもたちの間に見過ごせない一種の"危機状況"が生じる場合がある。集団生活のストレスに因ることも多いだろう。それは不可避なものでもあり、必ずしも常に対応が必要というものではないが、生命の健やかさを保持していくためには、子どもがその危機を自覚して工夫できる力を育んでいこう。食事や睡眠など、身体の生理的な活動に直接関わる生活の場面で、緊張を解きほぐしたり、人との親密さを回復させたりしながら生命の活力を取り戻す、そのための配慮と工夫を大人が豊かな発想で子どもに示していきたい。子どもたちは、エネルギーの回復の過程を身体の記憶として刻んでいくだろう。

（2）自分の特性を知る

　人間はそれぞれの身体的な特性をもっており、二人として同じ存在はない。生命の保持は身体に直結するものであり、集団生活の基本に個々の生命（身体）の肯定と尊重があることを、子どもたちの人間理解の中に育みたい。食物アレルギーなどではその特性をもつ子どもにだけ注目しがちであるが、それぞれの子どもにも自分の身体の特性を意識する機会となるよう配慮することも必要である。

（3）非常時を想定して

　自然災害や園への不審者侵入の可能性は、現実として想定しておかねばならない。園環境としての対応は、園の責任で万全を尽くす必要がある。最新の関連情報を得ておくこと、設備や対応方法の点検と訓練を継続することも欠かせない。また、保育者は日常的に保育環境を安全の視点で点検し、子どもたちの遊びの展開を見守る必要があるだろう。そして、子ども一人ひとりの状況や非常時の反応の仕方を把握し、避難の方法については、毎年、また時期ごとに全職員で見直すことも重要である。

2 情緒の安定

　幼児期には喜怒哀楽はもとより、葛藤や失意、また驚嘆や興奮など様々な心の動き、あるいは精神の活動が複雑で繊細になっていく。幼児にとって情緒の安定とはどのようなことを意味するのだろうか。そして情緒の安定をもたらす、あるいは保障する環境とはどのようなものであるか考えてみよう。

事例① 「お昼寝の時には静かな音楽」　　　1歳

　昼の給食の後、1歳児クラスでは、子どもたちは紙おむつを替えてもらったり、自分でトイレに行ったり、汚れた服を着替えたりしてから、保育室の畳の上に敷かれた布団に横になる。

　自分が午睡する布団は、ほぼ毎日同じ場所に敷かれており、子どもたちは迷わず自分の布団に横になる。保育者は、排泄の頻度が近い子どもの布団はトイレに1番近い場所、ひきつけ等の症状が出ると家庭から連絡を受けている子どもの布団は保育者がすぐ気づく場所など、定位置を決めて布団を敷く。半数以上の子どもが布団に入った時点で保育室の電気が暗くなり、カーテンが引かれる。同時にオルゴールの静かな曲がかかり、子どもたちは眠りに誘われる。保育者に頭をなでてもらったり、背中をそっとトントンと叩いてもらったり、さすってもらったり、おでこを触ってもらったりしながら、子どもはやがてすやすやと眠りにつく。

　昼寝の前に子どもたちはどのような準備をしていますか？　また、昼寝の際、保育者はどのようなことに配慮していますか？

事例①を読み解く　安らぐ環境をつくる

　子どもの生活において、食事や活動、睡眠・休息など、生活が同じリズムで同じように繰り返されることは大切である。身体と心に安定感をもたらすサイクルがあることで、見通しをもって生活をすることができるようになり、子どもたちの情緒は安定していく。個々の事情に十分配慮された、いつもの場所に敷かれている自分の布団に横になり、そろそろと思っているといつものように部屋が暗くなり、静かな音楽が流れ始める。この流れの中に子どもが理解できないことは何もない。親しい保育者の手でさすってもらいながら、安心して眠りにつくのである。

　大人には毎日が代わり映えなく単調に推移しているように見えるが、子どもたちはその日常

の中で、次々と新しい経験をしている。また都市生活は、気づかぬうちに子どもを過剰な情報量と強すぎる刺激にさらしている。そのような中での園の昼寝は、心身を休めることのできる環境を、子どもが繰り返し経験する貴重な機会になっているかもしれない。保育者は昼寝の時に流す音楽を選びながら、子どもが安らぐことのできる環境について改めて考えてみよう。

事例② 「自分の場所」　　3歳

　一斉活動が始まると、カヨコちゃんはいつも部屋の片隅に座り込んだり、ロッカーの中に入ったりして、友達の様子を見ていることが多かった。一方でナオくんとタカアキくんは、部屋の中を走り回り、そのうち最後には座る場所が限られて「どこに座ればいいんだよ」「ここだったら座りたくない」「ここじゃ見えない」「僕が先に座った」などと、気に入った場所がないとか、場所の取り合いをして怒ることがあった。そのような時、保育者は、カヨコちゃんに座るように促しながらも、ナオくんとタカアキくんにも、早く座ることで好きな場所に座れることを伝え続けた。しかし、二人は自主的に座ることはなかった。

　2学期になり、保育者は生活グループを決めると同時に、一斉活動の時に座る場所を決めることにした。机に名前シールを貼るほか、机がない集まりの時のために床にビニールテープを貼り名前を書いて、座る場所がわかりやすいようにした。

　その後、朝の会で保育者が一人ひとりの座る場所が決まっていることを伝える。片づけの時間になりカヨコちゃんが部屋にくると、すぐにイスをもってきて自分の席に座る。みんなが席に着いた頃、ナオくんとタカアキくんが部屋に来た。二人は自分の席を確認するとイスを持ってきて自分の席に座り、グループの友達と話し出した。

> 保育者がビニールテープを貼って位置を決めたのは、カヨコたちを座らせるためだけではありません。あなたはその意図をどのように考えますか？

事例②を読み解く　安心できる居場所をつくる

　園では通常、子どもたちのロッカーや靴箱に、それぞれの場所を一人ずつ異なるマークなどで明示しておく。これは、園の中で自分の持ち物の居場所を定めておく、物の管理の上でも必要な方法である。しかし、同時にここに"あなたのための場所"が確保されていることを示すものである。カヨコのように、自分のロッカーを自分自身の居場所としてよりどころとする姿もまたよく見られる。自分のための場所が確保されている安心感は、集団生活を送る子どもにとって重要な支えとなる。

　たくさんの子どもや大人がいる園生活は幼児にとって、最初はとりとめのないものに感じられるだろう。子ども自身が自分の居場所をつくることができるようになっていくプロセス

自体に、幼児期の大切な育ちがある。この事例の読み取りで注意しておきたいのは、シールやビニールテープの名札というわかりやすさが子どもたちを着席させたという"成果"に意味があるのではなく、そこに至るまでの間、保育者が時間をかけて保育環境の工夫と子どもたちとの丁寧な関わりを地道に重ねていたことに注目したい。

保育者は一斉活動に際しては、必ずぴったり人数分のイスを用意し、その都度子どもたちにイスに座るよう伝えた。しかし、それだけでは座ろうとしないナオやタカアキ、またカヨコにはどのような援助をしてきたのであろうか。

カヨコには生活グループなどで活動する機会を生かして、グループのメンバー構成を配慮し、他児との関わりが楽しく充実するよう援助した。着席の場所についても、同じグループの友達をよりどころにできるよう配慮したのである。

ナオやタカアキには、一斉活動までの間、二人がどのように遊んでいるのかということに注意を払い、納得して一区切りをつけられるように、どのタイミングで保育者が声をかけたり遊びに関わったりするとよいかを配慮した。そうして二人が気持ちをこれからの一斉活動に向けて保育室に戻って来た時に、自分たちの場所が示されているので、スムーズに着席できたのであろう。

園生活のどこででも、自分の場所は必ずある、あるいはつくれるということを子どもが確信できるようになると、クラスの集いでの自分の場所は自分で決められるだろう。保育者はシールやビニールテープが不要になった時を見過ごさずに外し、子どもたちに任せられるとよいだろう。

2節のまとめ

子どもの情緒の安定において特に留意しておきたいことは、心と身体はまさに一体のものだという点である。子どもたちの身体を受け止め、包む空間（保育室、園庭、トイレ、手洗い場、廊下、階段など）や物（イス、テーブル、ロッカー、大型遊具など）の性質も、行動を促す生活のリズム（園生活のスケジュールやその進め方）も、子どもたちの心に直接関わるのである。

(1) それぞれの安定

1歳児クラスの午睡の場面を事例①で見たが、「ただ部屋を静かに、薄暗くして眠りやすくする」という外的要因だけではなく、排泄や体調、精神状態や身体をさすってもらう仕方の好みまで、個々の子どもへの配慮を行き届かせた、それぞれにとっての安心が保障される場の設定になっていることに注目したい。これは睡眠に限らず、子どもが興奮したり混乱したりしている時にも同様の配慮が大切であることがわかる。

（2）集団場面での安定

　集団で過ごす場面は大人にとっても緊張を生むものであるが、子どもの場合は特に自我が育つ時期であることに留意して、保育者は園生活を支えよう。事例②のカヨコに見られたように、自分が所属している集団が、常に自分を受け止めてくれる場であることを子どもが確信できるための工夫は必須である。また、子どもたちそれぞれの興味や関心を大切に過ごす時間と共に、担任保育者を中心にクラスの友達と集う時間が、どの子どもにとっても進んで参加したい気持ちになるよう工夫することも非常に重要である。集団の体験がダイナミックなエネルギー感を楽しむ活動に偏らないよう配慮したい。保育者の誘いに子どもたちが興味や関心を示し自然と集まってきたところ、気がつくと保育者が読み聞かせる絵本にみんなが一心に見入っていたというような静かに集中する時間を、親しんでいる仲間と共有することもまた幼児期に繰り返し経験しておきたいことである。事例②ではナオとタカアキがクラスの集いに自主的に参加してくるまでの様子を見たが、着席させることが目的ではないことは上述した通りである。着席のための援助は、クラスの集いに落ち着いて参加できるための援助である。子どもたちが遊んだり集ったりする時の座り方や座る場所がその活動に最適なものになっているか、環境の中に子どもたちの集中や落ち着きを妨げる要因はないかということも、保育者は常に点検しておきたい。

演習ワーク⑦～ロールプレイ3 「自発的な予防活動を促す」

【ねらい】子どもの活動の取り組み方や目的をわかりやすくするとともに、さらに経験を広げることができる環境を構成する力を身につける。

○次の事例の状況に沿ってロールプレイを行いましょう。

「しっかり磨こう」 5歳	登場人物：歯磨きをいやがるリクくん。励ますケンくん。保育者。 状況　：食後の歯磨きをする場面

食後に保育室で子どもたちが歯磨きを行い、保育者が歯磨きをしない子に声かけをしている。
　　保育者　：みんなしっかりと磨けているかな？
　　リクくん：歯磨ききらい！　できない！
　　保育者　：しっかり磨かないと虫歯になっちゃうよ。リクくんどうしていやなの？
　　リクくん：_____①_____
　　ケンくん：え～、ぼくはできるよ。
　　保育者　：そっか。リクくんはそれがいやなんだね。_____②_____
　　リクくん：うん。それならやってみるよ。／いやだ。やりたくない。**(選択)**
リクくんの答えを受けて、保育者は少し考えて再びリクくんに話しかける。
　　保育者　：じゃあ、_____③_____
　　リクくん：できるかなあ。
　　ケンくん：リクくん、いっしょにやってみようよ。
　　保育者　：リクくん、_____④_____がんばってね。
　　リクくん：うん。がんばってみる。

演習方法

1、6人程度のグループに分かれ、配役を決める。全員必ず誰かを演じること。演技中、残りの人は記録表をコピーして観察記録をとる。（10分）
2、演じる人は事例の人物になりきり、演じて話すこと。セリフ①～④は、選択された言葉に合わせて、人物の気持ちになって考えて話すこと。
3、記録する人は、演じている様子をしっかり観察して、登場人物の行動や様子、推察される心情を記録表に書き込む。
4、役割を交代し、一巡するまで行う（時間配分による）。
5、すべてが終了したら、グループごとにそれぞれ記録した人物の心情の推察や演じた感想などを基にねらいに沿って話し合う。その際、できるだけいろいろな角度から話し合う。（10分）
6、最後にグループの意見をまとめ、クラスで発表し合う。（25分）
7、その後、各自レポートにまとめる。（10分）

ポイント　子どもにもわかりやすく説明できるように、正しい歯磨きのやり方や虫歯について調べましょう。

第10章

気になる子どもと環境

　近年、子どもを取り巻く環境は急速に変化をしている。それに伴い、様々な行動や精神面に課題を抱えている子どもが増えてきている。たとえば、特別な配慮を必要とする子どもには、障害のある子どもや外国籍の子どもなど、保育者が何らかの理由により気になるとする「気になる子ども」が挙げられる。

　このような子どもたちは、主に保育者による言葉での指示がわかりづらいという共通する課題がある。その理由として、言葉によるやりとりが苦手であったり、雰囲気や状況を"読む"ことができなかったりすることが考えられる。一方で子どもの側に立って考えてみると、このような子どもにとって保育室とは、混沌とした曖昧な世界に映る。そこで、安心・安定した園生活を送るために欠かせないのは、子どもにとってわかりやすい環境構成である。

　この章では、保育者が配慮することや保育環境のつくり方などについて、障害のある子ども、外国籍の子どもなど気になる子どもを対象として考えていきたい。

1 気になる子ども

　近年、保育現場では、発達障害のある子どもに加えて、保育者がどのように理解して関わっていけばよいか困惑する子ども、いわゆる「気になる子ども」が増えてきている。これは保育者の発話から拾い上げた言葉のため、「保育内容に何らかの問題があるため、子どもが気になる姿を示す」のか、「子どもが気になる行動をするため、保育がうまく進まない」のか、どこに困惑するのかが明確ではない。また、はっきりした因果関係も特定できない。因果関係には循環性があるため、まずは気になる子どもの特性に沿ったふさわしい環境や保育を検討することが求められる。

　そこで、この章では気になる子どもを中心とした環境への働きかけや捉え方を考えていく。

事例① 「発達の遅れは、個別の対応を十分に」　1歳6か月・2歳11か月

　兄のリュウくん2歳児、弟のシゲキくん1歳児は年子の兄弟である。保護者は共働きで、延長11時間保育を利用していた。リュウくんは気に入らないことがあると、友達を噛む、叩く、蹴るなどの行動があり、シゲキくんは言葉の遅れ（一語文が出ない）、歩行の遅れ（現状は、ずりバイ）などが見られた。保育者は保護者と連絡を密に取りながら、まずは兄のリュウくんの気持ちを十分に受容し、お兄ちゃんだからと我慢しなければならない状況を変えるよう依頼した。

　園でも、"リュウくんが遊びや生活にリュウくんのペースで取り組み十分満足感を得る""トラブルが起きた時もリュウくんの思いをよく聞き、保育者が言葉にして相手に伝える仲介役をとる"などの援助を繰り返した。一方で弟のシゲキくんに対しては、なるべくハイハイで移行するような個別の運動遊びを取り入れたり、保育者が1対1で関わりながらつかまり立ちができるように促したり、家庭の協力も得て身体を動かしやすい上下に分かれた服を着せてもらうように依頼したりした。

　共に発達に課題が見受けられ、家庭と情報を密に交換しながら取り組まなければならないリュウ、シゲキの2人。あなたなら2人の発達を支えるために、どのような取り組みをしますか？

事例①を読み解く　配慮を形にする

　この事例には、保育者が取り組むべきことが山積しているように思える。しかし、この事

例の保育者は優先順位を決めて、焦らず働きかけている。一方で家庭に目を向けてみると、子どものよりよい生活環境をつくり出すために整理しなければならない多様な要素が含まれている。整理すると図1のようになる。

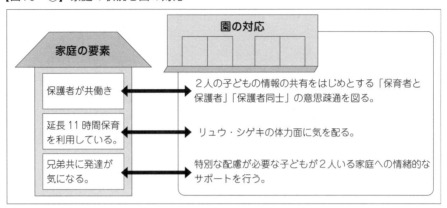

【図10－①】家庭の状況と園の対応

この事例では、まずは保育の基本である「一人ひとりの育ちを把握する」ことから始め、リュウの現在の状態から「我慢させすぎない」ことが大切と捉え、具体的な援助を実践している。あわせてシゲキへも、発達の実態に合わせた環境を整えている。

このように気になる子どもへの保育は、特別な配慮が必要な場合もあるものの、保育者にとって通常の保育とそう変わりはしない。つまり、蓄積された保育実践や関わり方を基盤としながらも、少しの工夫や配慮で十分応用可能である。「個別の関わり」を換言すると、「丁寧な関わり」と捉えてもよいのかもしれない。

事例② 「足が痛いから入れない」　5歳

　カネくんは1週間で3日程度しか登園してこない。登園すると「園が嫌いなんです」「もうこの世の終わりです」「先生、足が痛くて歩けません」「おなかが痛いです」など、保育者が違和感を覚える口調で話し、内容を口にし、保育室の前で座り込み動かなくなる。保育者は、カネくんと手をつなぎ、ゆっくり過ごすようにしていた。カネくんはおなかが痛いと言いながらも、自由遊びの時間にはカプラ*やお絵描きで電車を作り出すと、一人でじっくり遊んでいた。降園時、母親と話をすると「園が嫌いみたいで…」と母親も心配しているが、母親にも原因はわからないでいた。

　ある日、保育者は部屋の片隅にカプラを置いて、カネくんが登園するのを待つことにした。カネくんは「あー、おなか痛い」「もう嫌なんだよ」といつものように言いながら保育室の前で座り込む。保育者が「ちょっと見て」とカプラを指さす。「みんなと一緒にいなくてもいいよ。ここでカプラする？」と誘うと、しばらく考えてからカプラ

を始める。翌日、保育室前で「足が痛い」と言うが、保育者が「カプラする?」と言うと、「えー」と言いながらも入室し、一日中カプラをして過ごす。こんな日が数日続くと、登園は渋っているものの、カプラで何かを作ると保育者に作ったものを伝えたり、一斉活動に参加したりするようになり、登園後に腹痛や足の痛みを訴えなくなった。1か月経つと、カネくんは「おはようございます」と笑顔で登園するようになった。

※カプラ（KAPLA®）：トム・ブリューゲン考案のフランスの海岸松から作られた、厚さ：幅：高さが1：3：15のワンサイズからなる特徴的な木製ブロック。

> 保育室になかなか入室ができなかったカネ。カプラとの出合いで徐々に入室ができるようになりました。それとともに身体の痛みを訴えてくる姿も減っていきました。あなたならカネとカプラの出合いをどのように受け止めますか?

事例②を読み解く　体験を広げる素材や環境づくり

子どもにとって環境は大切であるが、特にその場の状況や雰囲気をつかみにくい「気になる子ども」にとって、保育者による環境の工夫や配慮がより重要となる。

この事例を読み解くにあたり、キーワードになるのが「安心」「わかりやすい」である。まずは、カネの心情を推察してみよう。カネは、他児や大人が何を考え、どのような行動をするのか予測できない状況にいたのではないだろうか。カネのように先を見通したり、状況をつかむ力に課題がある子どもにとっての保育室は、予測不可能で理解できない混沌とした世界と映るのだろう。仮にそう理解した場合、カネは恐怖心や緊張感を常に抱き、保育室という場所そのものにストレスを感じていたと想像できる。

それでは保育者はどのような援助を行えばよいのだろうか。

①「安心」して園生活を過ごせる環境づくり

カネほどではないとしても、園生活では大なり小なり、他児も同じようにストレスを抱いていても不思議ではない。家庭と勝手が違う保育室に慣れるには、時間がかかるものである。たとえば、入園間もない子どもは、カネ同様入室を拒否したり、渋ったりする姿は珍しくない。こう考えると、程度の差はあるものの、家庭との違いから園環境に抵抗を感じる子どもがいる。それをダイレクトに、大きなアクションつきで表現したのがカネだったのではないだろうか。

このような園環境になじめない子どもがいたり、また入園・進級当初の保育室に求められたりする要素（援助・配慮・環境構成）として、仕切りなどのパーテーションを低くして、入り口から保育室全体を見渡せるようにするとよい。つまり、子どもたちが保育室のどこにいても保育者が視野に入る環境構成である。それにより、子どもに「先生は、見ていてくれる」という安心感が生じる。

また、カネのカプラのように、お気に入りの道具や遊びにより安心感のある環境へと導かれ、「保育室にカプラがある→いつもの遊びができる」というその後の生活への見通しがもてたと考えられる。「遊び方がわかり楽しいカプラ」は、混沌とした世界だった保育室に意味をもたせたのである。もしかしたらカネにとってのカプラは、一つのお守りのような存在

だったのかもしれない。

②子どもに「わかりやすい」環境づくり

カネには状況をつかむ力のほかに、生活の手順を覚えられないことが背景にあると推察される。そこでカネにとってわかりやすい環境が必要となる。入室から身支度、そして出席カードにシールを貼る、といった一連の活動がスムーズに流れるような配列にしておくとよい。この場合、保育者は、子どもの支度に関する一連の動きを複数の保育者と実際に再現してみるとよい。もしかしたら、"カバンをかけるまでに積み木コーナーを横切るため注意が逸れやすい" "タオルをかける子どもとシールを貼る子どもが交差する" といった課題が見つかるかもしれない。さらに、「保育室入口に気になる子どもが落ち着く（好む）見慣れたものやお気に入りのものを置いておく」「慣れるまでは保育者が身支度の流れに沿って寄り添う」などのわかりやすい環境をつくるための配慮が求められる。

1節のまとめ

気になる子どもが安心して園生活を過ごせるような環境づくりに際して、保育者の留意点を述べてきたが、そのほかにも援助や留意点は考えられる。以下にまとめてみよう。

（1）安定を促す環境の確保

子どもにとって園生活は、家庭での生活と違って、予測できることや理解できることばかりではない。気になる子どもの多くは、見通しをもったり、周囲の状況を理解したりしながら生活を送ることに課題がある。そのため、周囲にいる子どもや保育者が、"何を考えて" "どのような理由で" 行動しているかが推測できず、常に不安な気持ちで生活している。つまり、園生活には我々の想像以上に緊張や恐怖があり、子どもはストレスを抱えているのである。

したがって、保育者はそれらの不安定な気持ちを少しでも和らげるために、気になる子どもが興味のあるものや活動を把握した上で環境を用意するとよい。そして、集団生活で使用可能なものを用意して、遊んでいる姿を観察するのが有効である。そこには、必ず何らかのヒントが隠されている。当然その中には、個別に用意する必要があるものも含まれている。その際には、職員会議などで情報を共有しながら検討することが求められる。一方で、子どもの園生活だけの姿でそれらの情報を集めるには限界があるので、保護者とのやりとりの中からも集めるべきである。あわせて、子どもの気持ちが不安定になってパニックになった際に、落ち着くために一人になれる場所を把握しておくか、あらかじめつくっておくとよい。一人になれる場所は、周囲の刺激（聴覚や視覚など）を遮断し、自分の気持ちを立て直す時間を確保するために大変有効になる。

（2）どの子どもにも理解しやすい環境づくり

　気になる子どもの多くは、視覚から情報を入れた方が覚えやすいという特性がある。主に絵カードや写真などが有効であるが、子どもによってその対象が違う。たとえば、"絵カードはまったくわからないが、写真だと一回でわかる"という子どももいれば、"写真よりも文字の方がわかりやすい"という子どももいる。"視覚支援が有効"といっても一人ひとり違うので、丁寧に観察して何が有効かを検討していくとよい。

　しかし、保育者が心に留めておきたいこととして、理解を促す視覚情報は、"支援の手立て"の一つであるということである。保育に視覚支援を導入すれば安心、という関わりでは、その子の本来の育ちが望めない。視覚情報の提示にのみ支援の的を絞るのではなく、"視覚情報がなくてもできるようになるか"という視点も検討していく必要がある。必要であれば他分野の専門家も交え、多面的な視点から環境を整え、継続的な支援策の検討が求められる。

（3）特性に合わせた環境

　気になる子どもの中には、注意が散漫なことから危険がわからなかったり、衝動性の高さから安全確認を怠ったりする子どもがいる。たとえば、保育室で床に玩具などがあっても避けて通ろうとせず、踏んだり、蹴ったりする。つまり、このような子どもたちにとって、散らかっている保育室は、途端に危険が増える環境となる。保育者は、"保育室の入リ口と出口の間は多くの子どもの動線となるため物を置かない" "認知（外界を認識すること）を高めるために看板を立てる（宇宙船製作中など）"などの環境を整えるとよい。

　保育者は、動線を確保する配慮とともに、クラスメイト全員に"使い終わったら片づける"といった習慣が身につくようにするとよい。あわせて、保育室内外にもつまずきやすい障害物がないよう心がけ、安全に遊べる環境を整えるとよい。

2 障害のある子ども

　保育現場において障害のある子どもと出会うと、保育者は保育経験の長さに関わらず、自分の知識不足を感じたり、自身の保育の在り方について悩んだりする。その原因の多くは、学生時代から日常的に子どもを含む障害のある方々と関わる機会が少ないことなどにより、いざ関わろうとする時に具体的な接し方がわからないからであろう。

　障害のある子どもも他児と変わらず、ひとりの個性ある人間として尊重され、敬意をもって愛され育てられるべき存在である。生活していく上で個別な配慮が必要となるが、どの子どもであってもすべて特性に応じた個別的な配慮は必要であり、そのような関わりを保育者は行っている。ここでは、障害のある子どもの事例を糸口にしながら、子ども理解や保育者の思いに基づいた、環境構成の仕方やその意味について考えていく。

事例① 「友達との会話が増えた」　　4歳

　ジュンイチくんは、保護者が0歳児の時のジュンイチくんのハイハイに違和感を抱き、病院に連れて行ったところ「脳性まひ」との診断を受けた子どもである。2歳時から地域にある「児童発達支援センター」に親子で通い療育を受けながら、部分的に園に通っていた。保育者は、4歳になったジュンイチくんに他児との関わりをさらに増やしたいと考え、巡回相談員[1]と話し合って車イスにテーブルをつけて過ごすようにした。

　するとジュンイチくんは、大きな動きではないものの、手首や指を動かしていた。そこで保育者は、テーブルにおもちゃや絵本、ぬり絵などを出すようにした。友達の遊びにジュンイチくんなりに参加したり、加配保育者[2]と過ごしたりする時間が多かったジュンイチくんだったが、テーブルに手を置くことにより体幹が保たれ、声もしっかり出るようになったことで集中して遊んだり、他児とのコミュニケーションが増えていった。それまでジュンイチくんとどのように接してよいかわからなかった子どもたちも自然とジュンイチくんのまわりに集まり、一緒に過ごす姿が増えていった。

1）巡回相談員……LD、ADHD、高機能自閉症等に関する専門的な知識や技能を有し、子どもに対する指導内容・方法に関する助言や、園の支援体制に関する助言等を行う者。
2）加配（保育者）……広くは、教育困難校対策やチームティーチング・少人数指導・習熟度別指導の実施など学校のニーズに応えることを目的として配置される非常勤教員のこと。保育の現場では、特に気になる子どもや障害のある子どもの保育を行うために臨時に配置される保育者のこと。

保育者たちの工夫により、生活スタイルの違うジュンイチと他児との遊びに広がりが生まれました。あなたが保育者であれば、この事例のような場合、ほかにどのような援助や関わり方を考えますか？

事例①を読み解く　カンファレンスによる個に応じた援助

　保育者は、園でのジュンイチの生活が加配保育者や特定の友達との関係に終始していることを気にかけ、他児との関わりをさらに増やしたいという思いをジュンイチに対してもっていた。そこで、車イスにテーブルをつけて過ごすという援助を試していた。するとジュンイチに、手首や指を動かすという新たな動きが誘発された。保育者は、車イスのテーブルをジュンイチと他児とをつなぐ場として、様々な遊びの展開を促していた。このように個々に応じた環境を柔軟に考えていくことが、障害のある子どもに対しては特に必要である。

　事例のような援助を考える時には、園内におけるカンファレンスが大切となる。つまり、その子どもにとって必要な援助について、多くの人々と共に多角的な視点から考えていくことである。事例では、保育者のジュンイチへの理解や思いが巡回相談員や加配保育者に語られ、様々な立場や知見から新たな援助の方向性を生み出していた。おそらく、児童発達支援センターでの療育の様子や保護者からの意見も参考にするなど、様々な連携と協働が行われていたことであろう。

事例②　「ヨウコちゃんの"お〜！"」　4歳

　ダウン症のヨウコちゃんは、何をやるにもゆっくり。みんなで公園に遊びに行っても、途中で加配保育者の手を一方的に離しては、興味のある花を触ろうとしたり、店のショーウインドウの前に立ち止ったりする。そのため、いつもクラスメイトから遅れて公園に到着する。

　しかし、到着した子どもたちは先に遊び始めているものの、ヨウコちゃんが到着するといつも「ヨウコちゃん、到着〜」「ヨウコちゃん、きた！」と口々に発する。ヨウコちゃんは、それに応えるように「お〜！」と笑顔で手を振る。

　障害があるために他児と同じペースで生活することが難しいヨウコ。しかし、そんなヨウコのペースを受け止めつつ、クラスメイトとして接している友達。そのような友達関係を築いていくために、あなたはさらにどのような援助をしていきますか？

2 障害のある子ども

事例②を読み解く　**時間や雰囲気に目を向けた環境構成**

　友達の「ヨウコちゃん、きた！」という発言から、ヨウコがクラスの一員として位置付いていることがうかがえる。また、ヨウコも遅れて到着することに対して、負い目を感じている姿がなく、友達の呼びかけに自然に応えていて、自分のペースで過ごすことを周囲に認められている感覚をもっている。このような関係性は、普段から保育者がそれぞれの子どもの特徴を認めた環境の構成を行っているから生まれているのであろう。保育環境には、物や場所の構成だけでなく、時間や雰囲気といった軸での構成を考えていくことも必要である。ヨウコには、ゆったりとした時間やヨウコのペースを認めていく雰囲気が必要であり、保育者は意図的にそのような環境構成を行っていたのだろう。園生活を組み立てる時、大勢の子どもがいる保育の場では、知らず知らずのうちに保育者が全体的に子どもを動かしすぎていると感じる場合がある。保育者は一人ひとりのペースを保障できる時間や雰囲気についても振り返り、考えていくとよい。

　障害のある子どもと他児との関係を築いていく上では、保育者の関わり方は判断が難しく専門性が問われる点であり、加配保育者など、ほかの保育者や職員との連携が必要となる。障害のある子どもを主に担当する保育者は、担当する障害児としっかりと向き合い関係を構築しつつ必要な援助をする役割と、その子の思いや楽しんでいることを周囲の子どもたちにつなげ、共有していく役割とがある。ヨウコの担任保育者や加配保育者は、日々の生活の中でヨウコの人柄や興味・関心をクラスメイトに伝えたり、保育者自らのヨウコへの関わり方をモデルとして他児にさりげなく伝えたりしながら、ヨウコがクラスの中でかけがえのないひとりとして位置付く環境づくりに努めていたのだろう。

事例③　「紙相撲で大活躍」　　4歳

　超低出生体重児（出生体重1000g未満）で生まれ発育不全のトシヤくん。身体成長の遅れとともに運動機能がほかの子どもほど発達しておらず、言葉の発達も未熟で自分の思い通りにいかないとすぐに怒り出したり、泣き出したりする。友達もトシヤくんの特性を理解しているのか、遊んでいてもどこか年下の友達と接しているような関わり方をする。「トシヤくんはまだ小さいからだめだよ」「まだトシヤくんには無理」などトシヤくんを必要以上に特別扱いしており、またトシヤくんも「僕はまだわからないから」「（そんな動き）できない」と友達に都合が良いように自分の特性を表現していた。保育者は、トシヤくんの自分に対する捉え方を変えたいと思っていた。またトシヤくんと友達との関わりが一定で、「できないトシヤくん」という枠組みが変化しないことに焦りを感じていた。

　そんなある日、寒い日だったのでみんなで「おしくらまんじゅう」をした。トシヤくん

もみんなと共に楽しんでいたが、一方的に押されるばかりであった。保育室に戻るとトシヤくんが「紙相撲なら勝てるのに」とつぶやいた。保育者は「何でもよいから挑戦してほしい」という思いから紙相撲をすることにした。実は、トシヤくんは以前に父親と紙相撲で何度も遊んでおり、作り方から相撲の取り方まで経験済みであった。実際に相撲をとってみるととても強く、また力士の作り方を教えられる、というこれまでに見たことがないトシヤくんの光景が広がった。トシヤくんは、保育者の「トシヤくん、強いね」の言葉に笑顔で応えていた。

> まわりの子どもたちと対等な関係を築けず、自己肯定感をもてなかったトシヤ。「紙相撲」を通して変わったトシヤの姿に、あなたはどのような環境構成の重要性を見いだしますか？

事例③を読み解く　関係の変化のための多様な視点

　トシヤは発育不全の影響から、同学年の子どもと比べると体も小さく、運動機能も年相応ではない。また、自分の思いや考えを言葉でうまく表現できないことにいら立ち、劣等感をもっている。保育者は、トシヤがみんなと同じようにやりたいと思っているが、自分の思い通りにいかないもどかしさがあることを理解し、「紙相撲」というトシヤからの発信を受け止めて遊びを展開していた。トシヤの興味や関心から始まった遊びは、他児へと広がっていくことによって、友達からの尊敬や賞賛を生み、それがトシヤの自信へとつながっていた。保育者が、他児と対等なやりとりができる環境を用意したことが、友達との関係の中で劣等感をもっていたトシヤの周囲との関係性の変化を生んでいるのである。
　保育においては、子ども一人ひとりの特性や気質、興味や関心の違いを生かしていく必要があるが、障害のある子どもに対しては特に、保育者自身が多様な角度からクラスの遊びや子ども同士の関わりを捉え、新たな関係を生み出す環境づくりを行っていくことが大切である。

2節のまとめ

　事例を通して、障害のある子どもが他児と共に園生活を豊かに過ごすための保育者の視点や配慮事項について多角的に考えてきた。「事例を読み解く」では、障害のある子どもへの保育者による環境構成の視点から考えてきたが、このことは、障害の有無に関わらずすべての子どもにとって大切な視点である。そのことを踏まえて、障害のある子どもに保育者が関わる視点についてまとめていくことにしよう。

（1）障害の理解と環境の構成

　現在、保育現場では、特別に支援が必要な子どもに対しては、きめ細かな援助が求められている。つまり、子どもの様子をよく理解した上で、個別に配慮することが必要なのである。しかし、保育者養成校の一般的な学生は、幼少期からの生活において、障害のある方々との

出会いや関わりが乏しいため、実習や保育現場において初めての障害のある子どもとの出会いに、戸惑いや難しさを感じている。この関わりの希薄さが、保育者が障害のある子どもを理解していくことに大きく影響しているといえる。このことを踏まえると、まずは障害についての自身の固定観念をなくし、障害の特性や生活様式などについての正しい知識と理解をもつことが必要である。そして様々な場面において、障害のある方々と実際に接する経験を通して、一人ひとりに応じた支援の仕方や関わり方が見えてくるのである。また、障害のある子どもの理解や援助は、保育者一人ではなく、様々な人々と連携して行っていく必要がある。そのためにも、保育の専門家として障害のある子どもが生活するにあたっての社会的な課題や専門機関の働き、保護者の支援の仕方についても学びを深めていく必要がある。

障害のある子どもの保育を展開していくためには、障害の特性に応じた環境構成が必要となるのだが、単に学問として学んだ方法論を適用するのではなく、その子どもに応じた援助を考えなければならない。事例③のように、保育者は日々の関わりの中からその子どもの理解に努め、より豊かな経験を保障するために必要な環境や関わりを考え展開してくことが求められる。理論を背景としつつ、個別性にしっかりと目を向けることにより、子どもの成長にふさわしい援助が見えてくるのである。

（2）個々の特性が引き立つ保育内容の創造

保育現場では、「障害児」という言葉を使わずに、「特別なニーズのある子ども」「特別な支援を要する子ども」、あるいは「気になる子ども」といった表現を使用するようになってきている。これは、その子どもの理解を一般的な障害特性に引き寄せて考えすぎずに、その子のもっているよさを集団の中でどのように生かすとよいかとする視点からの表現と見ることができる。事例①のように、園には週2、3回の登園であったり、加配保育者との関わりが濃密にならざるを得ない状況であったりする障害のある子どもは、必ずしもまわりの子ども同士のようなプロセスで関係が深まっていくわけではない。このような状況から、保育者には障害のある子どもと他児との関わりを意識した保育環境の構成が求められる。意識が薄いと障害のある子どもがクラスの中で位置づかず、他児から"仲間"ではなく"特別な存在"として受け止められることになる場合もある。子ども同士の関わりを深め、互いに豊かな経験を得るためには、保育者は事例②のように、他児と生活のスタイルが異なる障害のある子どもへの理解を深め、関係が深まる雰囲気づくりや環境の構成に努めることが求められるのである。個々の特性を生かしつつ保育を展開していくことは、保育者にとっても新たな挑戦となることが多い。そのため、園内外の人々との連携が、新たな保育を創造していく場合においては必要な要素となる。

（3）多様な経験や関係性が生まれる保育の展開

事例①では、重度の障害のある子どもとの関わり方がクラスメイトにとっては難しい場合であっても、保育者の工夫により新たな関わりが生まれ、互いにかけがえのない経験を得ていた。また、事例③では、保育者による障害のある子どもの興味や関心に即した遊びの提案

によって、障害のある子ども自身の変化や、周囲の子どもの障害のある子どもへの見方の変化や関係性の変化が生じる保育展開があった。どちらの事例も障害のある子どもを含め、みんなが園の中で共に育っていくことが当たり前になるための保育実践である。これは、これからの社会が実現しようとしている、多様な人々が包括的に共生していく文化の創造の一端を担う実践であり、保育が担う社会的に重要な役割である。

　保育者志望の学生が、障害のある人々とあまり出会うことなく社会に出ようとしている弊害を最初に述べたが、これは保育者養成だけでなくノーマライゼーションの実現に向けて社会全体が抱えている現在の問題である。このような観点から、時には今までの保育の方法を打ち破り、保育の場での子ども同士の出会いが、共生に向けた先駆的な取り組みとなるように保育者自身が展開していってほしい。

3 子どもと多文化

私たちが過ごしている国際化社会の中では、他国の文化や習慣の理解が欠かせない。近年、外国の文化を背景にもつ家庭の子どもの割合も増え、保育内容においても様々な工夫や配慮が必要な場合がある。保育においても、今後一層進展する国際化を見据えて、保育者が多文化に触れる環境を用意していくことは重要である。ここでは多様な文化の中にいる子どもへの保育の在り方や、子どもが多文化と出合っていく環境について、事例を通してその意味や内容を考えていく。

事例① 「豚肉は食べられない」　2歳

サキちゃんの家庭から、保護者の生まれた国の文化もあり、宗教上の理由で、「サキちゃんは豚肉を食べてはいけないので給食にも出さないでほしい」と園は依頼を受けていた。栄養士はこのことを考慮し、保育所の給食で豚肉を使用する際には、食材をサキちゃんの分のみ鶏肉などに替えたり、調理の際にウィンナーなどの豚肉が混ざっている食材は入れずに作ったりするよう調理師に伝

達した。さらに保育者とも協議し、給食のでき上がり具合は、ほかの子どもと見た目の違いがあまり出ないように工夫もした。

この取り組みが功を奏して、サキちゃんの家庭からは、「配慮をしてもらいありがたいです」という感謝の言葉が聞かれた。

> 家庭からの食事へのリクエストをきっかけとして、園と家庭が信頼関係を築くことにつながりました。サキの生活の理解のために、あなたならこのことをきっかけとして、家庭とどのような連携を進めていきますか？

事例①を読み解く　相手の立場からの文化理解

園において、子どもの食事への要求に対して個々に応じていくことは現状として大変なことも多い。事例の園では栄養士、調理師、保育者の連携により丁寧な対応がなされており、おそらく家庭が思っていた以上の配慮が行われていたことだろう。このような配慮を実現できたのは、園全体としての文化の異なる生活への理解と、サキの家庭への思いがあったからだと考えられる。この園の取り組みが保護者から信頼を得たことがよく伝わってくる事例である。また、共に育っていくほかの子どもたちにとっても、成長していく中で、自分とは異なる文化をもった人への理解につながる配慮であったと考えられる。保育者は、食事面

をきっかけとしつつも、それだけではなく、その家庭の文化の理解に努め、暮らしの中での戸惑いや不安に耳を傾けることが必要である。なぜなら、様々な事情や文化的な背景をもっている家庭にとっては、その一つひとつの不安が自分たちのアイデンティティーを脅かすほどの大きな出来事になりうるからである。保護者と丁寧に対話しその思いを聴くことにより、家庭の子育てと、子どもの育ちを支えていくことになるのである。

事例② 「ジャマイカ!!!」 3歳

3歳児クラスのダイチくんは異年齢で過ごしている午後の時間に、年長児が見ていた国旗のカードに興味を示し、「これは？」といって年長児に国の名前を聞いていた。中でもジャマイカの国旗の模様が気に入ったようで、保育者にも「ジャマイカだよ！」と見せにきた。ある日保護者から「陸上の世界選手権を見ていたら、選手の胸や画面表示にあるジャマイカの国旗にとても興奮していた」という話を聞き、園で起きていたエピソードをお話した。

その後も保護者から、お店で売っているコーヒー豆やCDショップのレイアウトなどに描かれている国旗に関心を示して興奮していたことなどを聞いた。ダイチくんにとってジャマイカは、国旗を通して愛着のある特別な国になっているようだった。

ダイチは国旗のカードをきっかけにジャマイカに興味を示していました。このほかに子どもがほかの国々に興味・関心を示すような環境（もの・場所・場面など）について、あなたはどのようなものがあると考えますか？

事例②を読み解く　生活の中で出合う多文化への窓口

ダイチのように、子どもがほかの国や文化に関心を示すのは、大人から見れば生活の中でのささいな出来事と感じるようなことが多い。たとえば、外国の絵本の衣装や建物、オリンピックなどのスポーツ、運動会での万国旗、サンタクロースの家の場所、旅行先や父親の出張先など、世界に目を向けるきっかけは様々である。年齢や発達によっても異なるが、その子どもの興味や関心に応じた援助や環境構成を保育者が行うことにより、自分が住んでいる世界とは違う世界を垣間見ていくことになるのである。このようなことが、多文化と接する子どもの育ちを支える第一歩であると考えられる。

ダイチは、ジャマイカの国旗という一つのツールを軸として、自分が過ごしている日常生活の中で新たな文化を感じているのである。保育者は、生活の中でどのようなきっかけが子どもの動機となりうるのかを感じつつ、子どものその時々の発達の過程に応じて、他国の文化、ひいては多文化と子どもが触れ合うために必要な環境を考えていく必要がある。ダイチのようなエピソードが成長過程でどのように積み重なり、今後につながっていくのかを

3 子どもと多文化

検証的に振り返ると、生活に密接した中での多文化への気づきが見え、保育内容の向上につながっていくだろう。

事例③　「英語講師との関わりから」　5歳

園では5歳児クラスに対してネイティブの外国人による英語教室を週1回行っていた。保育者たちは、今までの単語を覚えたり歌を歌ったりする方法が幼児への英語指導としてふさわしいのかという疑問から検討を始めた。その結果、新年度より英語担当のゴメス先生に子どもが主体的に遊んでいるところに参加してもらったり、好きな遊びを見つけて遊ぶ中で、遊びのコーナーを一つ担当してもらったりする方法をお願いした。最初はゴメス先生も子どもたちとの関わり方に戸惑っていたが、一緒に砂場でのごっこ遊びをしたり、ドッジボールや缶けりなどのゲームを楽しんだり、野菜スタンプを一緒にしたりする中で、自然と子どもと関わりをもっていった。子どもたちはゴメス先生に伝えたい時には自然と、「Here」「Go」「OK」「Fight」「Next」「Thanks」など、ゴメス先生の言葉を繰り返したり、真似したりする形でコミュニケーションを取っていた。

また、ゴメス先生自身への子どもの関心が高まり、「お母さんはいるの？」や「好きな食べ物は？」などの会話の中から、異国の文化について教えてもらったり自分で調べたりするようになっていった。そこで保育者は、ゴメス先生と相談し、生まれ育った家の話や日本文化との違いなどについて年長児にレクチャーしてもらう機会をもつようにしていった。子どもたちからは、家に土足で入ることや夏の時間があって夜9時ぐらいまで明るいことなどを聞くと驚きの声が上がっていた。

> 子どもたちは、ゴメス先生との遊びを通してコミュニケーションを取ったり、生活様式の違いについて教えてもらったりしながら、自分の暮らしとの違いを感じていました。あなたならさらにどのような保育内容の展開を考えますか？

事例③を読み解く　必要感のある保育内容の展開

乳幼児期に多文化について学ぶ際には、直接的な体験が重要であると同時に必要感のある体験が大切である。

事例では、「英語教室」をやめて、まずは、子どもが主体的に遊ぶ中で外国人の先生と触れ合うことにより、より身近な存在として関わることを重視していた。このような保育の展開により、子どもたちにゴメス先生と関わりたい、コミュニケーションを取りたいという状況が生まれ、必要感をもって子どもなりに関わりの手法を獲得していった。また、身近な存在であるゴメス先生のことをもっと知りたいという思いが生まれ、言葉の違いだけでなく、

暮らし方の違いや大切にしている文化について学ぶ姿勢をもつようになっている。今後のゴメス先生と子どもたちの間には、ただ教わるという学びではなく、共に探究していくことを通してわかり合っていくという保育内容が展開されていくことだろう。

事例④　「シュンカちゃんの『おはよう』」　　　　5歳

都心にあるこの園では、ほとんどのクラスに3～4名の外国籍の子どもが在籍している。さくら組には、韓国、アメリカ、中国、ドイツ国籍の子どもが在籍する。

ある日、ハルカちゃんが、「ねえ、先生、シュンカちゃんって面白いよ、『おはよう』って言うと『アンニョンハセヨ』って言うんだよ」と保育者に話しに来た。すると、シュウくんが、「この前ね、ジョンくんが、『僕は、朝起きたら、ママとパパに、グッドモーニングって言うんだよ』って教えてくれた」と言う。そこで保育者は、クラスにいる外国籍の子どもたちそれぞれの「おはよう」の言葉を表にし、壁に貼っておいた。

子どもたちの間では、この表を見ながら、「おはよう」だけでなく、「ありがとう」や「さようなら」などほかの言葉についても、互いに聞き合う姿が見られるようになった。また、ほかのクラスにいるスイスやフィンランド国籍の子どもたちに「おはようって何て言うの？」と聞く姿が見られた。

事例⑤　「多文化共生のための環境づくり」　　　スウェーデン

保育者のAさんは、学会の研修で、ソマリア、スウェーデン、ペルー、レバノンの保育者や大学教員らとともに、スウェーデンの森の幼稚園を訪問した。そこでは、自国スウェーデンの子どもに加え、いくつかの国や地域にわたる移民の子どもを受け入れていた。ボスニア・ヘルツェゴビナ、チャイナ、イラク、コソボ、パキスタン、パレスチナ等で、言語は、アラビア語、スペイン語、フランス語、トルコ語、ウルドゥー語等と多岐にわたるという。

そのため、園のいたるところに多文化が共生するための環境への配慮がなされていた。

保護者向けに作成された国や地域を紹介するDVDには、「Hello」の言い方、国歌、子どもが選んだという代表的な食べ物や遊びがその国・地域ごとに収録されていた。子どもたちは、園に慣れるまで親が付き添って生活を送るという。

また、親同士が交流できるようなイベントも定期的に開催されているという。Aさんがユニークに思ったのは、「春のお掃除会」というイベントだ。親子が共に参加し、ゴミの分

別を行うものだ。紙類だけで、ニューズペーパー、ブックス、パッケージ、粗大ごみ、アナザーワンと、5～6種類に分類するという。こうしたイベントを通して、子どもたちも保護者も異文化に触れ、多国籍の人々と共生する環境に徐々に慣れていくという。廊下の壁面には、それぞれの国ごとに家族の集合写真が飾られていた。また、国旗、地球上のどこに位置するかを示した地図なども掲示されていた。室内には、できるだけ多様な文化に対応できるよう遊具にも配慮が見られた。Aさんにとっても多文化に触れるよい機会となった。

> 事例④の保育者が、それぞれの国の「おはよう」の言葉を表にしたのは、保育者がどのように意図したからだと思いますか？ また、事例⑤を参考にして、外国籍の子どもが在籍した時、どのような環境が必要か考えてみましょう。

事例④⑤を読み解く 　多様な文化の理解

　事例④の園では、多くの国籍の子どもが在籍している。その生活の中で子どもが友達の「おはよう」という言葉の違いに気づき、興味や関心を示している。そこで保育者は、子どもの興味や関心を広げるためにクラスにいる外国籍の子どもたちそれぞれの「おはよう」の表を環境として用意し掲示していた。その結果、子どもたちは「おはよう」以外の挨拶にも興味をもったり、ほかの外国籍の友達の言葉にも関心を示し関わったりする姿が見られた。このことから保育者は、クラスの中で共に過ごしている仲間が、多様な文化的背景をもっていることについて理解してほしいと考えており、子どもが他児の言葉の違いに興味や関心を示したことをきっかけに、多文化への理解に向けた保育内容を展開していたことがわかる。また、様々な情報や知識を提供する環境が、子ども同士の新たな関わりを生み出すことも考えて環境を用意していたと推察される。

　事例⑤では、保育者自身が多様な文化に触れることにより新たな知見を得ていた。一般的には、わが国の保育の状況では、多文化の子どもが多数を占めることは稀であり、クラスにおいては少数派といえるだろう。保育者は、多文化との関わりという視点から、子育て観や具体的な子育ての仕方の違いなどについて学びを深め、現在の保育の在り方を一人ひとりの人権を尊重するという視点から考えていくとよい。事例では、具体的な壁面の環境構成の工夫や、ごみの分別など生活に根差した環境の構成について示されていた。また、保護者同士が多文化についての理解を深め交流する環境が用意されていることも興味深い。両事例のこれらの点を参考にし、個々が尊重され生きていくことや多様な人々が関係して生きていくことの豊かさについて、保育者自身考えていきたいものである。

3節のまとめ

5つの事例から、多文化に接している時の子どもたちの様子や、日本とは違う文化的な背景をもっている親子への対応について考えてきた。これまでの「事例を読み解く」でも述べてきたが、ここでは多様な文化と接する保育の在り方について、いくつかの視点からまとめていく。

(1) 文化を理解し個別に応じていくこと

事例①では、食文化が違う家庭に対して園全体として連携し、食事への配慮に誠心誠意尽くす姿が見られた。このような姿勢は、食べ物がその家庭のよりどころとする文化や習慣に密接に関わっており、それがその家庭にとって大きな問題であることを、保育者をはじめとした職員全員が理解していたことの表れである。私たちは普段、いつもしている習慣や日本人として過ごしている文化が「普通」のことであると思っているため、ほかの国や地域の文化と接する時はその違いに驚いたり、その意味が理解し難いと思ったりすることがある。置き換えてみれば、日本人が他国の民族文化の中で暮らそうとした時、その国の文化に戸惑ったり、時にはアイデンティティーを脅かされるような事態に出合ったりすることも想像できるだろう。保育現場では、文化的な背景の違う家庭が、どのような文化や生活をよりどころとして過ごしているのかをわかろうとし、共に考えていく姿勢が大切である。個別の事情をくみ取り、文化や背景が尊重されて初めて、子ども一人ひとりに応じるという保育の目標が実現することを忘れてはならない。

(2) 違うということからの気づき

子どもが自分とは違う文化を感じるきっかけは、事例②のような生活に密接した情報などからの興味や、事例④のような言葉の違いのように身近なやりとりからが多い。また事例③のように、コミュニケーションを取りたいと思ったり、もっとその人のことが知りたいと思ったりすることから他国のことに興味や関心をもつようになることもある。保育においては、自らと異なる文化と接するにあたり、子どもの自発的な動機を機会として実践を展開していくことが必要であり、そのためには保育者が子どもの興味や関心に沿って、どのような環境を用意するのかが大切となる。

このような多文化への理解を広げる保育内容を展開していくことにより、子どもは自分の生活との違いに気づいていくことになる。他国の文化や世界の様々な人々に目を向けることにより、当たり前のように思って過ごしている自分たちの生活についての探究心が芽生えていくのである。

ある園では、米を食べることや月見をすることなどの日本の文化や風習について、年長児が「むかし調べ」として協同的に探究していった実践事例もある。自分の生活とは違うという気づきは、自分たちの大切にしている文化の背景について考えることにつながっていくのである。

（3）誰もが尊重される保育のために

　保育においては子ども一人ひとりの特性に応じて援助していくことを大切にしている。また、子どもの人権に十分に配慮するとともに、子ども一人ひとりの人格を尊重した保育方法が求められている。保育者が担任として大勢の子どもを保育していく時、知らず知らずのうちに、全体に向けての指示が多くなったり、みんなと同じ行動を子どもたちに求め過ぎていたりすることがある。多様な文化や背景をもっている子どもとの出会いは、時に保育者は自分の保育の仕方を問い直し、個々を尊重し一人ひとりに応じる保育の意味を考えるきっかけとなる。保育は、個々の特性を生かしつつ、多様な個々が影響し合い、響き合って育っていくものであるということを念頭に置くと、文化的背景の異なる家庭の子どもであっても、誰でも尊重される保育の展開を考えることになる。誰もが尊重されるということは、互いに認め合っていくということであり、子どもの自己有用感や自己肯定感を一層育んでいくことへとつながっていく大切な視点なのである。

　また、事例⑤で紹介されているように、保育者や保護者などの大人が多文化への理解を深めていくことも重要である。特に保護者同士の関係においては、言葉や文化的背景が違うほかの親子への接し方に戸惑い躊躇してしまいがちである。保護者同士が互いに理解を深め共に子育てを支え合っていけるように、園がサポートしていくことが求められる。このように、子どもや保育を取り巻く環境の中で、個々の違いが認められ、生かされながら、共に影響し合って生きていく文化をつくっていくことが、国際化する社会における保育現場の在り方として必要である。

演習ワーク⑧～ワークショップ3 「ユニバーサルデザイン」

【ねらい】すべての子どもが過ごしやすい保育環境について考える力を養う。

○ユニバーサルデザインを設計（デザイン）し、グループで発表・評価しましょう。

製作の目標：園内における自分なりのユニバーサルデザイン（以下UD）をデザインする。
UDとは：「できるだけ多くの人が利用可能であるようなデザインにすること」
　　　　「公平性、柔軟性、明快性、安全性、省力性、空間性などの原則を踏まえる」
（参考例）

「誰でもタンバリン」
○イラスト…（省略）

○内容…握る手の力の弱い子どもでも腕に装着して演奏できるタンバリン。
○工夫したところ…子どもの腕の太さは個人差があるため、ベルトで固定幅を調節できるようにした。またベルトが痛くないよう柔らかい布製にした。

「走ってはダメ！」
○イラスト…（省略）

○内容…文字の読めない子どもでも、廊下を走ってはいけないことがすぐわかるピクトグラム（絵文字や絵単語）。
○工夫したところ…同様のものはすでにあるが、子どもが親しみやすく目を向ける絵柄で構成している。また、配色にも気を配り、目を引く配色で構成している。

演習方法

1、グループに分かれ、デザインを行うにあたり参考資料として園内にどのようなユニバーサルデザインがあり、どこがすぐれているのかを調べる（15分）。

2、グループ内で調べた資料を基に、何をどのようにデザインするかを相談し、デザインする。今回のデザインは、「物」に限定する。デザインはグループ発表でまわりの人が見やすいよう、大きめの模造紙か画用紙などに対象のものの絵を描き、デザインの周辺に、対象者やそのデザインの優れている点、工夫したところなどを掲載する（20分）。

3、グループで相談した内容やデザイン制作の過程については、後でグループ発表の際の質問や意見に回答するために必ず記録し、グループでまとめておく。

4、すべてのグループのデザインが完成したら、グループごとにデザインを発表し、それぞれの発表の際には質問や意見の時間をとる（30分）。

5、すべての発表が終わりデザインが出そろったところで、グループで自らのデザインと比較し、何が足りなかったか、どこがよかったかなど改めてまとめる（5分）。

6、最後にグループの意見をまとめ、クラスで発表し合う（10分）。その後、各自レポートに自分の考えや取り組み方をまとめる（10分）。

ポイント 体に不自由がある人だけでなく、"誰もが"使いやすいことについて留意しましょう。

第11章
環境を通した教育・保育の現在の課題

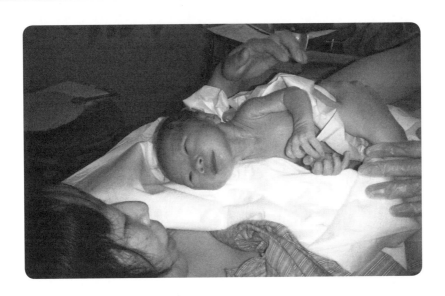

　情報化、グローバル化、技術革新の促進等に伴う社会の変化がますます加速している。今、子どもたちはこうした変化する環境の真っただ中にいる。そして、この先も変化は継続する。学生のみなさんには、変化が続く20年後を想像してみてほしい。多くの子どもたちが成人となり社会の一翼を担っていることと思う。その20年後の社会では、現存する職業の半分が消滅するという。コンピューター等が人にとって代わるからとも、人工知能が人類を超えるからともいわれている。未来を生きる子どもたちを取り巻く環境の変化がこのように予見されている。

　第11章では、こうした未来の環境の変化を踏まえて、今、教育や保育の現場で課題とされることは何かを、子どもを取り巻く「社会環境による課題」と「保育環境による課題」から考えていく。

　今後、社会がどのように変化するか予測は容易ではないが、乳幼児期にふさわしい環境を通して、人としての基礎を十分に培っていくためにはどうすべきかについても学ぶ。

1 子どもを取り巻く社会環境による課題

1．少子化に伴う課題

　社会が成熟すると少子化が進行するのは、欧米諸国などの例からもよく知られる。日本も例外ではない。第二次世界大戦後の一時期を除き、少子化は進行の一途をたどっている。少子化とは、出生率の低下により、子どもの数が少なくなること、高齢化の対義語として人口に対する子どもの割合が低下することなどをいう。日本の人口の増減は、国際的な人口移動が少ないことから出生数及び死亡数の変化による影響が大きいとされる。そうした中で、出生数は、1947年（昭和22年）〜1949年（昭和24年）までのいわゆる第1次ベビーブームを頂点に、緩やかな減少傾向をたどり、今日のように、社会問題化されるに至っている。

【図11－①】出生数及び合計特殊出生率の年次推移

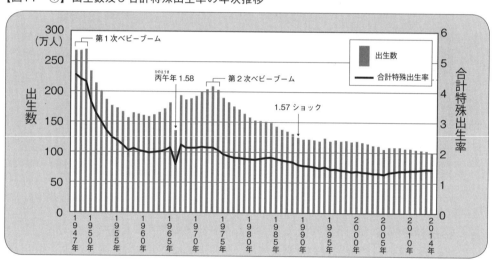

（厚生労働省、「人口動態統計(平成26年)」より作成）

　人口統計上の指標で、一人の女性が一生に産む子どもの平均数を示すとされる合計特殊出生率を見ていくと、終戦直後のいわゆる第1次ベビーブーム到来の1947年（昭和22年）には、4.54であった。1966年（昭和41年）は、丙午（ひのえうま）年に当たり、1.58と一時的に大きく落ち込むが、第2次ベビーブームの皮切りとなる1971年（昭和46年）には、2.16に上昇する。しかし、1.57ショックといわれる1989年（平成元年）以降、減少の一途をたどるようになり、2005年（平成17年）に、1.26とこれまでの最低を記録するが、2014年（平成26年）には1.42まで回復している。一方で年間の出生数は、1947年：約268万人、1971年：約200万人、2005年：約106万人、2014年：約100万人であり、総人口の減少とも併せて出生数そのものは大幅に減少している。

　さて先に、日本の人口の増減が、出生数だけでなく死亡数の変化によって影響されることを挙げた。現在の日本は、世界でも有数の長寿国であるが、少子化とともに高齢化の進行による課題をも抱えている。両者は関係が深いが、本稿では、高齢化社会の課題はほかに預け

1 子どもを取り巻く社会環境による課題

ることとし、みなさんとは、少子化による子どもを取り巻く「環境」の変化や子どもの成長や発達との関わりを考えたい。

子どもの減少は、直接子どもに関わる人や子どもに関心を寄せる人の減少を意味する。保育者を志す学生のみなさんの多くは、これまでの成長の過程で甥や姪であったり、近所の子どもであったり、職場訪問での子どもとの触れ合いであったり、どこかで小さな子どもと触れ合った経験があると思う。しかし、少子化社会では、自分が子どもをもつようになるまで、子どもと接触をもったことがないという大人が増えている。それゆえ、子どもを温かく見守る、子どもの健やかな成長に関心を寄せるなどの、子どもにとって良好な「環境」が生まれにくい状況がある。

たとえば、昨今、幼稚園や保育所等の近隣の住民から、子どもの声が騒音であるとして苦情が寄せられるケースがあり、見過ごせない社会問題として取り上げられている。住民、園双方の立場からの事情はあるものの、子どもが伸び伸びと育つ社会的な「環境」に変化が生じていることは否めない。また、"6ポケット"（子ども1人に、両親2人、祖父母4人がいる状況）による、過保護・過干渉等を生じさせる状況も生まれている。その一方で、核家族化や地域のコミュニティーの変化が育児の孤立化を招くなど、育児困難、育児放棄、虐待等を増加させている。少子化に伴う子どもを取り巻く「環境」に関する課題は大きく、子育てを支援する枠組みや行政による制度の構築、そして人々の意識改革等が急がれてもいる。

2．情報化・グローバル化・技術革新の促進等に伴う課題

インターネット、パソコン、スマートフォン等、昨今のインターネットの普及・広範化による社会的な「環境」の変化は目まぐるしい。家庭や職場に居ながらにして、はるか遠く地球の裏側の出来事が音声や映像とともに瞬時に伝わるのは驚くことではなくなった。コツコツと勉学に励んで蓄積した知識がなくとも、手元のスマートフォン等を駆使して多量のデータを即刻入手することも可能となった。

急速な情報化やグローバル化は、物事がスピーディーかつ複雑に伝播し合う社会を招いた。技術革新は加速度的な進展を遂げ、近い将来、自動運転の車が身近な街を行き来することが現実味を帯び、人工知能が人類を超えるのも間近であると報道されている。

こうした状況が、子どもを取り巻く「環境」として子どもの成長や発達にどのような関わりを生じさせるのか。また、今後、こうした「環境」の変化を踏まえて子どもたちにどのような力をつけさせる必要があるのか等、考えさせられることが多いのではないか。

社会的な「環境」の変化に伴って、初等中等教育に関わる教育者に求められることは、「特に、学ぶことと社会とのつながりを意識し、『何を教えるか』という知識の質・量の改善に加え、『どのように学ぶか』という、学びの質や深まりを重視することが必要」[1]であるとされる。当然のことながら、発達や学びは、保育・幼児教育から小・中学校教育へと接続される。「環境」を通して子どもたちの興味・関心や意欲を大切にして行う幼児教育・保育

---

1) 文部科学省『中央教育審議会　教育課程企画特別部会　論点整理』配布資料、2015

にあっても心したいことである。

　さらに、乳幼児期には、社会がどのように変化しようとも、人としての成長を促すために省略したり変更したりすることのできない、そして欠かすことのできないことがある。情報化・グローバル化・技術革新の促進等が、今後どこまでどのような速度で進むかについて、予測は難しい。しかし、そのような状況下でも、人格形成の基礎を培う乳幼児期には、基盤となる心情・意欲・態度を養うことがますます重要となる。『中央教育審議会　教育課程企画特別部会　論点整理』（報告）では、今後の幼児教育について、「幼児期において、探究心や思考力、表現力等に加えて、感情や行動のコントロール、粘り強さ等のいわゆる非認知的能力を育むことがその後の学びと関わる重要な点である～以下略」[2]と提案されている。このことからも、情報化・グローバル化・技術革新の促進等が進展するであろう今後の社会にあって、乳幼児期には、「生きる力」の基礎や非認知的能力等の力を育成するための「環境」づくりが欠かせない。

3．ライフスタイル・価値観等の多様化に伴う課題

　ひと昔前は、標準的と捉えることができる家族像や世帯が存在した。しかし、現代社会にあっては、人々のライフスタイルや価値観が多様化し、標準的な家族像や世帯は何を指すのか定かではなくなった。こうした多様化の背景には、先に挙げた情報化、グローバル化、少子化や人口減少社会等のほか、経済性効率追求の結果として、富裕層と下流層の二極化の進行など、格差社会の出現があるという（下図参照）。

【図11－②】ライフスタイルを取り巻く社会潮流、国立環境研究所「ライフスタイルの変化要因」持続可能なライフスタイルと消費への転換プロジェクト　2015

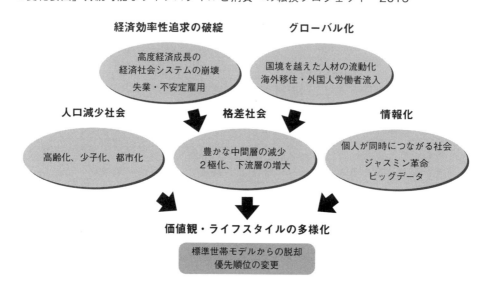

2）文部科学省『中央教育審議会　教育課程企画特別部会　論点整理』配布資料、2015

1 子どもを取り巻く社会環境による課題

　人々のライフスタイルや価値観の多様化は、乳幼児を取り巻く「環境」にどのように影響するであろうか。極めて身近なスマートフォンで考えてみたい。昨今は、電車内で出会う親子連れに、スマートフォンの扱いと子どもへの接し方から、ライフスタイルや価値観の多様化を感じさせられることが多い。以下の３つのEpisodeは、日中の空いた車内の光景である。

> A　３歳児らしき男児の親子連れ：車内で座席に座ると同時に、親はスマートフォン（以下スマホ）を取り出し集中する。男児は靴のまま後ろ向きに座り、外を眺め、景色や駅やすれ違う電車について親に頻繁に話しかける。親はスマホに向いたままである。
>
> B　１歳児らしきバギーに乗った女児の親子連れ：既に親はスマホを片手にしている。乗り込んでバギーのストッパーをかけるとスマホに向かう。時々女児がかたことをつぶやくと、のぞき込んで何やら応答する。そのうち、女児がぐずり出すと、小さなブランケットを取り出し女児の膝にかける。再びスマホに向かう。女児のぐずる声が大きくなる。その直後、親はスマホをしまい、女児を抱き上げる。少しトントンし女児は眠る。
>
> C　２歳児らしき女児の親子連れ：座った後、何やら会話を交わしていたが、そのうち絵本を取り出す。絵本は女児のお気に入りのものらしい。親がささやくように読む中で、時折女児は絵を指さして、呟きながら親の顔を見上げる。親が笑顔になる。

　上記A・B・Cの３つのEpisodeから、みなさんは何を感じ取り、考えるであろうか。みなさんは既にスマートフォンを常時持ち歩き、機能を駆使してその恩恵に浴している世代であると思う。しかし、ここでわが身の在り方とともに、子どもの「人的環境」としての親の在り方という視点から、A・B・Cそれぞれの事例について議論してほしい。

　議論はいかがであっただろうか。かつて存在しなかったスマートフォンという文明の利器は、今や当然のこととして、多くの人が身近に有するものとなった。スマートフォンを身近に持ち、積極的に活用するというライフスタイル自体は、時代の流れの中で必然のことと受け止められる。しかし一方で、保育に携わる者として問題としたいことは、子どもと共に在る時にどのようなスマートフォンの扱いをするかであろう。そのことが、育児に対する構え、親としての在り方、子どもへの思い等、その人の根底にある価値観に左右されるからである。いうまでもなく、乳幼児期は、人との応答的なやりとりの中で様々な力を育み、子どもの成長が促される時期である。少なくとも事例Aのように、スマートフォンに熱中するあまり、子どもからの話しかけに全く応答しないようなスマートフォンの使い方は好ましいとはいえない。ライフスタイルも価値観も、子育てに関しては、多様化が子どもの成長を阻む事態になることを危惧するのは筆者だけではないであろう。

2　子どもを取り巻く保育環境による課題

　第1節で述べた社会的な環境による変化に伴い、子どもが日々直接関わる保育環境をより豊かにすることが保育者としての重要な課題となる。中でも、生きる力の基礎や非認知的能力の育成などが喫緊の課題となろう。そこで、第2節では、こうした力を育む上で必要な「環境」について具体的に取り上げて考える。

1．体を動かす楽しさを味わう「環境」

【図11－③】
「大根抜き」を楽しむ年長児

　乳幼児期には、その年齢や発達に沿って、健康な心と体を育て、自ら健康で安全な生活をつくり出す力を養うことが大切である。中でも、子どもが自分の体を十分に動かして遊んだり、運動したりできる環境づくりが保育には欠かせない。日中元気に体を動かして遊ぶことは、セロトニンというホルモンの分泌を増加させる。セロトニンには感情をコントロールし、心を落ち着かせる作用がある。昼間、セロトニンが多く分泌される生活を送ると夜ぐっすり眠ることができ、規則正しい生活リズムを身につけることにもつながる。

　幼少期から適切な運動習慣を身につけ、体を動かす楽しさを知り、身につけることは、生涯にわたって極めて有意義なことである。そのためには保育の中で、子どもが進んで体を動かしたくなり、また体を動かす楽しさを十分に味わえる時間や場を保障するなどして「環境」を整えることが大切である。幼児期運動指針では『幼児は様々な遊びを中心に、毎日、合計60分以上、楽しく体を動かすことが大切です！』[3]としている。毎日の遊びや散歩、手伝いなどの生活の中での動きが60分以上となるよう、体を動かす時間や場を保障する「環境」づくりが大切である。また、園庭の広い狭いなど、園によって「環境」は様々である。園庭は広ければよいというわけでもなく、狭すぎるのも困りものだが、狭い園での工夫をよく見かける。中でも園庭の狭さを補うため、廊下を活用する園が多い。たとえば、ケンケンパをしながら通れるようにしたり、行き止まりに飛び降りて遊ぶ場所を設けたりである。こうして「環境」を整えることで、子どもは自分から興味をもって動くようになり、多様な動きを習得する。また、体を動かすことを通して楽しさや満足感、達成感等を得る体験の積み重ねが、やる気、根気、気力、勇気、判断力、決断力、集中力、調整力等、今後ますます必要とされる非認知的能力をも育むことにつながる。そうした動きが促進

---

3) 幼児期運動指針策定委員会『幼児期運動指針ガイドブック』文部科学省、2012、p.6

される「環境」を保育の中で意図的に整えたいものである。

2．安心・安全を確保する「環境」

　私たちは、今ほど、「安心」や「安全」の確保を必要とし、日常の生活に危機意識をもったことはないであろう。今や、自然災害は日本のどこで起きてもおかしくない状況を生んでいる。他人ごとでは済まされない。私たちの想像をはるかに超えた場所や規模で、一瞬にして日常が非日常に変わる光景が随所で起きている。

　園生活でも、これまで一般的に起こりうると想定されていた交通安全、火災、地震の備えに加え、突然の不審者侵入への備えや、暴風雨や竜巻やゲリラ豪雨といった近年になって生じるようになった想定外の自然災害に対する備えが必要とされている。

　また、「安心」と「安全」を混同してはならない。

　多くの園で、毎月実施している避難訓練を例にとろう。訓練であるから、「安全」は確保された状況下であるにもかかわらず、子どもによっては、いつもと異なる雰囲気に不安を覚え、「安心」できない姿を示すことがある。また、日中、天候に恵まれ「安心」して伸び伸びと園生活を送っていても、天候が極めて急激に変わり園の周辺だけが集中豪雨に見舞われ「安全」を脅かされるという事態も生じる。保育者は様々な事態を想定し、"まさか"そんなことは起きないだろう、ではなく、"もしや"そういう危機的状況が起きたら、と常に危機意識をもつことが求められるようになった。

　【図11－④】は、2011年3月に起きた東日本大震災1年後2012年2月に、子どもや保育全般について、困っていること、気になっていることを宮城県仙台市の46の公私立保育所に調査した結果である[4]。10以上の回答の多かった項目が表示されている。【不安・怯え】【音への過敏性】【地震・津波ごっこ】など、子どもたちの抱く不安が、震災後間もなくであるだけに「安心」できる状況から遠い実態だったことを伝えている。

　安心・安全を確保するためには、日常の園生活での指導や訓練が欠かせない。多くの園が指導日を定期的に設けたり、安全マニュアルを作成したりし、意図的・計画的に指導や訓練を実施している。時には関係機関の協力を得て、園外で実地訓練を行ったり、園内に

【図11－④】震災1年後の子どもの問題

カテゴリー	回答数
不安・怯え	12
音への過敏性	12
地震ごっこ・津波ごっこ	11
震災による転入児の問題	4
排泄の問題	4
午睡時の問題	2
保育環境の変更	1
活動の制限	1
保育体制の困難	1
登所時の問題	1
その他	13

【図11－⑤】横断歩道は手を上げて

---

4) 本郷一夫『求められる心理的支援と支援の専門性「発達」』ミネルヴァ書房、2013、p.2

実際の道路に近い「環境」をつくったりして、交通安全指導を行うことがある。また、近隣の消防署へ出向き、火災や地震への防災意識を高めるための「環境」を整えることもある。

保育者は子どもたちの「安心」や「安全」を確保するために何をどう備えればよいであろうか。なかなか正解は見いだせないが、保育における子どもたちの「安心」の確保は、保育者といかに信頼関係が築かれているかにかかっているのではないか。また、「安全」の確保は、地域の実情に応じた防災計画の策定、日ごろからの安全教育の計画・実施など、地道な努力と実践力が必要とされるのではないだろうか。

3．インクルーシブな保育を実現する「環境」

インクルーシブ教育・保育という言葉を耳にするようになった。インクルーシブ教育システムの理念は障害のある者と障害の無い者が共に学ぶ仕組みであり、近年では、既に多くの園で、こうした理念に基づいた保育が展開され始めている。インクルージョンとは、包含、包容などと訳される。対局にある概念は排除である。そのため言い方を変えれば多様性を排除しない教育・保育ということができる。

乳幼児期は、成長や発達の個人差が著しく、障害の有無に関わらず、誰もが個別的な配慮を要する時期である。したがって、子ども一人ひとりに寄り添いながら、柔軟で、インクルーシブな保育をしていくことが求められる。次のEpisodeで考えてみよう。

> Ａちゃんは、年長になって転園してきた。初めてのことには不安を示す。不安を感じると、「疲れた～」といって、大好きなブランコに居場所を求め、保育室を出ることが多かった。学級の子どもたちは、そんなＡちゃんの気持ちを汲み取り、学級の一員として見守っていた。
> 秋になり遠足へ行く日が迫ってきた。遠足へ行く場所は誰もが初めての場所であった。Ａちゃんが不安を感じている様子に子どもたちも気づいた。保育者が、実地踏査で撮ってきた写真を子どもたちに見せ、さりげなくＡちゃんに目的地についての情報を提供する。子どもたちの一人がＡちゃんに「遠足に行ったら一緒に手をつなごうね」と誘う。重ねて保育者がＡちゃんに、「困ったことがあったらどの先生にでも聞けるよ。お友達も教えてくれるよ。」と伝える。新しい場所、行動への不安が少し消え、先の見通しが少しもてたことで、Ａちゃんの表情が明るくなった。遠足はＡちゃんにとって楽しい体験となった。

大切なことは、ただ一人遠足に不安を見せるＡちゃんを、他児と異なるからといって排除しなかったことであろう。また、Ａちゃんを含めた学級集団が成長しているということである。実際にこのEpisodeでは、Ａちゃん以外の子どもたちも、遠足の目的地への予備知識がもてたことで、その子なりの目的意識をもって、より意欲的に取り組むことができたと、保育者は後に述べている。写真などによる事前の教材準備、情報の提供、保育者からの子どもたちへのさりげない働きかけ等があり、誰もが、大切にされるインクルーシブな保育のための「環境」が準備されていたのではないだろうか。

窪田（2009）は、『インクルージョンとは、学校教育という1つのシステムの中で、障害をもっている子どもを含めた多様なニーズをもつ子どもたちの存在を前提にして、すべての子どもが学習に参加できるような学校づくりを理念に掲げる。すなわち、通常教育の在り方そのものの変革を求める概念である。』[5]と述べている。学校や学習という文言を置き換えればまさしく、保育そのものの営みといえるのではないだろうか。インクルーシブな保育をめざす中で、保育者が変わり、保育が変わり、子どもたちが変わっていく。すなわちそれは豊かな保育の実現につながっていくと捉えられるのではないか。折りしも2016年4月「障害者差別解消法」（障害を理由とする差別の解消の推進に関する法律）が施行された。幼稚園や保育所等においても、障害のある子どもにとって個別に必要とされる「合理的配慮」やその「基礎的環境整備」としての適切な環境を整備していくことが、今後さらなる課題となるだろう。

---

[5] 窪田知子『イギリスの特別なニーズ教育におけるインクルージョン概念の探究「―プロセスとしてのインクルージョンに着目して―」関西教育学会研究紀要9』p.66

演習ワーク⑨～ディベート3 「子どもに積ませたい経験は？」

【ねらい】子どもの最善の利益に関わる事柄について判断する力を養う。
　　　　保育を改善するために求められる思考・判断・表現力を養う。

○次の設定に沿ってグループに分かれてディベートを行いましょう。

論題：子どもに積ませたい社会経験は、「地域清掃」と「お仕事体験」のどちらがよいか？

条件設定
・保育者と地域の人での事前打ち合わせの上、「地域清掃」は町内会の大人と合同で園の周辺で、「お仕事体験」は園の近くの商店街の商店で、共に協力してもらい行うものとする。
・保育者・年長児が参加し、1～2時間程度の活動とする。
・引率する園児の人数、引率者の人数は、地域の実情に合わせて事前に設定するか、活動に合わせて人数やグループ分けを設定して主張してもよい。

進め方（時間は目安）
・各グループの資料調べや主張まとめは、授業時間内に十分な討論、事後評価を行うために、事前にグループ分けを行い時間をかけて準備することが望ましい。
・討論の発言の流れは次のように行う（合計40分）。
　①Aグループの主張　　②Bグループからの質疑　　③Bグループの主張
　④Aグループからの質疑　⑤Bグループからの反論　　⑥Aグループからの反論
　⑦Bグループの最終主張　⑧Aグループの最終主張　　⑨投票（挙手など）
・結果を受けて事後評価をクラスで行う（20分）
・各自で感想をまとめる（20分）

演習方法
1、司会進行役を決め、2つのグループに分かれ、どちらの側で主張するかを決める。
2、グループごとに上記の設定に沿ってどのような主張をするか、必要なことを調べて相談しまとめる。代表して発表する人を選び、順番を決める。司会進行役は、どのような流れで討論を進め、それぞれの項目においてどのような発言を促すことができるか想定し、時間がきたら討論を開始するよう促す。
3、司会進行役の指示に従い、実際に討論を始める。参加者は、記録表をコピーして討論の内容、気づきのメモをとる。
4、司会進行役の指示に従い、実際に討論を始める。司会は論点を明確にし、各グループに発言を求める。
5、項目に沿って討論が終了したら、全員でどちらの主張に賛成するか投票する。
6、投票の結果を踏まえて、どのような発言、資料の提示の仕方が良かったか、また改善するところは何かを全員で話し合う。
7、最後にディベートを終えた感想を一人ひとりまとめる。

ポイント 子どもが地域の人と触れ合うこと、地域のよさに気づくことができるような活動となるように考えてみましょう。

【参考文献】

第1章　保育と環境
- E.H. エリクソン『幼児期と社会』みすず書房、1997年
- 『学校教育法』第21条第2号、2007年（平成19年6月改正）
- 環境省『環境の保全のための意欲の増進及び環境教育の推進に関する法律』Webサイト資料
- 『環境の保全のための意欲の増進及び環境教育の推進に関する法律』2003年（平成15年公布・施行、平成23年改正）
- 『教育基本法』第2条第4号（教育の目標）、2006年（平成18年12月改正）
- 厚生労働省『保育所保育指針解説書』フレーベル館、2008年
- 内閣府・文部科学省・厚生労働省『幼保連携型認定こども園教育・保育要領解説』フレーベル館、2015年
- 文部科学省『中央教育審議会答申』2008年（平成20年1月）
- 文部科学省『幼稚園教育要領解説』フレーベル館、2008年

第2章　領域「環境」とは
- 榎沢良彦・入江礼子 編著『演習 保育内容 環境』建帛社、2006年
- 国立教育政策研究所教育課程センター『幼児期から児童期への教育』2005年
- 酒井幸子・守巧 編著『演習 保育内容総論 あなたならどうしますか？』萌文書林、2014年
- 文部科学省『幼稚園教育要領解説』フレーベル館、2008年

第3章　子どもの育ちと領域「環境」
- 小田豊・湯川秀樹 編著『新保育ライブラリ 保育の内容・方法を知る 保育内容 環境』北大路書房、2011年
- 岸井勇雄・無藤隆・柴崎正行 監修、横山文樹 編著『保育・教育ネオシリーズ 保育内容「環境」』同文書院、2011年
- 柴崎正行 編著『子どもが育つ保育環境づくり－園内研修で保育を見直そう』学研教育みらい、2014年
- 柴崎正行・赤石元子 編著『新保育シリーズ「保育内容 環境」』光生館、2009年

第4章　子どもを取り巻く人的環境
- 子どもと保育総合研究所 編『子どもを「人間としてみる」ということ－子どもとともにある保育の原点－』ミネルヴァ書房、2013年
- 佐伯胖 編『共感－育ち合う保育のなかで－』ミネルヴァ書房、2007年
- 津守真・浜口順子 編著『新しく生きる－津守真と保育を語る－』フレーベル館、2009年

第5章　子どもを取り巻く物的環境
- 厚生労働省『保育所保育指針解説書』フレーベル館、2008年
- 柴崎正行・赤石元子 編著『新保育シリーズ「保育内容 環境」』光生館、2009年
- 柴崎正行 編著『演習 保育内容 環境』建帛社、2009年
- 高内正子 監修・上中修 編著『保育実践に生かす保育内容「環境」』保育出版社、2014年
- 文部科学省『幼稚園教育要領解説』フレーベル館、2008年

第6章　子どもを取り巻く社会的環境
- NPO法人子育てひろば全国連絡協議会 編『詳解 地域子育て支援拠点ガイドラインの手引－子ども家庭福祉の制度・実践をふまえて』中央法規出版、2011年
- 大日向雅美 編集代表『【子育て支援シリーズ◆第3巻】地域の子育て環境づくり』ぎょうせい、2008年
- 大日向雅美・荘厳舜哉 編『＜実践・子育て学講座③＞子育ての環境学』大修館書店、2005年
- 鈴木まひろ・久保健太『子どもに学んだ和光の保育・希望編 育ちあいの場づくり論』ひとなる書房、2015年

第7章　子どもを取り巻く自然環境

- 秋田喜代美・安見克夫『秋田喜代美と安見克夫が語る写真でみるホンモノ保育〜憧れを育てる〜』ひかりのくに、2013年
- 大豆生田啓友 編著『子どもがあそびたくなる　草花のある園庭と季節の自然あそび』フレーベル館、2014年
- 神長美津子・酒井幸子・田代幸代・山口哲也 編著『すごい！ふしぎ！おもしろい！子どもと楽しむ自然体験活動－保育力をみがくネイチャーゲーム』光生館、2013年
- 小西貴士 写真・ことば『子どもと森へ出かけてみれば』フレーベル館、2010年
- 東京学芸大学附属幼稚園小金井園舎 編『今日から明日へつながる保育－体験の多様性・関連性をめざした保育の実践と理論』萌文書林、2009年
- 無藤 隆『知的好奇心を育てる保育　学びの三つのモード論』フレーベル館、2001年

第8章　子どもの生きる力を育む環境

- 井口佳子『幼児期を考える－ある園の生活より－』相川書房、2004年
- 大場牧夫『表現原論　幼児の「あらわし」と領域「表現」』萌文書林、1996年
- 岡山大学教育学部付属小学校 かけはし学習研究会『学校が大好きな1年生をめざして－幼児教育と1年生との接続期の教育　その理論と実践』東洋館出版社、2006年
- 河邉貴子・赤石元子 監修『今日から明日へつながる保育　体験の多様性・関連性をめざした保育の実践と理論』萌文書林、2009年
- 佐賀大学文化教育学部付属幼稚園平成24年度研究同人『遊び集』非市販
- 清水益治・森 敏昭 編著『0歳〜12歳児の発達と学び　保幼小の連携と接続に向けて』北大路書房、2013年
- レイチェル・L・カーソン 著・上遠恵子 訳『センス・オブ・ワンダー』新潮社、1996年

第9章　子どもを守り育てる環境

- 小出まみ『保育園児はどう育つか　0歳〜6歳の発達の見通し』ひとなる書房、1984年
- 友定啓子・山口大学教育学部附属幼稚園 編著『幼稚園で育つ　自由保育のおくりもの』ミネルヴァ書房、2002年
- ミルトン・メイヤロフ 著、田村 真・他訳『ケアの本質　生きることの意味』ゆみる出版、2005年
- 村田陽子・友定啓子『子どもの心を支える　保育力とは何か』勁草書房、1999年

第10章　気になる子どもと環境

- 子どもと保育総合研究所 編『子どもを「人間としてみる」ということ』ミネルヴァ書房、2013年
- 酒井幸子・守 巧 編著『演習 保育内容総論　あなたならどうしますか？』萌文書林、2014年
- 柴崎正行 編著『障がい児保育の基礎』わかば社、2014年
- 津守 真・浜口順子 編著『新しく生きる－津守真と保育を語る－』フレーベル館、2009年
- 七木田敦 編著『実践事例に基づく障害児保育－ちょっと気になる子へのかかわり－』保育出版社、2008年
- 野本茂夫（監修）『障害児保育入門－どの子にもうれしい保育をめざして－』ミネルヴァ書房、2005年
- 守 巧 編著『気になる子とともに育つクラス運営・保育のポイント』中央法規、2016年

第11章　環境を通した教育・保育の現在の課題

- 国立研究開発法人国立環境研究所「ライフスタイルの変化要因」2015年
- 全国国公立幼稚園長会「幼稚園じほう」第42巻、第10号、2015年
- 全国国公立幼稚園・こども園長会「幼児教育じほう」第43巻、第7号、2015年
- 内閣府「平成26年度　少子化の状況及び少子化の対処施策の概況」2015年
- 寝早起き朝ごはん全国協議会「幼児用早寝早起き朝ごはんガイド」2012年
- 文部科学省「幼児期運動指針」2012年

おわりに

　4歳児がビーフシチューを作るために野菜の下ごしらえをしている。
　タマネギの皮をむいていたタッくんが、「先生、ひとつ皮むいたらね、また皮が出てきた！」。大発見をしたかのように報告しにくる。その傍らで、シーちゃんがジャガイモの皮をむいている。シーちゃんは、真剣な表情で黙々とピーラーを動かす。いつまでもその手を止めない。まるまるとしたジャガイモがいつの間にか薄っぺらな板のようになったところで、シーちゃんは「こんなになっちゃった！」と見せに来る。ずっと様子を見守っていた保育者が、むき続けた理由を聞いてみる。シーちゃんから帰ってきた言葉は「真っ白にしようと思ったの」であった。どうやら手につく土で汚れるところを次々ときれいにしようとしたらしい。保育の現場では、子どもたちの思いがけなくも面白く且つ子どもというものの本質に触れる場面に、折々に遭遇する。
　畑で育てた野菜を自分たちで調理する。こんなワクワクすることはないであろう。タマネギのタッくんも、ジャガイモのシーちゃんも、この日、自らの手で行った皮むきで人生初の体験をした。好奇心や探究心をもってワクワクしながら臨んだことであろう。
　ここであなたへの問いである。もし、あなたがこの場に居る保育者であったならどうしたであろうか？　皮の下にまた皮があるというタッくんの発見や驚きに、またジャガイモをむき続けるシーちゃんに、どのような関わりをもとうと考えるであろうか？
　領域「環境」には、好奇心、探究心、興味、関心、発見、考え、物の性質、数量、文字などのキーワードが並ぶ。子どもたちが、好奇心や探究心をもって関わるには？　自ら興味や関心をもつには？　発見を楽しんだり考えたりするには？　物の性質や数量や文字などに対する感覚を豊かにするには？　このような問いをもち、ひと・もの・ことなど子どもを取り巻く環境をどう整えるかを考えることは大切である。保育者としての自分を想像し、場面をイメージし、自分なりの考えをもって環境を構成する必要があるからである。また、保育中の出来事から即座に環境を再構成する力も求められるからである。「自分ならどうするか？」を常に自身に問いかけながら保育者としての力量を高めたいものである。
　その意味で、保育者をめざす学生にとっても、今まさに子どもと向き合う保育者にとっても、本書は大いに役立ったことと思う。さらに、102の事例は、いずれも意図をもって読み手の皆さんに迫るものばかりであったと思う。保育実践に精通した方々により真に役立つ書となるために、熱い議論が重ねられたものだからである。今回新たに取り入れたアクティブ・ラーニングとしての「演習ワーク」は活用されたであろうか。皆様からの反響を期待をもってお待ちしたい。
　さて、「あなたならどうしますか？」と問いかけるこの本も、人間関係、保育内容総論に続き3作目となる。事例の後に、この問いかけがあることで、読者が「自分ならどうするか？」と自身に向かって真剣に問いを発し、考えるようになったとのお声を多く耳にする。本書がより多くの方々の更なるお役に立つことを期待したい。最後に、本書の刊行に当たり、数多くの写真提供をご快諾くださった関係の皆様、萌文書林代表取締役・服部直人氏並びに企画編集部・東久保智嗣氏に、筆者を代表して心からの感謝をお伝えしたい。

2016年　3月　酒井幸子

著者紹介

【編著者】

略歴は 2024 年 4 月現在

酒井幸子

武蔵野短期大学 幼児教育学科 客員教授／同附属保育園 所長

執筆担当…1章／11章／演習ワーク

聖徳大学大学院 児童学研究科修了。東京都公立幼稚園教諭・教頭・園長、母子愛育会愛育幼稚園長、青山学院大学及び聖徳大学教職大学院兼任講師、武蔵野短期大学教授、同附属幼稚園・附属保育園統括園長を経て現職。東京都公立幼稚園教育研究会長、全国国公立幼稚園長会長、中央教育審議会幼児教育部会委員・同特別支援教育専門部会委員等を歴任。現在、（一社）保育教諭養成課程研究会理事、（一社）日本乳幼児教育・保育者養成学会理事。

主な著書

『保育内容 人間関係 あなたならどうしますか？』編著 2012（萌文書林）、『すごい・ふしぎ・おもしろい「子どもと楽しむ自然体験活動」保育力を磨くネイチャーゲーム』共著 2013（光生館）、『発達が気になる子の「個別の指導計画」幼稚園・保育園で今日からできる』 監著 2013（学研）、『演習 保育内容総論 あなたならどうしますか？』編著 2018（萌文書林）、『保育内容 健康 あなたならどうしますか？』編著 2021（萌文書林）、他

守　巧

こども教育宝仙大学 こども教育学部 幼児教育学科 教授

執筆担当…3章／10章1節／演習ワーク

横浜国立大学 教育人間科学部 特殊教育特別専攻科 重複障害教育専攻修了後、幼稚園教諭として10年間勤務しつつ、聖学院大学大学院人間福祉学研究科修士課程を修了。公益財団法人 幼少年教育研究所「気になる」子どもの保育研究部会会長、埼玉県狭山市就学支援委員会、埼玉県狭山市巡回支援員。

主な著書

『施設実習パーフェクトガイド』筆者代表 2014（わかば社）、『気になる子とともに育つクラス運営・保育のポイント』編著 2016（中央法規）、『マンガでわかる 気になる子の保育』著者 2017（中央法規）、『気になる子の保育「伝わる言葉」「伝わらない言葉」』著者 2017（中央法規）、『演習 保育内容総論 あなたならどうしますか？』編著 2018（萌文書林）、『"気になる子"と育ち合うインクルーシブな保育 多様性を認め合い、みんなが伸びるクラスづくり』共著 2019（チャイルド本社）、『"気になる子"の気になる保護者 保育者にできるサポート』編著 2020（チャイルド本社）、『子ども家庭支援論 保育の専門性を子育て家庭の支援に生かす』編著 2021（萌文書林）、他

【著者】

略歴は2024年4月現在

岡澤陽子

元武蔵野短期大学 幼児教育学科 教授

執筆担当…5章

　武蔵野学院大学大学院 国際コミュニケーション研究科 日中コミュニケーション専攻博士後期課程単位取得。公立幼稚園教諭・教頭・園長、武蔵野短期大学教授、東京都公立幼稚園教育研究会副会長、全国国公立幼稚園長会特別事業委員を歴任。

主な著書

　『「心を育てる幼児教育」道徳性の芽生えの育成』共著2004（東洋館出版社）、『耳をすまそう 絵本についての100のお話』共著2008（開拓社）、『保育実践に生かす 保育内容「環境」』共著2014（保育出版社）、『保育原理－保育士と幼稚園教諭を志す人に－』共著2014（東信堂）、他

杉本裕子

学校法人駒場けやき学園 駒場幼稚園長

執筆担当…8章／9章

　お茶の水女子大学大学院 家政学研究科 児童学専攻修了。横浜市保健所における乳幼児健診発達相談員、洗足学園短期大学（非常勤講師）、聖セシリア女子短期大学（非常勤講師）、鎌倉女子大学短期大学部講師、同幼稚部部長兼任、同児童学部児童学科准教授を経て現職。

主な著書

　『乳児保育の探究』共著2002（相川書房）、『幼稚園実習保育所実習のMind & Skill』共著2002（学芸図書）、『保育内容 言葉』共著2005（建帛社）、『保育内容 人間関係』共著2008（光生館）、『家庭支援の保育学』共著2010（建帛社）、『演習 保育内容総論 あなたならどうしますか？』共著2014（萌文書林）、他

平野麻衣子

東京学芸大学 教育学部 准教授

執筆担当…6章／7章

　青山学院大学大学院教育人間科学研究科博士後期課程修了（教育学博士）。青山学院大学文学部教育学科卒業後、社会福祉法人 母子愛育会 愛育幼稚園教諭、田園調布学園大学子ども未来学部助教、兵庫教育大学大学院学校教育研究科幼年教育・発達支援コース講師・准教授を経て現職。

主な著書

　『保育内容 人間関係 あなたならどうしますか？』共著（事例協力）2012（萌文書林）、『演習 保育内容総論 あなたならどうしますか？』共著（事例協力）2014（萌文書林）、『テーマでみる 保育実践の中にある保育者の専門性へのアプローチ』共著2018（ミネルヴァ書房）、『生活習慣形成における幼児の社会情動的発達過程』単著2018（風間書房）、『保育内容 健康 あなたならどうしますか？』共著2021（萌文書林）、他

略歴は2024年4月現在

松山洋平
和泉短期大学 児童福祉学科 教授
執筆担当…4章／10章2・3節

　青山学院大学大学院 文学研究科 教育学専攻修了。社会福祉法人恩賜財団母子愛育会 愛育幼稚園教諭、鎌倉女子大学幼稚部教諭、田園調布学園大学講師を経て現職。

主な著書

『保育用語辞典第8版』共著2015（ミネルヴァ書房）、『事前・事後学習のポイントを理解！保育所・福祉・幼稚園実習ステップブック』共著・編集2016（みらい）、『不安、日誌、指導案3つのカベをのりこえる！保育実習リアルガイド』共著2017（Gakkenn 保育Books）、『保育の視点がわかる！観察にもとづく記録の書き方（保育わかばBOOKS）』共著2017（中央法規）、『コンパス保育内容 人間関係』共著2018（建帛社）、『新しい保育講座 保育原理』共著2018（ミネルヴァ書房）、『演習 保育内容総論 あなたならどうしますか？』共著2018（萌文書林）、『子どもの姿ベースの新しい指導計画の考え方』共著2019（フレーベル館）、『保育内容 健康 あなたならどうしますか？』編著2021（萌文書林）、他

山下文一
高知学園短期大学 幼児保育学科 教授
執筆担当…2章

　放送大学大学院 文化科学研究科卒業、高知県教育委員会、文部科学省初等中等教育局幼児教育課 子育て指導官、高知学園短期大学 幼児教育学科准教授、松蔭大学 コミュニケーション文化学部子ども学科 教授を経て現職。

　「中央教育審議会専門委員（初等中等教育分科会）」、内閣府「幼保連携型認定こども園教育・保育要領の改訂に関する検討会委員」等を歴任。現在、文部科学省「学校施設のあり方に関する調査研究協力者会議委員」、東京都福祉サービス評価推進機構「評価・研究委員会委員及び児童ワーキング委員」、「東京都子供・子育て会議委員」、高知県教育委員会「幼保支援・親育ち支援スーパーバイザー」、他

主な著書

『よくわかる中教審「学習指導要領」答申のポイント』共著2017（教育開発研究所）、『子どもの育ちが見える「要録」作成のポイント』共著2017（中央法規）、『保育内容総論』共著2018（光生館）、『幼稚園教諭・保育教諭のための研修ガイドⅤ－質の高い教育・保育を実現する園長・幼児教育アドバイザーの研修の在り方を求めて－』共著2018（文部科学省報告書／保育教諭養成課程研究会）、『保育者論』編著2019（ミネルヴァ書房）、『幼稚園教諭・保育教諭のための研修ガイドⅥ～幼稚園教諭・保育教諭の資質向上を目指すキャリアステージにおける研修の在り方を求めて～』共著2019（文部科学省報告書／保育教諭養成課程研究会）、『保育内容 健康 あなたならどうしますか？』共著2021（萌文書林）、他

【事例執筆・編集協力】

略歴は2024年4月現在

相沢和恵

浦和大学 こども学部こども学科 准教授

東洋英和女学院短期大学 保育科卒業。東京都公立幼稚園教諭・東京都区立保育所保育士として保育現場に20年以上従事。その間、聖徳大学 保育専攻科卒業、東洋大学大学院 文学研究科 教育学専攻修了。三幸学園千葉医療秘書こども専門学校・三幸学園大宮こども専門学校 専任講師及び近畿大学豊岡短期大学 こども学科 非常勤講師、山村学園短期大学専任講師を経て現職。絵本専門士

主な著書

『特集 どの子も輝く！とびっきりの学級づくり』共著（事例執筆）2015（明治図書出版）、『保育内容 健康 あなたならどうしますか？』共著 2021（萌文書林）

森田朱美

武蔵野短期大学附属保育園 園長

武蔵野短期大学卒業後、同附属幼稚園で担任、学年主任、副園長を経て現職。武蔵野短期大学 非常勤講師。研究分野は造形活動。

主な著書

『保育内容 健康 あなたならどうしますか？』共著 2021（萌文書林）

山崎摂史

（福）ゆめの森保育園 施設長

聖徳大学大学院児童学研究科修了。公立・私立幼稚園、保育園等勤務、私立保育園副園長を務め、東京福祉大学社会福祉学部助教を経て現職。

保育内容「環境」
あなたならどうしますか？

	装　　丁　㈱ユニックス
	イラスト　西田ヒロコ
	DTP制作　㈱ユニックス

2016年5月20日初版第一刷発行	編 著 者　酒井幸子・守 巧
2018年12月19日第二版第一刷発行	発 行 者　服部直人
2024年4月1日第二版第四刷発行	発 行 所　㈱萌文書林
©Satiko,Sakai・Takumi,Mori 2018	〒113-0021　東京都文京区本駒込6-15-11
Printed in Japan	Tel：03-3943-0576　Fax：03-3943-0567
〈検印省略〉	E-mail：info@houbun.com
I．S．B．N 978-4-89347-236-6　C3037	ホームページ：https://www.houbun.com

印刷・製本　　シナノ印刷株式会社

○定価はカバーに表示されています。
○落丁・乱丁はお取り替えいたします。
○本書の内容の一部または全部を無断で複写（コピー）することは、法律で認められた
　場合を除き、著作権者及び出版社の権利の侵害になります。
○本書からの複写をご希望の際は、予め小社宛に許諾をお求めください。

| 記録者 | ___年___組___番_____ |

演習内容	タイトル	演技回数
ロールプレイ___		回目

役柄	演者	人物の行動や様子・心情

感想

演習内容	タイトル	演技回数
ロールプレイ___		回目

役柄	演者	人物の行動や様子・心情

感想

演習内容	タイトル	演技回数
ロールプレイ___		回目

役柄	演者	人物の行動や様子・心情

感想

| 記録者 | ___年___組___番_____ |

演習内容	タイトル	演技回数
ロールプレイ___		回目

役柄	演者	人物の行動や様子・心情

感想

演習内容	タイトル	演技回数
ロールプレイ___		回目

役柄	演者	人物の行動や様子・心情

感想

演習内容	タイトル	演技回数
ロールプレイ___		回目

役柄	演者	人物の行動や様子・心情

感想

| 記録者 | ___年___組___番_____ |

演習内容	活動内容
ワークショップ____	

グループの活動の目標	準備するもの

活動の手順

実際の活動の様子・工夫したことなど

感想・評価

| 記録者 | ___年___組___番_____ |

演習内容	活動内容
ワークショップ___	

グループの活動の目標	準備するもの

活動の手順

実際の活動の様子・工夫したことなど

感想・評価

| 記録者 | ___年___組___番_____ |

演習内容	討論内容	演技回数
ディベート___		回目

グループの主張	調べたこと

討論のメモ

討論者と内容	発言の趣旨・内容
(例) Aの主張／Bの質疑 等	

感想・評価

| 記録者 | ___年___組___番_____ |

演習内容	討論内容	演技回数
ディベート___		回目

グループの主張	調べたこと

討論のメモ

討論者と内容	発言の趣旨・内容
(例) Aの主張／Bの質疑 等	

感想・評価